Renate Hücking

SÜCHTIG NACH GRÜN

RENATE HÜCKING

Süchtig nach Grün

GÄRTNERINNEN AUS LEIDENSCHAFT

Mit Beiträgen von Kej Hielscher

Mit 70 Abbildungen

Piper
München Zürich

Kej Hielscher hat die Kapitel über Pamela Schwerdt und
Sibylle Kreutzberger sowie über Maria Pawlowna verfaßt,
alle übrigen Kapitel und die Einleitung stammen von Renate Hücking.

FSC

Mix

Produktgruppe aus vorbildlich
bewirtschafteten Wäldern und
anderen kontrollierten Herkünften

Zert.-Nr. SGS-COC-1940
www.fsc.org
© 1996 Forest Stewardship Council

ISBN 978-3-492-04848-4
2. Auflage 2007
© Piper Verlag GmbH, München 2007
Satz: Uwe Steffen, München
Druck und Bindung: GGP Media GmbH, Pößneck
Printed in Germany

www.piper.de

Inhalt

Die Gartenlust der Frauen

Einleitung

Plötzlich war es geschehen. Nichts hatte zuvor darauf hingedeutet, daß ich einmal vom Gartenvirus infiziert werden könnte. Schuld war ein kleines Haus an der Elbe. Hohe Eschen rundherum, am Gartentor abwechselnd weißer Phlox und blauer Eisenhut; hinterm Haus ein alter Apfelbaum; ein Holunder und ein ehrwürdiger Buchsbaum, die den baufälligen Schuppen verdeckten, und zwei Flieder, die den Blick auf die Felder einrahmten.

Bis zu ihrem Tod hatte meine betagte Vorgängerin zwei kleine Blumenrabatten gepflegt, die sie von ihrem Sessel aus sehen konnte. Ein ovales Beet voll bunter Löwenmäulchen unmittelbar vor dem Fenster war ihre ganze Freude gewesen. Jedes Frühjahr, so berichtete ihre Tochter, habe sie ein oder zwei Samentütchen ausgesät. Die Schlichtheit dieses Gärtchens gefiel mir, und eigentlich wollte ich nicht mehr, als es als Reverenz an die alte Frau erhalten, die mit neunzig Jahren bei einem Gang durch ihren Garten gestorben war.

Doch es kam anders: Zuerst ein paar Sonnenblumenkerne, gefolgt von einer Handvoll Feuerbohnen, und schließlich bekam ich zu meinem vierzigsten Geburtstag vierzig winzige Buchsbäume geschenkt. Die Zeit der Samentütchen, des Zufälligen und des launenhaften Improvisierens war vorüber: Ein Gartenplan mußte her, die Grundstruktur eines Bauerngartens wurde gepflanzt. Nachbarn kamen mit Blumenzwiebeln, Ablegern und Gemüsesaat, und ehe ich mich versah, steckte ich bis an die Ellenbogen in buchsgesäumten Blumen- und Gemüsebeeten. Bunt bebilderte Gartenbücher, Ratgeber und Pflanzenkataloge avancierten zur Lieblingslektüre, Gartenreisen zog ich jedem anderen Urlaub vor, und als der benachbarte Landwirt fragte, ob ich nicht tausend Quadratmeter Land pachten wolle, konnte ich nicht nein sagen. Ein Obstgarten, eine Wildblumenwiese, ein Teich ... Das Virus hatte sich eingenistet!

Diese ganz private Gartenlust hält nun schon zwanzig Jahre und ist die Keimzelle dieses Buches, denn ich bin neugierig geworden auf andere Gärtnerinnen, die aus Passion oder Profession Gärten gestalten beziehungsweise in vergangenen Zeiten gestaltet haben; auf botanisch interessierte Frauen, die Pflanzen züchten oder sammeln; auf die Liebhaberinnen, die mit Phantasie und Verve in ihren eigenen kleinen oder großen Gärten wirken.

Die gibt es heute vermutlich zu Millionen, doch das Vorurteil, Gärtnern – zumal das professionelle – sei eine Männerdomäne, hält sich hartnäckig. Trotzdem erobern immer mehr Gärtnerinnen und Landschaftsarchitektinnen einen Platz auf dem umkämpften Terrain, und einige avantgardistische Gartendesignerinnen spielen sogar international in der Champions League ihrer Profession. Richtet man allerdings den Blick in die Vergangenheit, so muß man genau hinschauen, um die zahlreichen Frauen zu entdecken, die mit Lust Gärten gestaltet und gepflegt haben, die Pflanzen gesammelt oder ihre Familien mit selbstangebautem Gemüse ernährt haben.

Am bekanntesten sind die »British Lady Gardeners«, die als erste im 19. Jahrhundert die Gärten für sich erobert haben. Gertrude Jekyll, Vita Sackville-West und viele andere hatten nicht nur einen grünen Daumen, sondern auch ein Talent zum Schreiben, und sie fanden in einem Land, in dem die Gartenlust eine »Volkskrankheit« ist, ein riesiges Lesepublikum, so daß ihre gärtnerische Tätigkeit bestens dokumentiert ist. Aus diesem Grund haben wir in diesem Buch darauf verzichtet, die berühmten britischen Gartenladys zu porträtieren.

Die Gärtnerinnen, die für diesen Band ausgewählt wurden, haben bis auf zwei Ausnahmen auf dem Kontinent gewirkt. Woher ihre Gartenleidenschaft rührt? Eine eindeutige Antwort gibt es nicht. Doch ob Gräfin, Kurfürstin oder Gartenmeisterin – alle sind sie süchtig nach Grün, nach Bäumen und Blumen. Vom 16. Jahrhundert bis heute hat jede der porträtierten Frauen die Gärten ihrer Zeit geprägt und ebenso individuelle wie originelle Akzente gesetzt. Auffällig ist das ausgeprägte Interesse der weiblichen Gartenenthusiasten an der Botanik, wobei die Beschäftigung mit Pflanzen, ihre Hege und Pflege zumindest seit dem 18. Jahrhundert als förderlich für die moralische Erziehung von Frauen galt.

Bis Ende des 19. Jahrhunderts haben fast ausschließlich Aristokratinnen Spuren in der Gartengeschichte hinterlassen. Sie hatten den notwendigen Landbesitz und die finanziellen Ressourcen. Doch häufig ist ihr Beitrag zur Gartenkultur gering geschätzt, oft sogar gänzlich ignoriert worden. So tun Gartenhistoriker die adeligen Damen gern als Musen oder bloße »Auftraggeberinnen« ab und rühmen statt dessen die Hofgärtner und Architekten, auch wenn diese nur die Ideen ihrer Herrinnen umgesetzt haben.

Zugegeben, oft ist es nicht leicht, den weiblichen Beitrag zur Garten- und Parkgestaltung schwarz auf weiß nachzuweisen, sind doch die offiziellen Dokumente – beispielsweise Auftragserteilungen oder Rechnungen – meist von den Ehemännern unterschrieben. Zweifellos war auch der schöpferische Freiraum der gartenbegeisterten Aristokratinnen vom Wohlwollen des Ehegatten abhängig. Falls der sich allerdings intensiv den Staatsgeschäften widmen mußte oder häufig abwesend war – sei es im Krieg, in diplomatischer Mission oder bei seiner Mätresse lebend –, dann hatten die Frauen, sofern es die Staatskasse zuließ, freiere Hand, ihre Ideen umzusetzen, zumal wenn es sich um ihre Witwensitze oder die Sommerresidenzen handelte.

Das Spektrum ihrer Gärten reichte vom Nutzgarten zum opulenten Lustgarten; vom formalen französischen Stil über den englischen Landschaftspark bis zum Blumengarten mit den typisch englischen »mixed borders«. Dementsprechend bauten die Gärtnerinnen Nahrungsmittel an, im 17. und 18. Jahrhundert schufen sie grüne Repräsentationsräume, in denen sich die Macht des Hofes demonstrieren ließ, und schließlich wurden die Gärten zu privaten Refugien und Orten, an denen sie sich frei von gesellschaftlichen Zwängen bewegen konnten. Diese ganz unterschiedlichen Zeugnisse weiblicher Kreativität werden in diesem Band ausführlich beschrieben.

Die Gärten der Frauen

»Hätte Eva im Paradies einen Spaten gehabt«, spekuliert Elizabeth von Arnim, dann wäre »diese ganze traurige Geschichte mit dem Apfel« nicht passiert. Dieser ironische Kommentar aus der Feder der Bestsellerautorin ruft in Erinnerung, wie alt die Beziehung zwischen Frauen und Gärten ist, spielt aber auch darauf an, daß es bis Anfang des 20. Jahrhunderts für adelige Damen unschicklich war, einen Spaten in die Hand zu nehmen.

Während Elizabeth von Arnim, Gattin eines preußischen Offiziers und pommerschen Gutsbesitzers von Adel, nur heimlich mit dem Werkzeug hantieren und Blumen pflanzen durfte, eröffneten sich ihren bürgerlichen Geschlechtsgenossinnen im Zuge der ersten Frauenbewegung neue Möglichkeiten: So wurde 1890 in Berlin die erste Gartenbauschule eröffnet, in der »gebildete Mädchen und Frauen« eine praktische Berufsausbildung erhalten sollten, um ihnen eine Erwerbstätigkeit und finanzielle Unabhängigkeit zu ermöglichen.

Auch in Großbritannien entstanden damals die ersten Schulen für Gärtnerinnen. Jahre später haben Pamela Schwerdt und Sibylle Kreutzberger, die langjährigen Hüterinnen des weltberühmten Gartens von Sissinghurst, in einer dieser altehrwürdigen Institutionen eine solide Ausbildung erhalten. Noch zu Lebzeiten von Vita Sackville-West wurden die beiden als »Head Gardeners« eingestellt. Das war auch Ende der fünfziger Jahre noch eine ziemliche Sensation: Zwei Frauen als Obergärtnerinnen, das verblüffte die

Besucher und verstörte die schon lange dort arbeitenden Gärtner. Dreißig Jahre lang waren Pamela Schwerdt und Sibylle Kreutzberger in Sissinghurst tätig, und ihnen ist es zu verdanken, daß der Garten, trotz des ständig anwachsenden Besucherstroms, nicht nur überlebte, sondern immer noch den Geist seiner genialen Schöpferin ausstrahlt.

Ähnlich spürt man in den »Königlichen Gärten von Herrenhausen« nach mehr als dreihundert Jahren immer noch den barocken Geist der Kurfürstin Sophie von Hannover, die als geistige Urheberin eines der großartigsten Barockgärten Deutschlands gilt. Sie war mit Gärten aufgewachsen, lernte früh die niederländische Gartenkultur kennen, reiste nach Italien und später nach Frankreich, um die zeitgenössischen Gärten zu besuchen. Ihren noch sehr bescheidenen ersten Park schuf sie in Osnabrück; in Hannover, zumal nachdem ihr Gemahl zum Kurfürsten ernannt worden war, widmete Sophie sich dem Umbau des Parks ihrer Sommerresidenz in Herrenhausen, um ihn dem nun sehr repräsentativen Lebensstil des Hofes anzupassen. Bei komplizierten mathematischen Berechnungen wurde sie von dem Gelehrten Gottfried Wilhelm Leibniz unterstützt, und nach einer Bauzeit von zehn Jahren erstrahlte der Park in barockem Glanz – ein Ort für rauschende Feste, Maskenbälle und Theateraufführungen.

Für die Gartenschöpferin selbst war der Park ein wichtiger Ort der Muße und des privaten Vergnügens: Hier ging sie täglich spazieren, genoß das Vogelgezwitscher, plauderte mit ihren Hofdamen oder ließ sich in einem der Pavillons von der Sonne bescheinen. Ganz unspektakulär verstarb sie, hochbetagt, während eines Spaziergangs durch ihren Garten.

Noch heute ist es ein ästhetischer Genuß, in der grünen Architektur dieses Parks zu lustwandeln. Ein Höhepunkt ist der Besuch der Grotte, wie sie einst zu jedem barocken Park gehörte. In Herrenhausen war sie lange Zeit vernachlässigt worden und dem Verfall preisgegeben. Erst in den neunziger Jahren des 20. Jahrhunderts wurde das Bauwerk restauriert und von der Künstlerin Niki de Saint Phalle neu gestaltet, die durch ihre fülligen und frechbunten Nanas berühmt geworden ist. Mit ihren Mosaiken ist der farbige Glanz der im Barock mit Muscheln und Glasguß verzierten Grotten zurückgekehrt.

In ihrem eigenen Garten, einem phantastischen Skulpturengarten in der Toskana, knüpft Niki de Saint Phalle ebenfalls an diese Tradition an: Grotten, in denen Wasser fließt, eine bewohnbare Höhle, in der das Licht sich im Spiegelmosaik der Wände bricht, und glänzende Skulpturen mit symbolischer Bedeutung. Im Barock erschloß sich ihr Sinn häufig über die antike Mythologie; im Garten der Niki de Saint Phalle stellen die Figuren ihre sehr persönliche Interpretation der uralten Motive der Tarotkarten dar – ein Garten, mit dem sich die Künstlerin ihren Lebenstraum verwirklicht hat.

Nicht um künstlerische Träume, sondern um Lebensnotwendigkeiten und wirtschaftlichen Nutzen ging es der Renaissancefürstin Anna von Sachsen. Sie war Mitte des 16. Jahrhunderts so erfolgreich beim Anbau von Gemüse, Obst und Heilpflanzen, daß ihr Ehemann, August I. von Sachsen, seiner hervorragenden Wirtschafterin sogar die Verwaltung aller sächsischen Hofgüter anvertraute. Anna experimentierte mit Pflanzen und Anbaumethoden, um die Lebensmittelproduktion zu erhöhen beziehungsweise die Lager der ihr unterstehenden Hofapotheke zu füllen; sie steigerte die Einnahmen des Hofes und verbesserte gleichzeitig die Lebensqualität ihrer Untertanen.

Mit wachsendem Wohlstand und einer gesicherten Machtstellung im Reich wuchs auch am Dresdner Hof das Repräsentationsbedürfnis. Zu den Nutzgärten in Schloßnähe gesellten sich erstmals auch ansehnliche Lustgärten, nachdem die unermüdliche »Landesmutter« Anna süddeutsche Gärtner engagiert hatte, die das einfache Grundmuster der Gemüsegärten durch ornamentale Pflanzungen, Laubengänge, Formschnittgehölze und Wasserspiele veredelten.

Pflanzen, vor allem sonderbare Gewächse aus fernen Ländern, gehörten zu den Leidenschaften der Zeit. Auch Kurfürstin Anna war eine eifrige Pflanzensammlerin. Sie korrespondierte mit Botanikern und Gartenbesitzern, und innerhalb eines Netzwerks von Gartenpraktikerinnen tauschte sie Informationen, Pflanzen und

Saaten. Dabei war sie für jede Rarität dankbar, die sie in ihren Lustgarten pflanzen konnte.

Geradezu süchtig nach Pflanzenneuheiten und exotischem Grün war Kaiserin Joséphine, die erste Frau Napoleons. Sie sammelte auf ihrem Landsitz Malmaison ab 1799 Pflanzen aus aller Welt. Jede neue Rosenzüchtung mußte sie haben, und wo immer französische Forscher landeten oder Napoleons Soldaten einfielen, wurde botanische Beute für die Kaiserin gemacht. Zum Schutz der Exoten und um die Raritäten zur Schau zu stellen, ließ Joséphine ein gigantisches Glashaus errichten. Sie studierte Fachliteratur und lernte viel über Pflanzen; für die Pflege und weitere Erforschung der Fremdlinge beschäftigte sie hervorragende Botaniker.

Entschieden eigene Vorstellungen hatte Joséphine auch bei der Gestaltung des Gartens von Malmaison. So trennte sie sich von mehreren Architekten, weil diese nicht willens waren, ihre Pläne von einem romantischen Park umzusetzen. Sogar gegen Napoleons Widerstand setzte Joséphine ihren »Parc anglais« durch, einen englischen Landschaftspark, in dem alles so natürlich wie möglich wirken sollte.

Auch Maria Pawlowna, die russische Zarentochter, legte in Weimar einen Landschaftspark an, denn ihre schönsten Kindheitserinnerungen waren mit Gärten dieser Art verbunden. Ihr botanisches Interesse wurde durch ihren Schwiegervater, Großherzog Ernst August, gefördert sowie durch den seinem Hof nahestehenden Goethe. Inspiriert durch die Ideen der Aufklärung, ließ sie in ganz Thüringen Bäume pflanzen. Obstbäume sollten die Versorgungslage der Bevölkerung verbessern helfen, Baumgruppen und Alleen die Landschaft verschönern. Am liebsten hätte sie das ganze Land in einen Park verwandelt.

Wo immer die Gartenanlagen der in diesem Buch vorgestellten Frauen erhalten sind, haben Kej Hielscher und ich sie besucht, ein Vergnügen, das auch Sie sich gönnen sollten. Deshalb finden Sie am Schluß des Buches die Adressen der Parks sowie kurze Hinweise auf Öffnungszeiten und Eintrittspreise.

Hamburg, im November 2006   *Renate Hücking*

»Hätte Eva einen Spaten gehabt . . .«

Elizabeth von Arnim
und ihr Garten in Pommern

*Als wir oben angelangt waren, schloß er mich plötzlich in die
Arme. Ich erinnere mich, daß ich mich sträubte. Umarmt zu
werden war mir etwas völlig Neues, und ich mochte es durchaus
nicht. Daß er dann noch erklärte, daß dies nur der Anfang sei,
erschreckte mich eher, als daß es mich beruhigte. Aber mit dem
Ring, den er aus der Tasche zog und an meinen Finger steckte,
um so gleich die Angelegenheit zu besiegeln, hatte es gar nichts
Schreckliches auf sich. Es war ein überaus reizender Saphir-
und Diamantring, der seiner ersten Frau gehört hatte, und sein
Besitz entzückte mich.*

Aus: *Alle meine Hunde*[1]

Diese stürmische Verlobung findet heimlich statt. In Rom, anno
1889. Die in Liebesdingen noch unerfahrene Verlobte heißt Mary
Annette Beauchamp (1866–1941). Sie ist dreiundzwanzig Jahre alt
und das jüngste von sechs Kindern eines britischen Kaufmanns und
Reeders, der es in Australien zu Wohlstand gebracht hat. May, wie
die Familie ihr Nesthäkchen nennt, ist zwar in Australien geboren,
aber in Großbritannien aufgewachsen.

Ihr Verehrer trägt den vielversprechenden Namen Henning
August Graf von Arnim-Schlagenthin (1851–1910). Er ist fünf-

zehn Jahre älter als die schüchterne Braut, und als Sproß eines angesehenen Adelsgeschlechts ist er Herr über riesige landwirtschaftliche Betriebe in Brandenburg und Pommern. Kurz, er ist das, was man einen preußischen Junker nennt. Als er in Rom auf May Beauchamp trifft, sucht er Zerstreuung – vielleicht sogar eine passende Frau, denn er ist erst kürzlich Witwer geworden: Seine Frau überlebte die Geburt ihres ersten Kindes nicht, und die kleine Tochter starb nur wenig später.

May ist mit ihrem lebenslustigen, vielseitig interessierten und temperamentvollen Vater, Henry Herron Beauchamp, unterwegs. Die Familie führt ein unstetes Leben; so siedelt man für ein Jahr in die Schweiz um; nach England zurückgekehrt, ziehen die Beauchamps häufig um. Dabei meiden sie die Städte, leben lieber auf dem Land – fern der wachsenden industriellen Zentren. Der Vater, der dabei seine Liebe zum Gärtnern entdeckt, schafft sogar Ferkel an. Die Jüngste zieht Küken auf, pflückt Erbsen und erntet Äpfel. May läßt sich von der Liebe ihres Vaters zu schönen Gärten anstecken. Mit Begeisterung studieren die beiden im Winter die Pflanzenkataloge, in der schönen Jahreszeit schwärmen sie aus zu den in Großbritannien zahlreichen Blumenschauen und Gartenausstellungen.

Als Kind ist May ein kleines, zartes, eher unscheinbares Mädchen, das von den Eltern oft vernachlässigt, von den älteren Geschwistern gehänselt oder einfach ignoriert wird. Manchmal fühlt sie sich einsam. Sie lebt in ihrer eigenen phantastischen Welt und genießt anscheinend unbeschwert »in Gesellschaft von Löwenzahn und Gänseblümchen« ihr mit Zucker bestreutes Elf-Uhr-Butterbrot im Garten. Da sie so häufig sich selbst überlassen ist, entwickelt sie auch höchst unkonventionelle Ansichten. So träumt sie von einem selbständigen, unabhängigen Leben ohne Ehemann auf dem Lande, eine Vorstellung, die ihren Eltern überhaupt nicht behagt.

Um Ablenkung bemüht, nimmt der Vater die Tochter mit auf eine »Grand Tour« nach Italien: Musik, Kirchen, Gärten und nicht zuletzt die Suche nach möglichen Ehekandidaten für die heiratsunlustige junge Frau prägen das Reiseprogramm. Mit Erfolg, denn

Graf und Gräfin von Arnim, um 1890

in Rom begegnet May dem stattlichen Grafen aus Deutschland und verliebt sich in den Witwer aus besten Kreisen. »Il Conte«, wie Vater Beauchamp den Aristokraten nennt, ist fasziniert von der munteren, ungezwungenen Engländerin, macht ihr den Hof und schon bald den keinen Widerspruch duldenden Antrag: »Alle Mädchen mögen die Liebe. Sie ist etwas sehr Angenehmes. Sie werden sie auch mögen. Sie werden mich heiraten, und dann werden Sie schon sehen« – so der Wortlaut, wie ihn die Belehrte fünfundvierzig Jahre später in dem autobiographischen Roman *Alle meine Hunde* dem entschlossenen Bräutigam in den Mund legt.[2]

Vater Beauchamp sieht die Verbindung skeptisch, glaubt, das ungleiche Paar passe nicht so recht zusammen. Seine muntere Tochter mit ihrem Witz, ihrer Phantasie und ihren ausgefallenen Ideen kann er sich nur schlecht an der Seite dieses sehr formell und steif wirkenden deutschen Junkers vorstellen. Vielleicht schwingt auch ein wenig Mißtrauen gegen das säbelrasselnde wilhelminische Kaiserreich mit, das sich im England der neunziger Jahre nicht gerade großer Beliebtheit erfreut.

Dennoch: May ist entzückt von ihrem Verehrer und genießt die ungewohnte Aufmerksamkeit. Man reist nach Florenz, dann zu den Festspielen nach Bayreuth, denn May ist hochmusikalisch, hat sogar das absolute Gehör und spielt wunderbar Klavier. Auch die Mutter ist nach Bayreuth gekommen, um die Anstandsdame zu spielen. Welch ein Spaß, hinter ihrem Rücken zu einem heimlichen Rendezvous zu verschwinden! Wie aufregend die verbotenen Küsse! Es gebe wohl kaum einen Baum in der Umgebung von Bayreuth, so die Braut, unter dem sie nicht geküßt worden sei.[3] Die Verlobungszeit zieht sich hin, denn der Bräutigam muß erst noch Geschäftliches regeln. Doch nachdem May schließlich in Berlin erfolgreich bei Hof eingeführt worden ist, findet am 21. Februar 1891 die Hochzeit statt, und aus der knapp fünfundzwanzigjährigen Mary Annette Beauchamp wird die Gräfin von Arnim. Aus der ländlichen Idylle ihres englischen Elternhauses verschlägt es sie in die Großstadt Berlin, wo sie einen repräsentativen Haushalt mit Dienstboten und gesellschaftlichen Verpflichtungen führen soll.

Damit ist sie völlig überfordert, denn erstens ist sie in Haushaltsdingen gänzlich ungeübt, zweitens spricht May noch nicht gut deutsch; drittens findet sie die aristokratische Etikette lästig, und viertens wird sie dreimal unmittelbar nacheinander schwanger, wobei die Geburten jedesmal qualvoll sind. Sie werde schon schwanger, wenn Henning in ihrer Nähe bloß niese, gibt sie später häufig zum besten. Die Konsequenz, nämlich ihren Gatten auf Abstand zu halten, wird in Zukunft noch häufig für ehelichen Verdruß sorgen, denn einen Stammhalter für das Arnimsche Geschlecht zu zeugen ist Hennings unumstößliches Lebensziel.

Die Ernüchterung der jungen Ehefrau läßt nicht lange auf sich warten. Ihr Mann ist ein konservativer, den Konventionen und den gesellschaftlich vorgeschriebenen Rollen verhafteter Mann. Der Graf ist nicht so reich wie angenommen, im Gegenteil: Sein Vater hat ihm einen riesigen Schuldenberg hinterlassen. Außerdem hat er sein einnehmendes, humorvolles Wesen, so empfindet es May jedenfalls, bald nach der Hochzeit abgelegt. Er wird wortkarg, humorlos und ist – alles in allem – wenig inspirierend. Autoritär tritt er seiner jungen Frau entgegen und macht aus seiner Überzeugung, daß Frauen unmündige Wesen und wie Kinder zu behandeln sind, keinen Hehl. May reagiert verärgert, verstimmt oder ironisch, und in ihren autobiographischen Büchern tritt Henning wenig vorteilhaft als der »man of wrath«, in den deutschen Übersetzungen als »der Grimmige« auf!

»Eine Welt voller Löwenzahn und eitel Wonne«

Ich streifte im noch öden und trostlosen Garten herum –, weiß Gott welcher Geruch von nasser Erde oder verfaultem Laub schlagartig meine Kindheit in Erinnerung rief und all die glücklichen Tage, die ich in einem Garten verlebt hatte. Werde ich diesen Tag jemals vergessen? Es war der Anfang meines wahren Lebens, sozusagen mein Mündigwerden und der Eintritt in mein Königreich.

Aus: *Elizabeth und ihr Garten*[4]

Es ist Frühmärz, genauer der 8. März 1896, und die Gräfin von Arnim begleitet ihren Gemahl fünf Jahre nach der Hochzeit zum ersten Mal auf sein Gut Nassenheide in Pommern. Früh am Morgen geht es mit der Bahn von Berlin nach Stettin, dann weiter mit der Kutsche. Es ist ein grauer Tag, die Bäume sind noch kahl, Feuchtigkeit liegt in der Luft, es ist still und einsam, und man könnte von einer tristen Stimmung sprechen. Doch die Herrin von Nassenheide ist glücklich in dieser »Oase von Vogelkirschen und Grün«.

Das mehrgiebelige alte Gutshaus liegt inmitten von Wiesen und Getreidefeldern. Dahinter erstreckt sich eine sandige Heidelandschaft, aus der schließlich ein Kiefernwald erwächst, der sich am Horizont als dunkle Linie abzeichnet. Die Grenzen des etwa 3200 Hektar messenden Besitzes sind mit bloßem Auge nicht auszumachen. May verschlägt der Blick in die Weite den Atem, und die fünf in der Stadt »vergeudeten Jahre« fallen ab von ihr »wie ein Mantel«. Sie vergißt den Lärm in Berlin, den Schmutz, den

Gestank und die Enge der Stadt. Statt dessen kommen ihr idyllische Bilder eines standesgemäßen Landlebens, so wie es britische Aristokraten und Gentlemen auf ihren Landsitzen pflegen. Warum kann die Familie von Arnim nicht in eine ähnliche Rolle schlüpfen? Hatte sich ihr Mann nicht in letzter Zeit intensiv um seine pommerschen Güter gekümmert? Viel Zeit hat er dort verbracht, um den Wert des väterlichen landwirtschaftlichen Erbes auszuloten und den Bau der dringend notwendigen Dränage für die Felder zu überwachen.

May ist ganz aufgeregt: Der Garten müsse unbedingt instand gesetzt werden und bedürfe regelmäßiger Pflege. Eine Mammutaufgabe, denn die Beete sind überwuchert, die Wege unter Unkraut verschwunden – das Gelände gleicht eher einer Wildnis als einem Garten. Aber einer Wildnis voller Charme: Zwischen Eichen und Birken ist der Boden mit blauen Leberblümchen, Veilchen, Scharbockskraut und weißen Anemonen bedeckt. Wo ein kurzgeschorener Rasen sein sollte, wächst Wiese voller Löwenzahn und Gänseblümchen. Sofort werden Kindheitserinnerungen wach, an das Elf-Uhr-Zuckerbutterbrot zum Beispiel. Löwenzahn und Gänseblümchen – zeitlebens bleiben die für sie zwei Symbole für Glück und Freiheit.

Seit der alte von Arnim das Gut vor fünfundzwanzig Jahren erworben hat, wollte keiner aus der Familie dauerhaft in dem Haus aus dem 16. Jahrhundert leben. Ursprünglich war es ein Kloster gewesen, im Dreißigjährigen Krieg wurden die Nonnen jedoch von Gustav II. Adolf und seinen Soldaten vertrieben, die auf ihren Feldzügen von Schweden nach Brandenburg mehrmals dort einfielen. Im 18. Jahrhundert ging das Gut dann für mehrere Generationen in den Besitz der Familie eines preußischen Generals von Lepel über. Sein Enkel, preußischer Gesandter in Stockholm und ein weitgereister, kultivierter Mann, hatte, aus Südeuropa kommend, häufig exotische Pflanzen im Gepäck. Eßkastanien beispielsweise, Pyramideneichen und Tulpenbäume überlebten die strengen pommerschen Winter.

Vor allem aber hatte es ihm Flieder angetan, und er trug eine umfangreiche Sammlung der unterschiedlichsten Sorten zusam-

Drei Arnim-Töchter vor dem Gutshaus in Nassenheide

men: »Ach, diese Fliederbüsche! Sie stehen heute in voller Pracht da, und der Garten ist durchtränkt von ihrem Duft«, freut sich May später in ihrem ersten Roman. Armweise trägt ihre Heldin den Flieder ins Haus und füllt jedes erdenkliche Gefäß mit der »purpurnen Pracht«[5]. Da der Pflanzenfreund ohne direkte Nachkommen blieb, erbte schließlich die Oberhofmeisterin der Großherzogin Maria Pawlowna in Weimar (siehe Seite 217ff.) den riesigen Besitz. Doch was sollte sie in Pommern? Sie verkaufte das Anwesen 1872 an Henning von Arnims Vater.

»Vermessungen vorgenommen«, steht in Mays Tagebuch (68), als sie von der ersten Besichtigung in die Berliner Wohnung zurückkehrt. Der Gedanke an den Garten in Nassenheide läßt sie nicht mehr los. Im Park auf einer sonnigen Bank sitzend, studiert sie Bücher übers Gärtnern, kauft zwei Badewannen und Blechkannen für Nassenheide und pendelt in den kommenden Wochen zwischen Berlin und Pommern hin und her. Sie plant die Renovierung, überwacht die Handwerker, näht selbst Vorhänge und gibt erste Anweisungen für die Wiederherstellung des Gartens.

Das »Schloß« nennen die Einheimischen das Gutshaus, und die Schloßherrin hat alle Hände voll zu tun, um die heruntergekommene Immobilie in eine lichte Behausung zu verwandeln: Klare weiße Wände will sie haben, einige mit luftigen floralen Mustern verziert. Die Räume nicht zu voll, statt dunkler Eichenmöbel elegantes und bequemes Mobiliar, jeder Raum mit bunten Blumensträußen geschmückt – sie bürstet den pompösen Stil der Zeit gegen den Strich. Doch der Traum vom ländlichen Paradies hat seinen Preis: Die Gräfin muß schuften, aber sie fühlt sich glücklich und wie neugeboren.

Die Familie ist noch in Berlin, so daß die Tage und Nächte nur ihr allein gehören. Sie schwelgt »in einer Welt aus Löwenzahn und eitel Wonne«[6]. Den ganzen Tag ist sie draußen, verzichtet auf die ermüdenden Mahlzeiten, läßt sich den Tee an der frischen Luft servieren und legt ihre »Salattage« im Freien ein. Zu Fuß erkundet sie ihre Umgebung, legt sich an einem Tümpel ins Gras, schaut in den blauen Himmel, und ihre Tage scheinen »in einem Traum rosaroten und purpurnen Friedens dahinzuschmelzen«[7]. Sechs Wochen später ist es geschafft – das Haus ist bewohnbar, und ihr Mann mit den drei niedlichen kleinen Mädchen, die sie nach ihrem Geburtsdatum das April-, das Mai- und das Juni-Kind nennt, kann einziehen. Doch damit sind dann auch die Zeiten der wunderbaren Freiheit und die »Seligkeit des Alleinseins« vorbei.

Nach anfänglichem Zögern stimmt ihr Mann zu, ganz und gar in Nassenheide zu leben, auch wenn das im Vergleich zur Stadt eine Menge Unbequemlichkeiten mit sich bringt: mit Torf geheizte Öfen und Kamine; keine Elektrizität, kein Gas, nur blakende Öllampen; kein fließendes Wasser, ein einziges Badezimmer für alle und volle Nachttöpfe am Morgen – der Traum vom herrschaftlichen Leben unter ländlichen Bedingungen verlangt Opfer, auch wenn sich von morgens bis nachts Bedienstete um das Wohlbefinden der Grafenfamilie kümmern.

Auch für den Garten muß gesorgt werden. Die ersten Blumen sind gesät und müssen feuchtgehalten werden: Ob die Wicken, die

Prunkwinden und der isländische Mohn auch tatsächlich keimen? Frisch gepflanzte Clematis und Rosen wollen gehegt werden, und das Rasenstück, das einmal der Tennisplatz werden soll, muß zum ersten Mal gemäht werden. Dünger, Jauchen, Maulwurfsfallen – wie sehr hat sich das Leben der Gräfin verändert, als sie am 31. August 1896 dreißig Jahre alt wird! In ihrem Tagebuch notiert sie: »Ich weiß gar nicht, wie ich die Liebe und die Schönheit und das Verbundensein beschreiben soll, das ich empfinde, sowie ich meinen Garten betrete (der für mich beinahe so etwas wie Gott geworden ist).«[8]

»Elizabeth and her German Garden«

7. Mai. Ich liebe meinen Garten. Hier schreibe ich gerade in der Lieblichkeit eines Spätnachmittags, immer wieder unterbrochen von Mücken und der Versuchung, all die Pracht des jungen Grüns zu bestaunen, auf das vor einer halben Stunde ein kühler Regenschauer niedergegangen ist. Zwei Eulen sitzen in meiner Nähe und führen eine lange Unterhaltung, die ich genauso genieße, wie wenn Nachtigallen schlagen.

Aus: *Elizabeth und ihr Garten*[9]

Wer so seinen ersten Roman beginnt, fordert zu der Frage heraus, wie authentisch, wie autobiographisch ist dieser Text wirklich? Sucht man im Tagebuch der Autorin, so liest man unter dem Datum des 7. Mai 1897: »Begann, *In a German Garden* zu schreiben. Um mich herum Regentropfen und Eulen. H. schlecht gelaunt.« (86) Allerdings sollte man der Autorin nicht alles glauben, denn so eindeutig stimmt der autobiographische Roman nicht immer mit der Realität überein.

Die Idee zu *Elizabeth and her German Garden* (auf deutsch: *Elizabeth und ihr Garten*) liefert der ehrwürdige britische Hofdichter Alfred Austin (1835–1913) mit seinem Werk *The Garden that I love*. Dort schreibt er in Tagebuchform über Lust und Frust eines Menschen, der ein Landgut entdeckt, es renoviert und einen Garten anlegt. May ist nach der Lektüre so hingerissen, daß sie dem Autor einen überschwenglichen Brief schreibt (aber nicht abschickt) und beschließt: So etwas will sie auch schreiben! Kein Gartenratgeber soll es werden, sondern ein Buch über das Zusammenspiel von Mensch und Natur.

In diesem Sommer kommt sie wenig zum Schreiben: zuviel Besuch, zuviel Ärger mit den Dienstboten und ihrem Mann. »H. und ich stritten uns, weil er ein Baby möchte und ich nicht«, steht am 31. Juli im Tagebuch. Drei Tage später heißt es: »H. nach Berlin. Große Erleichterung und ein Segen.« (86)

Trotz der vielen unerfreulichen Ablenkungen spinnt die gestreßte Gutsherrin ihre Geschichte weiter, schreibt sie auf und schafft es, das Manuskript von *Elizabeth and her German Garden* bis Februar 1889 fast fertigzustellen: »Abends H. einige Stellen gezeigt, und er sagte, das müsse veröffentlicht werden; so schrecklich durcheinander, daß ich nicht schlafen konnte, weil das bedeutet, alles zu überarbeiten.« (87) Diese Tagebucheintragung verschweigt, daß der Ehemann nicht nur auf einigen Streichungen besteht, sondern auch darauf beharrt, daß das Buch nicht unter dem Namen von Arnim veröffentlicht werden darf, gilt es doch in seinen Kreisen als unschicklich, wenn die Gattin mit dem Schreiben von Romanen Geld verdient.

Doch May läßt sich nicht beirren. Ein paar Wochen später ist es soweit: Am 3. März bringt sie persönlich das überarbeitete und noch einmal getippte Manuskript zum etwa fünfzehn Kilometer entfernt liegenden Postamt. Der Adressat: Macmillan in London, der Verlag, bei dem auch ihr Vorbild, das Buch von Austin, erschienen ist. Während May auf die Reaktion des Verlags wartet, schwankt ihre Stimmung zwischen Depression und freudiger Erwartung. Nach knapp vier Wochen trifft in Nassenheide die alles verändernde Nachricht ein, der Verlag habe das Buch angenommen. Ein Tag, den sie nie vergessen wird: »Ich erinnere mich lebhaft, daß ich damals beim Mittagessen mit der Familie wie auf Wolken schwebte und dabei mein Geheimnis zärtlich an mich drückte. Das war vielleicht der glücklichste Augenblick in meinem Leben.« (90)

Am 20. September 1898 erscheint dann in London *Elizabeth and her German Garden*. Nicht unter Pseudonym, sondern anonym: Autorin unbekannt! Dem Erfolg des Buches hat das nicht geschadet. Im Gegenteil. Die Kritik reagiert weitgehend positiv, und werbewirksam rätseln die Zeitungen, wer denn die Autorin, diese Elizabeth, sein könne. Schon nach einem halben Jahr sind zig Auflagen erschienen, und die Tantiemen sprudeln. Mit diesem Bestseller verdient »Elizabeth«, wie die Autorin nach ihrer Heldin fortan genannt wird, viel mehr, als ihr Mann mit Futterlupinen, Kartoffeln und Schnaps von seinen pommerschen Gütern je verdienen kann.

Mit der Veröffentlichung dieses Erstlings hat Macmillan einen hervorragenden Riecher bewiesen, denn auch nach mehr als hundert Jahren verbreitet das Buch immer noch gute Laune bei den Lesern. Leicht und locker kommt es daher, mal frech und respektlos plaudernd, mal glückselig schwärmend, spitzzüngig kritisierend oder nachdenklich betrachtend. Es spiegelt die individuelle, sehr emotionale Sicht der Heldin, einer gewissen Elizabeth, auf die pommersche Landschaft, auf ihren Garten, seine Entstehung und ihr Leben darin. Das Buch liest sich wie ein heiterer, manchmal melancholischer Brief aus der Sommerfrische, wenngleich unter der harmlosen Oberfläche ein höchst lebendiger Widerspruchsgeist zu spüren ist.

Den »German Garden« ihrer Heldin Elizabeth schildert die Autorin von Arnim in den schönsten Farben, wobei es schier unmöglich ist, daß sie in nur einem Jahr aus der Nassenheider Wildnis ein solch blühendes Paradies geschaffen hat. Es sind vielmehr die vielen schönen Gartenbilder in ihrem Kopf, die die Gräfin wortgewandt zu Papier gebracht hat. Wenn es dann aber an die Umsetzung dieser Gartenvorstellungen geht, ist die Heldin Elizabeth eine ebenso blutige Anfängerin wie die gärtnernde Gutsherrin von Arnim. Beider Begeisterung und Naivität sind so grenzenlos, wie ihre Mißerfolge in der Realität zahlreich sind. Der Frühlingsgarten unter einer alten Eiche mit seinen Krokussen, Narzissen und blühenden Bäumen, die naturnahe Birkenpflanzung, die bunten Rabatten an der Südfront des Gutshauses – die Autorin schildert zahlreiche dieser phantastischen Gartenpläne so authentisch, bunt und duftend, als seien sie schon umgesetzt.

Vielleicht ist es ja eine literarische Übertreibung, daß die unerfahrene Gärtnerin gleich zehn Pfund Prunkwindensaat auf die Beete verteilt, doch daß die Saat nicht aufgeht, ist kein Scherz. Auch die Kälber, die ihre Rabatten mit Nelken und Lilien zertrampeln, sind keine Vision – die ersten beiden Gartenjahre in Nassenheide sind voller Rückschläge und Enttäuschungen. Die Mohnblumen kümmern oder verschwinden genauso wie die Akelei; die Madonnenlilien vertragen das Verpflanzen nicht, und die Stockrosen haben eine scheußliche Farbe – es scheint, als wolle nichts anderes als die Wegrauke *(Sisymbrium officinalis)* gedeihen. Das alles überwuchernde und Schönes unterdrückende Unkraut läßt ihr die Tränen in die Augen schießen, und die Gärtner, die Blumen in preußisch gerade Linien pflanzen, treiben sie zur Verzweiflung. Doch entmutigen läßt die Gärtnerin sich nicht: »Demut und größte Beharrlichkeit«, so legt sie ihrer Heldin in den Mund, »scheinen fast genauso notwendig beim Gärtnern wie Regen und Sonnenschein, und jedes Mißlingen muß als Sprungbrett für Erfolgversprechenderes dienen.«[10]

Solch heroischem Optimismus verdankt die Zweiunddreißigjährige ihren furiosen Karrierestart: Aus der nur ein Meter sechzig großen Gräfin von Arnim, die mit derzeit noch drei Kindern einem Gutshaushalt vorsteht, die morgens die Speisekammer aufschließt und die Würste verteilt, ist mit einem Schlag eine reiche Frau und eine erfolgreiche Schriftstellerin geworden. Diesem neuen Selbstverständnis entsprechend, richtet sie sich im ersten Stock des Hauses »Zimmer Nr. 13« als Schreibklause ein. Das nächste Werk – inhaltlich und formal eine Fortsetzung ihres Bestsellers – ist längst in Arbeit: *Einsamer Sommer* wird es heißen, und wenn die Autorin Elizabeth nun mit ihren zwei riesigen dänischen Doggen Cäsar und Ingulf spazierengeht, möchte sie nicht angesprochen und in ihren Gedanken gestört werden.

Der »German Garden« – ein englischer Garten

Gerade jetzt blüht ein Beet mit all diesen Herrlichkeiten …
eine Gruppe japanischer Schwertlilien, die Blüten im Sonnen-
schein, die Füße im kühlen Naß. Neben ihnen, ein wenig höher
am Hang, Madonnenlilien, von keuschem Aussehen, aber wol-
lüstigem Duft, daneben ein Büschel Stockrosen in den zartesten
Farbtönen von Rosa, Gelb und Weiß, rechts und links davon
weiße Margeriten und Nachtkerzen und Shirley, die erlesenste
aller Mohnblumen, etwas weiter eine Staude metallblauen Rit-
tersporns neben kräftigen weißen Lupinen, und überall dazwi-
schen Reseda, Levkojen, Nelken und noch ein Dutzend
kleinerer, aber nicht weniger ansehnlicher Pflanzen.

Aus: *Einsamer Sommer*[11]

Das Leben in Nassenheide wird nach dem schriftstellerischen Er-
folg der Gräfin luxuriöser, vor allem nachdem sie Hennings ererb-
ten immensen Schuldenberg abgetragen hat. Den Dienern verpaßt
Elizabeth Uniformen und Livreen in den Farben der Arnimschen
Familie. Endlich muß sie ihre Pflanzenkäufe nicht mehr vom
Haushaltsgeld abzwacken. Im Winter, wenn sie im verschneiten
Nassenheide am flackernden Torffeuer sitzt, verschlingt sie eng-
lische Gartenbücher und träumt sich in die liebreizenden Gärten
Südenglands, deren Rabatten und Staudenbeete sie besonders be-
wundert. Dann studiert sie die Kataloge der Blumenzüchter und
Baumschulen, fertigt Listen mit Samen, Sträuchern und Bäumen
an und freut sich darauf, daß im Frühjahr die prachtverheißenden
Sendungen eintreffen und gepflanzt werden können.

Endlich kann sie einen gelernten Gärtner einstellen, der nicht
nur etwas von seinem Beruf versteht, sondern auch bereit ist, auf
Elizabeths manchmal exzentrisch anmutende Vorschläge einzugehen. Bis dato hatte sie mit unbedarften Gehilfen gearbeitet,
ihnen bei der Arbeit aus Gartenbüchern vorgelesen, in der Hoffnung, etwas würde vielleicht hängenbleiben. Einer ist darüber verrückt geworden, zog mit einem Revolver fuchtelnd durch den
Garten und mußte schließlich in eine Heilanstalt eingewiesen
werden.

Jetzt kommt Herr Lienau, ein intelligenter, etwas schwerhöriger junger Mann, der anstellig ist, weil er seinen Beruf liebt. Mit seiner fachmännischen Hilfe kann Elizabeth manchen ihrer Gartenpläne tatsächlich verwirklichen. Nach den Fehlschlägen der ersten beiden Jahre gilt es, vieles zu korrigieren. Die Beete erhalten bessere Erde; der zur Wiese verwilderte Rasen wird neu eingesät, damit aus ihm ein englischer Rasen wird; der Rosengarten erhält Zuwachs; es entstehen gemischte Blumenrabatten in den schönsten Farben und ein ganz in Gelb gehaltener Gartenteil. Zwar wundert sich Herr Lienau häufig über die Blumenauswahl seiner Chefin und über ihren Wunsch, sie im Beet »natürlich«, ohne eine formale Ordnung in größeren Pulks nebeneinander zu pflanzen, doch er widerspricht nicht – nur was ihm zu verrückt erscheint, das überhört er einfach.[12]

Zu ihren im wilhelminischen Deutschland ausgefallen wirkenden Ideen läßt Elizabeth sich durch die gärtnerische Avantgarde in England inspirieren. Die Nachricht von deren Rebellion gegen den viktorianischen Garten dringt bis in die pommersche Abgeschiedenheit: Zum einen korrespondiert Elizabeth mit Freunden und Verwandten in ihrer englischen Heimat; zum anderen reist sie regelmäßig nach England, und drittens befindet sich in ihrer Bibliothek »jedes Buch über Gärtner und Gärten, das in den letzten Jahren erschienen ist«[13]. Und das sind nicht wenige, denn die Verfechter des neuen Gartenstils können nicht nur mit dem Spaten umgehen, sie besitzen auch eine spitze Feder.

Sogar ein weiblicher Gartenpapst aus England soll nach Nassenheide gereist sein, um den pommerschen Garten zu sehen und zu photographieren: die immens reiche und ebenso extravagante Ellen Willmott (1858–1934), die ihr gesamtes Vermögen für ihre botanische Leidenschaft ausgab und andere Gartenbesitzer zur Weißglut trieb, weil sie überall die Samen einer Distelart verstreute – noch heute wird *Eryngium giganteum* »Miss Willmott's Ghost« genannt.

Als erster propagiert William Robinson (1838–1935) den Gegenentwurf zum viktorianischen Garten. Der Rebell, der beschnittene Bäume mit den eingeschnürten Füßen der Chinesinnen vergleicht, verachtet alles Formale und tritt schon in seinem ersten

Elizabeth von Arnim im Garten, von Ellen Willmott photographiert,
von Gertrude Jekyll veröffentlicht

Werk *The Wild Garden* dafür ein, daß winterharte Stauden und
einheimische Einjährige sich in ihrer ganzen natürlichen Schönheit entfalten dürfen. Der »wilde«, »natürliche« Garten markiert
eine Revolution in einer Gartenwelt der Gewächshauspflanzen
und bunt bepflanzter Teppichbeete. 1883 erscheint dann *The Eng-
lish Flower Garden*, ein Buch, das zur Bibel aller progressiven Gärtner wird und auch in Deutschland Leser findet. Darin plädiert
Robinson für »natürliche« Pflanzungen, in denen die verschiedensten Blätter, Formen und Farben mit der anarchisch wilden Vielfalt
der Natur wetteifern dürfen.

In die gleiche Richtung bewegt sich seine Schülerin Gertrude
Jekyll (1843–1932), die regelmäßig an Robinsons einflußreichem
Magazin *The Garden* mitarbeitet und im *Flower Garden*-Buch über
die farbliche Gestaltung von Beeten geschrieben hat. Das ist ihre

Spezialität, denn sie ist über die Malerei zur Gartenkunst gekommen. Ihr eigener Garten »Munstead Wood« in Surrey ist seit den achtziger Jahren ein Mekka für Gartenliebhaber und Fachleute. Stärker als Robinson besteht sie darauf, daß auch ein »natürliches« Gartenbild der Planung bedarf, um Pflanzenform und -farbe zur Freude des Auges aufeinander abzustimmen.

Sie vergleicht die Gartengestaltung mit dem Malen: Die Farben eines Beetes, so Jekyll, sollten, dem Spektrum folgend, dahinfließen. In ihren Entwürfen vermeidet sie scharfe Kontraste und kreiert ihre »mixed borders« wie ein Aquarell mit harmonisch ineinander übergehenden Farben. Kunst, so Jekylls These, muß sich mit der Natur verbinden.

Die ambitionierte Gärtnerin in Pommern greift Jekylls Gedanken auf und experimentiert beispielsweise mit der Farbe Gelb: »Ich möchte eine Rabatte ganz in Gelb haben«, läßt sie ihre Heldin in *Elizabeth und ihr Garten* sagen, »jede Gelbschattierung: vom feurigsten Orange bis zum Fast-schon-Weiß. Mir schwebt vor eine einzige Folge von Herrlichkeiten von Mai bis zum Frosteinbruch.«[14] Diese breite Rabatte wird voll in der Sonne liegen: »Man geht durch ein Kieferngehölz, und wenn man um die Ecke biegt, soll man plötzlich dieses Stück eingefangenen Morgenglanzes erblikken. Ich möchte, daß es einen in seiner leuchtenden Pracht nach dem schattig-kühlen Weg durch das Wäldchen geradezu blendet.«[15] Ringel- und Sonnenblumen, Goldmohn, Dahlien sowie Kapuzinerkresse in allen Varianten – viele der Pflanzen, die Elizabeth für die goldene Rabatte aussucht, gehören zu den von ihr geliebten Bauerngartenblumen, darüber hinaus nimmt sie »alles, was gelb ist oder eine gelbe Variante hat«.

»Mixed borders« auf Junkerland – was heute Inbegriff der englischen Gartenkultur ist, provoziert vor mehr als hundert Jahren im hintersten Winkel des wilhelminischen Kaiserreichs bei von Arnims vornehmen Nachbarn vor allem Kopfschütteln. Elizabeth findet wiederum für deren Gärten kein gutes Wort. Sie haßt die bunten Teppichbeete mit den Petunien, Salvien, Verbenen oder Lobelien, die im Gewächshaus vorgezogen und im Frühjahr massenhaft ausgepflanzt werden, um »vor dem Haus mit einem

Der »wilde« Garten als Gegenentwurf, Gemälde von Beatrice Parsons

Feuerwerk aufzuwarten«[16]. Außerdem mag sie die grellen Farben
vieler Sorten nicht und daß die Pflanzen, entlang der Schnur gesetzt, in parallelen Reihen stehen – wie preußische Soldaten beim
Morgenappell.

»Der deutsche Gartenentwurf taugt nichts, der alle nur mögliche Pracht mit Teppichbeeten und Glaskugeln auf Stöcken vor
dem Hause konzentriert«[17], schreibt die Gräfin und variiert damit
den Vorwurf, den zur gleichen Zeit die englische Gärtneravant-
garde gegen den viktorianischen Garten erhebt: daß dieser allein
auf Repräsentation abziele und auf ein kurzlebiges Prunkstück in
Hausnähe reduziert wird.

Elizabeth von Arnim dehnt ihren Garten bis weit in die Landschaft aus: »Ich versuche, meinen Garten um so prächtiger und
gepflegter aussehen zu lassen, je tiefer man in ihn hineingeht«,
schreibt sie, »und der Gast, der aus dem Schatten der Veranda tritt

und in seiner Unschuld meint, schon das Beste vor sich zu haben, wird listig von einer Sehenswürdigkeit zu anderen geleitet.«[18] Jeder der überraschend auftauchenden Gartenräume ist in die Landschaft eingebettet, hat eine besondere Attraktion fürs Auge oder versetzt den Betrachter in eine besondere Stimmung: der formale Rosengarten am Haus, der Frühlingsgarten unter der freistehenden alten Eiche, die gelbe Rabatte oder die naturnahe Azaleenpflanzung bei den Silberbirken an der »südlichsten Grenze meines Königreichs, ein Farbenrausch im Mai und Juni, und jenseits davon sieht man die friedlichen Weiden, die sich zum fernen Wald hin erstrecken. Der ideale Besucher wird, nachdem er diese Aussicht genossen hat, erfrischt und als neuer Mensch ins Haus zurückkehren.«[19]

Lieblingsblumen

Wicken haben etwas so überaus Feines, Zierliches, etwas so Gewinnendes mit ihren kletternden, sich windenden, nachgiebigen Ranken, und dann der lange, gerade Stengel mit der wohlgeformten geflügelten Blüte an der Spitze, von weicher, perlenhafter Beschaffenheit in allen nur erdenklichen Farbnuancen – alle rein und anmutig, keine häßlich oder auch nur weniger anziehend als die anderen.

Aus: *Einsamer Sommer*[20]

Wer wie William Robinson und Gertrude Jekyll Sturm läuft gegen die steife viktorianische Gartengestaltung, liebt die »sweet peas«, die Wicken *(Lathyrus odoratus)*, die noch heute in keinem englischen Garten fehlen dürfen. Elizabeth von Arnim ist ein wahrer Wickenfan: »In meiner Vorstellung kann es keinen Garten ohne Wicken geben«[21], schreibt sie. Seit sie, im Kinderwagen liegend, die ersten Wicken erblickte, haben die »sweet peas« sie begleitet, und in ihrem ersten Gartenjahr in Nassenheide waren sie – als alles schiefging – ihr einziger Trost: »Mit Wicken allein kann ein Garten schon wunderschön aussehen und in eine zierliche Märchenlaube verwandelt werden.«[22]

Überhaupt sind es die bescheidenen Blumen des englischen »cottage«-Gartens, die die Avantgarde der englischen Gärtner damals auf ihren Schild gehoben hat. Blumen sollen durch Einfachheit und Zartheit bezaubern, nicht durch Exotik oder Großartigkeit; Charme, nicht Prunk ist gefragt. »Lilien, Schwertlilien, Nelken, Veilchen, seidige, zarte Mohnblumen, großartiger Rittersporn, leuchtende Kapuzinerkresse, hitzige Ringelblumen und die glatten kühlen Stiefmütterchen«[23] – sie alle kombiniert Elizabeth in ihrer »mixed border«. Aber auch die Rosen, die in ihrem Garten wachsen, könnten in Robinsons »Flower Garden« stehen.

Duftende, in zarten Pastelltönen erblühende Rosen sind Elizabeth von Arnims Favoriten unter den Blumen, und an der Südseite des Hauses legt sie einen Rosengarten an. Von einer kleinen Veranda gelangt man über ein paar Stufen in den halbkreisförmigen Gartenteil, der in seiner Grundstruktur vor langer Zeit vom Vorbesitzer, dem preußischen Gesandten von Lepel, gestaltet worden ist: Um eine Sonnenuhr hat er elf halbmondförmige Beete angeordnet, sie mit Buchs eingefaßt und als Begrenzung einen Ligusterhalbkreis gepflanzt.

Elizabeth fügt noch ein paar Beete hinzu, bestückt jedes mit nur einer Rosensorte und einem farblich abgestimmten Stiefmütterchenteppich. Vor die Ligusterhecke pflanzt sie blauen Rittersporn. Davor blüht und duftet dann im Frühsommer eine Fülle von Teerosen, die sie von allen Rosen am liebsten mag: Diese Kreuzung aus der dauerblühenden grüngelblichen Chinarose (Rosa chinensis), die 1809 nach England kam, und alten Remontantrosen (mehrmals blühende Rosen) ist damals überaus beliebt und gilt als Symbol des Wohlstands. Zwei Beete hat Elizabeth mit der leuchtendrosa, orange durchtränkten und rahmweiß überzogenen »Marie-van-Houtte« bepflanzt, zwei mit der bernsteingelben und apricotfarbenen »Adam«, deren große gefüllte Blüten tief in der Mitte noch einen Hauch von Rosa zeigen und mit Elizabeths »schönster«, der »Laurette Messimy«, mit locker zusammengesetzten Blüten aus korallenrötlichen Blütenblättern, die nach innen hin zu Weißgelb verblassen. Daneben die zartfruchtig duftende Bourbonrose »Souvenir de Malmaison«, aus deren dicken Knospen eine rosige

Blütenfülle quillt und sich wie eine Spitzenkrinoline entfaltet. Insgesamt sind es Hunderte von Rosen in mindestens zwanzig Variationen.

Nach dem enthusiastisch gefeierten ersten Blütenrausch hält nicht alles dem selbstkritischen Blick der Gärtnerin stand: Die gelbblühenden Sorten (aus der Luteagruppe »Persian Yellow« und »Bicolor«) stören das Bild und werden entfernt. Dafür kommen einhundert Hochstammrosen hinzu: Sie säumen den Weg am Haus entlang, die Blüten in Kopfhöhe des Betrachters, damit er die Kostbarkeiten bewundern und daran riechen kann, ohne sich zu bücken und dabei die Kleider zu beschmutzen. Das kann schnell passieren, denn Damen tragen im sommerlichen Garten gern weiße Kleider aus feinem Musselin. So jedenfalls, ganz Dame und glückliche Mutter, läßt sich Elizabeth von Arnim mit einem ihrer Kinder an der Sonnenuhr photographieren – Bilder, die eigens für die Veröffentlichung in ihren Büchern angefertigt werden.

Die »Dame im Garten«

Was bin ich für eine glückliche Frau, daß ich in einem Garten lebe, mit Büchern, Kindern, Vögeln und Blumen und reichlich Muße, all das zu genießen.
Aus: *Elizabeth und ihr Garten*[24]

Der Philosoph und Schriftsteller Jean-Jacques Rousseau hat in seinen *Botanischen Lehrbriefen* an die Tochter einer Freundin die für alle Sittenwächter beruhigende These verbreitet, daß für Frauen »das Studium der Natur jederzeit und in jedem Alter schale Stunden vertreibt, ja sogar vor stürmischen Leidenschaften schützt. Das Studium erfüllt nicht nur den Geist, sondern auch die Seele.«[25] Was Ende des 18. Jahrhunderts einem aufklärerischen Impuls entsprang, ist hundert Jahre später zu einem Klischee gefroren.

Besonders eindrücklich haben Maler des 19. Jahrhunderts die romantisierende Vorstellung von der »Dame im Garten« geprägt – es sind Frauen des Bürgertums, die in langen Kleidern im Garten lustwandeln, lesend auf Bänken sitzen, Blumen pflücken oder an

Elizabeth von Arnim mit ihrem Sohn im Rosengarten von Nassenheide

zarten Blüten riechen. Ihre Gesichter sind unter großen blumen-
verzierten Sommerhüten vor der Sonne geschützt, und ein Schleier
kann gegen lästige Insekten herabgelassen werden. Rein und un-
verdorben, anmutig und liebreizend wirken sie in ihren vornehm-
lich weißen Gewändern und verkörpern das absolute Gegenstück
zum harten und groben Frauentyp der städtischen Arbeitswelt.

Elizabeth von Arnim sieht sich selbst als diese »Dame im Garten« und formt die Heldinnen in ihren autobiographischen Werken
nach diesem Vorbild. Doch versucht sie, wie auch ihre Figuren,
das darin enthaltene Rollenklischee zu durchbrechen: Mit Muße
schreitet ihre Heldin auf den neu angelegten Wegen und genießt
zu allen Jahreszeiten die unterschiedlichen Gartenstimmungen
des Tages; sie pflückt Blumen fürs Haus und hat ihre Lieblingsplätze zum Lesen ihrer Lieblingsautoren: Henry David Thoreau
(1817–1862), den Propheten des einfachen Lebens, liest sie mor-

gens an einem kleinen Teich; Johann Wolfgang von Goethe gehört in den Nachmittag und auf eine ganz bestimmte Bank, und »am Abend, wenn alles müde und still ist, sitze ich mit Walt Whitman bei den Rosenbeeten und höre zu, was der einsame große Geist mir über Nacht, Schlaf, Tod und die Sterne zu erzählen hat«[26].

Allein fühlt sie sich am wohlsten in ihrem Garten, nimmt die »blühende Gartenstille« in sich auf, atmet den feuchten Duft der Erde und genießt die »köstliche Gleichgültigkeit gegenüber den Leuten«. Ihre Stimmungen schwanken zwischen unsagbarer Glückseligkeit und tiefster Einsamkeit. Heimlich stiehlt sie sich um drei Uhr morgens aus dem Haus, um allein den anbrechenden Tag mit seinen Geräuschen, Farben und Düften zu erleben. Immer wieder betrachtet sie andächtig die Schönheit der Natur, und ihrem Vater gesteht sie: »Ja, ich bin tatsächlich gesegnet, denn ich habe das himmlische Königreich gefunden, das nur wenige finden und ohne das Kinder, Vögel, Bücher und Blumen nicht glücklich machen. Ich habe den Herrn gefunden, aber anstatt ihn in einer Kapelle zu finden, fand ich ihn in meinem Garten!«[27]

Mit diesem naturverbundenen, anspruchslosen Leben widerspricht sie den Gepflogenheiten ihrer Klasse. Bei Ehemann und Nachbarn stößt sie mit dem Wunsch nach Alleinsein und nach einem »einsamen Sommer« ohne Gäste auf völliges Unverständnis. Offenbar wittert man etwas Subversives, denn eine Frau, die sich in die Einsamkeit der Natur zurückzieht, entzieht sich der gesellschaftlichen Kontrolle. Für Elizabeth ist Natur gleichbedeutend mit Freiheit; der Garten bietet Zuflucht in einer gar nicht so freundlich-friedlichen Welt außerhalb der Gartenmauern. Hierhin flieht sie vor der wachsenden Großstadt mit ihren sozialen Spannungen, vor dem Dreck, dem Qualm und dem Gestank der Fabriken. All das läßt sie in Nassenheide hinter sich, und sie stimmt ein in das »Zurück-zur-Natur«, das Robinson, Jekyll und andere Verfechter der neuen Gartenkunst vor dem Hintergrund der Industrialisierung in England so vehement proklamieren.

Dort gehört das komfortable Haus auf dem Lande, weitab von den überfüllten Städten, zum Traum aller erfolgreichen Geschäftsleute. Die Gärten, die an diesen Häusern entstehen und sie perfekt

»Dame in Weiß« – mit weißen Lilien, einem Sinnbild der Reinheit, 1877,
Gemälde von John Atkinson Grimshaw

ergänzen, sollen nicht aufdringlich protzig sein, sondern sich harmonisch in die Landschaft einpassen. »Ein Garten soll zuallererst ein Ort der stillen Schönheit sein, indem er das Auge erfreut und den Geist erfrischt«, schreibt Gertrude Jekyll und trifft damit das Lebensgefühl der pommerschen Gräfin: »Ich brauche nur die Verandastufen hinunterzusteigen und bin sofort ruhig, fröhlich und ganz wieder ich selbst. Mitunter fühle ich es förmlich, wie sich, während ich die Stufen hinuntergehe, eine sanft segnende Hand auf meinen Kopf legt. Das kommt wohl von der Stille, die in meine Seele einzieht, sobald ich das enge, unruhige Haus verlasse und in diese Reinheit eintrete.«[28]

Daß das romantische Bild von der wohlbehüteten ›Dame im Garten‹ nur eine sehr begrenzte Bedeutung hat, erfährt Elizabeth aus eigener Anschauung. Als Gutsherrin besucht sie regelmäßig die Landarbeiterfrauen in ihren Einzimmerbehausungen. Es empört sie, daß sie genauso schuften müssen wie die Männer, dafür aber weniger Lohn bekommen und ihre Kinder wie ganz nebenbei gebären und aufziehen müssen: »Was für ein Unfug, über die Gleichheit der Geschlechter zu reden, solange die Frauen die Kinder gebären müssen«, läßt sie ihre Heldin Elizabeth als Frauenrechtlerin kampfeslustig verkünden. Allerdings beschränkt sich ihre Rebellion gegen die gesellschaftlichen Verhältnisse auf Mitleid und die paternalistische Fürsorge der Gutsherrin, die ein paar Trostpflaster verteilt.

Daß schweißtreibende körperliche Arbeiten nur etwas für die Frauen der unteren Schichten ist, die Geld verdienen müssen, stellt sie nicht in Frage. Vielmehr betrachtet man in Elizabeths Kreisen mit Argwohn die Frauenbewegung, die hüben wie drüben für die Berufstätigkeit von Frauen eintritt. In Berlin entsteht 1890 die erste Gartenbauschule für Frauen; in England sind es die Colleges für »lady gardeners«, und selbst die Royal Botanical Gardens können dem Druck von außen nicht widerstehen und stellen 1896 die ersten Gärtnerinnen ein. Wie junge Männer sollen sie aussehen, um nicht aufzufallen: Die Haare unter Schirmmützen versteckt, müssen sie braune Anzüge mit Knickerbockerhosen tragen, was erst recht neugierige Spötter auf den Plan ruft.

Die Gräfin kommentiert diese Entwicklung zwar nicht, doch man spürt, wo ihre Sympathien liegen. Ihre Heldin Elizabeth wittert sogar ein Stück Unabhängigkeit und Freiheit in der Gartenarbeit: »Wenn ich doch nur selbst graben und pflanzen könnte. Um wieviel leichter wäre es und wie faszinierend, die Löcher selbst machen zu können, genau dort, wo man sie haben will, und dann die Pflanzen ganz nach Belieben einzusetzen, statt Anordnungen zu geben, die nur halb verstanden werden, sobald man von den Richtlinien abweicht, die von jener langen Schnur bestimmt werden.«[29]

Mit ironischer Übertreibung schildert sie das einmalige Vergnügen ihrer Heldin, an einem Feiertag während der ruhigen Mittagszeit mit Harke und Spaten in den Garten zu schleichen. Da sie sich sicher glaubt vor den Blicken der Bediensteten, gräbt sie ein kleines Loch, wühlt die Erde um und sät heimlich Prunkwinden. Dann läuft sie »völlig erhitzt und schuldbewußt« zurück ins Haus

»Gebildete Gärtner-Damen«,
Karikatur aus »Möllers Gartenzeitung«, 1896

und verschanzt sich – ganz Unschuld – hinter einem Buch, um ihren »guten Ruf zu retten«.

Und warum, so fragt sie, ist Frauen die erfreuliche Arbeit im Sonnenschein untersagt, warum dürfen sie nicht wie die Männer »die üppige, feuchte Erde umgraben, rechen, jäten, gießen, pflanzen, das Gras mähen, die Bäume schneiden – alles, was sie tun, vom Aufdecken der Rosen im Frühjahr bis zu den Laubfeuern im November, erfüllt meine Seele mit der Sehnsucht, hinzugehen und es ihnen gleichzutun«[30].

Es ist nicht anmutig, man kommt ins Schwitzen, und doch, so meint sie, sei es eine »gesegnete Art von Arbeit, und hätte Eva im Paradies einen Spaten gehabt und etwas damit anfangen können, hätten wir nicht diese ganze traurige Geschichte mit dem Apfel«[31], die bekanntlich mit der Vertreibung aus dem Paradies endet.

Der »wilde Garten«

*Die Büsche wuchern über die Pfade, halten mich fest, wenn
ich vorbei will, und geben mir so zu verstehen, daß sie nicht
ausreichend beschnitten wurden. Wilder Pflanzenwuchs breitet
sich auf der Rasenfläche aus, ohne daß ihm Männer zu Leibe
rücken. Auf den meisten Beeten entdeckt man Spuren umher-
streifender Füchse. Die Nelken werden im Sommer von egoisti-
schen Hasen abgeknabbert, und die Eichhörnchen verbringen
ihre Tage damit, übermütig die zarten, jungen Kiefernschöß-
linge abzubeißen.*

Aus: *Einsamer Sommer*[32]

Grenzenlosen Egoismus haben zeitgenössische Kritiker Elizabeth
von Arnim vorgeworfen, denn sie läßt sich aus ihrem Paradies
nicht vertreiben – weder vom »Grimmigen«, wie sie ihren strengen Ehemann betitelt, noch von den Hausfrauenpflichten, die er
stets anmahnt, noch von den lebhaften Kindern, die am liebsten an
Mutters Rockzipfel die Welt erkunden.

Vielmehr erobert sie sich Natur und Garten als Ort paradiesi-
scher Freiheit, in dem sie sich mit den zwei furchterregend großen
Doggen unbeobachtet, ungezwungen und von Mann und Gesinde
unkontrolliert bewegt. »Wild« und »ungezähmt« soll dieser Garten
sein, mit »viel Natur und wenig Kunst«. Ist er zu sauber, ordentlich
und übersichtlich, dann fühlt sie sich »eingeengt und bedrückt«;
wenn an jeder Ecke ein Gärtner auftaucht, fühlt sie sich gestört
und vermißt die Luft zum Atmen.

Ihr »Treibhaus« nennt die Autorin Elizabeth von Arnim die
efeuberankte alte Orangerie, die sie sich, in gebührendem Abstand zum Gutshaus, zur Schreibklause ausgebaut hat. Mit der
Warnung »Procul este, profani«, wörtlich: Unheilige, haltet euch
fern, oder klar und deutlich: Unbefugten ist der Zutritt verboten,
hält sie sich ungebetene Gäste und familiäre Pflichten vom Hals.
Niemand darf sie hier stören – wenn die Gräfin schreiben will,
müssen Ehemann und Kinder, Zofen, Gouvernanten, Hauslehrer,
Köchinnen, Dienstboten und Gutsarbeiter ihre Ansprüche zurück-
stecken. Nur der Gärtner darf während ihrer Abwesenheit Holz

für den Kamin bringen und die vielen Vasen mit frischen Blumen füllen, denn sie kann nur »in Duft und Schönheit« schreiben, meint Tebbi, die langjährige Haushälterin und treue Freundin der Familie.[33]

Da Elizabeth so sehr auf ihre geistige und materielle Unabhängigkeit pocht, hängt der Haussegen in Nassenheide häufig schief, zumal Henning bei seiner Frau so lange auf Nachwuchs drängt, bis endlich 1902 nach vier Töchtern der langersehnte »Stammhalter« geboren wird. Die Kinder werden von französisch sprechenden Gouvernanten betreut und von Hauslehrern aus England unterrichtet. Die Mutter beschäftigt sich mit ihnen je nach Lust und Laune – möglichst draußen, in der freien Natur. In Kapuzenumhängen tollen sie dann durch den Garten, und wenn sich Tochter Evi später an Nassenheide erinnert, dann an die Bilder eines ländlichen Idylls: »Die vielen Hektar mit ihren Rasenflächen, Blumen, schönen Büschen, Kastanienbäumen, Kiefernwäldern, dem kleinen Fluß, an dessen Ufern Iris wuchs oder, wie wir sagten, Lilien. Der Gärtnerjunge harkte die Wege, das Pferd zieht in seinem Ledergeschirr die Mähmaschine über die weiten Rasenflächen. Wenn es geregnet hat, stolziert manchmal ein Storch auf Futtersuche über diese Rasenflächen.«[34]

Ist es der Mama nach weniger rustikalem Vergnügen oder nach ausgelassenem Zeitvertreib zumute, veranstaltet sie im Salon Bälle und Theateraufführungen für die Kleinen, zu denen alle in großer Toilette erscheinen. Die Kinder tauschen strapazierfähigen Loden gegen duftige weiße Kleider, die Herren kommen in Abendgarderobe, und Elizabeth selbst erscheint in feinster Spitze, Seide und Juwelen. Manchmal lädt sie ein Kind zum Abendessen ins Treibhaus, und immer wieder organisiert sie vergnügliche Ausflüge im Pferdewagen mit Picknicks an ausgesucht schönen Flecken. Kaum sind sie dort angelangt, erinnert sich eine Tochter, »kam ein kleiner englischer Picknickkorb zum Vorschein, auf einem Spirituskocher wurde Tee zubereitet, und meine Mutter verteilte kleine, zarte Sandwiches, die uns viel besser mundeten als das dickgeschnittene Butterbrot, das wir täglich im Schulzimmer unter den strengen Augen unserer Gouvernante bekamen«. (122)

Das »Treibhaus« – Elizabeth von Arnims Arbeitsraum

Danach zieht sie sich wieder ins »Treibhaus« zurück, wo ihre Phantasie immer neue Blüten treibt: Zehn Romane in zehn Jahren – die Zeit in Nassenheide ist ihre produktivste. Da alle diese autobiographischen Werke auf dem ersten Bestsellererfolg aufbauen, wird als Autorin fortan »Elizabeth of the German Garden« genannt, ein Markenname, der später einfach zu »Elizabeth« wird.

Während Elizabeths Popularität wächst, gerät ihre Ehe in schwere Wasser. Henning von Arnim leidet unter seiner Zuckerkrankheit, und wirtschaftliche Sorgen bedrücken ihn. Er ist antriebslos, larmoyant und fordernd zugleich. 1908 ist klar, der landwirtschaftliche Betrieb von Nassenheide steht vor dem Ruin, denn Elizabeth ist nicht noch einmal bereit, ihr Geld in dieses Faß ohne Boden zu stecken. Das Gut soll verkauft werden. »Es ist furchtbar, [Nassenheide] zu verlassen«, schreibt sie an eine ihrer Töchter, »und meinen geliebten Garten, in dem ich so viele Jahre in glücklicher Beschaulichkeit verbracht habe – und die Zeit läuft so schnell ab, und jeden Abend, wenn das Feuer im Kamin der Bibliothek prasselt, weine ich ein bißchen.« (163) Elizabeth von Arnim mietet in England ein Haus auf dem Land, denn ihre Ehe ist nicht mehr zu kitten. Er ist siebenundfünfzig, sie zweiundvierzig Jahre alt, als sich die Wege der beiden trennen. Henning von Arnim stirbt ein Jahr später.

Das »Chalet de Soleil«

Ich bin mutterseelenallein, und ich schäme mich zu bekennen, daß ich es hasse, allein zu sein. Ich dachte, ich sei gern allein und stark und innerlich frei genug, um mich dieses Zustands zu erfreuen. Zu meiner Verärgerung und Enttäuschung stelle ich fest, daß ich all das nicht bin. Ich fiel in ein tiefes schwarzes Loch und hatte Mühe, herauszukommen, das ist alles.

Brief an eine Tochter, 1922[35]

Elizabeths Leben verändert sich dramatisch. Hat sie in Nassenheide stets die Einsamkeit gesucht und vom Alleinsein geschwärmt, sucht sie nun die Gesellschaft der Londoner Intellektuellenzirkel. Es sind vor allem die Schriftsteller der »Moderne«, die den Ruf Londons als Kulturmetropole begründen: E. M. Forster und Hugh Walpole gehören dazu (beide ehemalige Hauslehrer der von Arnimschen Kinder), Aldous Huxley, Elizabeths Cousine Katherine Mansfield und ihr temperamentvoller neuer Liebhaber, der erfolgreiche Autor H. G. Wells. Da gibt es den Bloomsbury-Kreis um Virginia und Leonard Woolf und Vita Sackville-West (siehe Seite 54ff.) sowie die Architekten und Designer der Arts-and-Crafts-Bewegung – ein munteres Völkchen, das auf dem Weg zu freieren Lebensformen die Konventionen weitgehend über Bord wirft.

Partys, Salons, Theater und Konzerte – die erfolgreiche Schriftstellerin Elizabeth von Arnim pendelt zwischen einer Wohnung in London und einem Landhaus in Devonshire; in einem winzigen separaten Cottage schreibt sie ihre Romane. In Gummistiefeln stapft sie durch den Garten, und in zierlichen Pumps glänzt sie in der Londoner Gesellschaft. Sie gilt als scharfsinnig, klug, charmant und spritzig; sie hat ein gepflegtes Äußeres, ist modisch auf der Höhe und kann sich mondäne Extras leisten. Eine kostspielige

43

Extravaganz ist das neu erbaute »Chalet de Soleil« in den Walliser Alpen, von dem sie sich »ein kleines Nassenheide mit vielen schönen zusätzlichen Annehmlichkeiten und schönen Seiten« verspricht. (193)

Im Rhonetal, in Sierre, besteigt der Besucher die Bergbahn, dann geht's zu Fuß einen rutschigen Wiesenpfad bergauf, um endlich das zauberhafte Chalet mit den »himmlischblauen Läden« zu erreichen, das so abgelegen und einsam ist wie Nassenheide. Doch trifft sich hier im Sommer die Londoner Literatenclique. Genug Platz gibt es, denn sechzehn Schlafzimmer hat das Haus, zwei Bäder und – welch unglaublicher Luxus – sieben Toiletten mit Wasserspülung. »Ich habe sie gezählt«, scherzt die Besitzerin, »es gibt wirklich sieben. Immer wenn ich bedrückt bin oder einsam, denke ich an meine Toiletten und bin getröstet.« (212)

Tagsüber trennt Elizabeth sich von der Gästeschar, um – wiederum in einem separaten Häuschen – zu schreiben; abends nach dem Dinner trifft man sich am Kamin, schwatzt, inszeniert Scharaden oder schwingt das Tanzbein. Schnaufend erklimmt eines Tages der korpulente zweite Earl of Amberley, Francis Russell (1865–1931), den Berg – und Elizabeth ist hingerissen von diesem vitalen Mann, der komisch und eloquent ist, übermütig agiert, keinen Widerspruch duldet und kein Hehl aus seiner besitzergreifenden Verehrung für Elizabeth macht. Sie fühlt sich geschmeichelt, und es dauert nicht lange, bis sie in die Falle tappt.

Der Lord läßt sich scheiden, und aus der verwitweten Gräfin von Arnim wird eine verzweifelte Countess Russell. »Ich bin sehr unglücklich und sehe keine Hoffnung, es sei denn, ich verlasse F.«, heißt es nur wenige Wochen nach der Eheschließung in Elizabeths Tagebuch: »Ach, was für eine Katastrophe!« (241) Ihr Gatte entpuppt sich schnell als ein herrschsüchtiger Tyrann, der ihr die Luft zum Atmen nimmt, statt sie zu lieben und glücklich zu machen. Es ist zum Verzweifeln! Drei Jahre schleppt sich die Ehe dahin, dann setzt ein spektakulärer Rosenkrieg den Schlußpunkt. Am Boden zerstört, zieht Elizabeth sich in ihr Chalet zurück, doch auch wenn sie von Depressionen geplagt wird und unter Einsamkeit leidet, ist die Trennung doch ein Absprung in die Freiheit.

Countess Elizabeth Russell (links) und ihre
langjährige Haushälterin Tebbi, um 1910

Jetzt kann sie auch wieder schreiben. Tagsüber sitzt sie in ihrem kleinen Arbeitschalet, das – wie Katherine Mansfield begeistert schreibt – »in einem völlig grünen Nest schrecklich feenhaft aussieht«[36]. Über der Tür prangt die vom »Treibhaus« in Nassenheide bekannte Warnung: »Procul este, profani«. Und gleich am Eingang hängt Henning von Arnims abgetragener Mantel wie eine Reliquie. Auch den alten Gärtner hat Elizabeth aus Nassenheide geholt, damit er beim Chalet einen Garten anlegt. Überall Erinnerungen an Nassenheide, als wolle sie ihr damaliges Glück noch einmal heraufbeschwören.

Mit Tochter Beatrix wagt Elizabeth 1925 sogar eine Reise in die Vergangenheit: »Berlin – Stettin – Nassenheide. Frühmorgens

45

in Berlin los und um 10 Uhr in Stettin ...« Genau wie vor siebenundzwanzig Jahren. »Ein heftiger Regenschauer durchnäßte uns bis auf die Haut, während wir vergebens versuchten, in den Garten zu gelangen. Alles verrammelt und verriegelt«, ist im Tagebuch zu lesen, »Matsch und Regen. Trostlosigkeit.« Schließlich öffnet eine grimmige Frau wenigstens das Tor: ein ernüchternder Blick ins Erdgeschoß – alles verwüstet und verwahrlost! »Trix und ich durchstreiften den Garten. So traurig und verlassen. Da kam die Sonne heraus, und durch die Bäume hindurch sah nun das Haus genauso aus wie früher.« Trotzdem das Fazit der Reise: »Ich will nicht mehr hin.« (302)

Zurück im Chalet, sieht es zunächst so aus, als erfülle sich ihr Traum von einem »friedlichen und geregelten Leben« mit »stillen Morgenstunden, in denen ich ungestört arbeitete«, mit »Mahlzeiten draußen auf der Terrasse, bei denen ich die ganze Simplonkette vor mir hatte«, mit langen Spaziergängen an den Nachmittagen und mit Abenden, »die ich lesend am brennenden Kamin verbrachte, während Coco [der Hund] auf einer Matte davor lag« (217).

Doch innere Ruhe und emotionale Ausgeglichenheit wollen sich nicht dauerhaft einstellen. Sie sorgt sich ums Älterwerden und sieht ihre Reize schwinden. Ihre Aufmachung wird darum immer extravaganter. »Ein Bündel von Künstlichkeiten«[37], nennt William Somerset Maugham das zierliche Persönchen mit den dünnen Beinen, das selbst auf der Alm mit hochhackigen Schuhen herumläuft. Hat sie ihre Anziehungskraft auf Männer verloren? Wie lange will man noch ihre Romane lesen? Zum ersten Mal verlangt der Verleger Änderungen an einem Manuskript! Häufig empfindet sie jetzt die früher gesuchte und mühsam verteidigte Einsamkeit als bedrückend. Beginnt man schon, sie zu vergessen?

Und wieder einmal naht ein Retter, dieses Mal in Gestalt eines dreißig Jahre jüngeren Mannes: Alexander Stuart Frere-Reeves wird Countess Russell für ein paar Jahre begleiten – zunächst als ergebener Bewunderer, dann als jugendlicher Liebhaber und später als verläßlicher Freund. Als Frere sich von ihr zurückzieht, um zu heiraten, plant Elizabeth einen Neuanfang, und den verspricht – wie schon so häufig – ein Ortswechsel: Die Schweizer Bergwelt ist ohnehin nicht mehr en vogue, vielmehr tummeln sich alle mit Rang, Namen oder Geld an der italienischen und französischen Mittelmeerküste. Countess Russell hält Ausschau nach einem Grundstück. 1930 steht ihr neues Haus.

»Le Mas des Roses«

Auf der untersten Stufe zum Gärtchen sitzend, las ich meine Tagebücher von 1896 und 1897 durch. Ein anderes Leben. Beinahe eine andere Person. Und fast jeder, der darin erwähnt ist, schon ganz vergessen. Welch ein Traum, nur die Stunden im Garten von Nassenheide sind mir noch in lebhafter Erinnerung.

Aus: Tagebuch 2.–4. April 1933 [38]

Elizabeth ist jetzt siebenundsechzig Jahre alt und hat ihr neues Quartier in Mougins an der Côte d'Azur aufgeschlagen. Sie ist in die Wärme gezogen; die südfranzösische Sonne soll sie im Alter angenehm wärmen. »Le Mas des Roses« (auf deutsch etwa »Rosenhof«) hat sie ihren Alterssitz genannt – eine kubische weiße Villa, elegant ausgestattet und von einem mediterranen Garten umgeben. Sie beschäftigt einen Chauffeur, eine Hauswirtschafterin, eine Köchin und eine Gärtnerin. Sorglos bestellt sie Unmengen von Pflanzen, denn sparsam muß sie nicht sein. Gaby, die Gärtnerin, die auch Elizabeths vier Hunde versorgt, bestückt den Garten unverzüglich mit unzähligen Zwiebelpflanzen: Eine Bestelliste verzeichnet 1300 Iris, 300 Tulpen, 100 Madonnenlilien, 150 Ranunkeln, 200 Fresien und 50 Cyclamen, um sie unter die Olivenbäume zu setzen. (333) Ohne einen blühenden Garten kann und will Elizabeth nicht leben.

Für Elizabeth ist es eine Phase der Regeneration; sie erholt sich von ihren Depressionen angesichts des Älterwerdens und der Befürchtung, schon bald zu den Statisten der Society und des Literaturbetriebs zu gehören. »Wäre ich doch unmittelbar aus Pommern hierher gekommen – wie gut hätte mir das getan! Ich wäre viel länger jung geblieben, viel lebensfroher und heiterer. Es ist unmöglich, sich dem Einfluß des Klimas zu entziehen; wenn man

47

ringsum von so viel Schönheit umgeben ist wie hier, muß man sich einfach glücklich fühlen.«[39]

In ihrer neuen Umgebung lebt sie auf: »Ich pflegte mit allen vier Hunden auszufahren. Und zwar um drei – weil ich mich nachher dem Strudel des gesellschaftlichen Lebens, das an der Côte d'Azur von fünf bis in die Nacht hinein andauert, nicht mehr entziehen konnte.«[40] Auf Partys trifft sie andere Bestsellerautoren und literarische Größen wie Somerset Maugham oder H. G. Wells; Aga Khan und die Begum, Schloßherrinnen und Prinzessinnen verleihen den Festen Glanz und aristokratische Würde – auf beides legt die geschiedene Countess Russell großen Wert. Auch in ihrem Haus geben sich illustre Besucher die Klinke in die Hand.

Andererseits erfreut sie sich an der Schönheit ihres Gartens und genießt die Stille hinter der Gartenmauer. Blütenkaskaden fallen herab, Gehölzgruppen setzen Akzente und spenden Schatten. Weihnachten blühen Rosen, Mimosen, Iris und Levkojen; weißer Ginster duftet, und Orangen leuchten an den Bäumen. Immer gibt es genug Blumen, um die Villa mit üppigen Sträußen zu schmücken. Hier im Süden liebt sie den »harmonischen Zusammenklang von Licht und Wärme, Farbe und Duft«[41].

Doch allzulange währt die Freude daran nicht, denn auch die Autorin unterhaltsam-ironischer Romane kann sich dem politischen Geschehen nicht entziehen. Sie könne nicht die Sonne, das Meer, ihre Hunde und amüsante Picknicks genießen, während Hitler Europa zerstöre, sagt sie. (342) Sie ist in Sorge. Eine ihrer Töchter lebt noch in Deutschland. Kriegsangst geht um. Die britische BBC warnt vor einem unmittelbar bevorstehenden Krieg – in England werden bereits vorsorglich Gasmasken verteilt. Ganz in ihrer Nähe suchen deutsche Exilanten Zuflucht – die Brüder Mann, Brecht, Feuchtwanger, Werfel und viele mehr fliehen vor dem Nazi-Regime.

Die Kriegsvorbereitungen werden auch in Südfrankreich immer deutlicher. »Französisches Militär sitzt mir im Nacken«, notiert sie im April 1939 (352). Als unvermutet sieben französische Offiziere und fünfundzwanzig einfache Soldaten in »Le Mas des Roses« einquartiert werden, als sie Waffen und Munition zwischen den

Elizabeth von Arnim besaß zeitweise
sechs Hunde

Blumenrabatten deponieren, als sie hinter Rosmarin und Rosen-
hecken sogar schon die Luftabwehr gegen deutsche Bomber vorbereiten, gerät sie in Panik und trifft schnellstens alle Vorkehrungen,
um in die USA zu emigrieren.

Zunächst quartiert sie sich bei einer Tochter und deren Familie in Connecticut ein, doch schnell beenden permanente Reibe-
reien diesen Versuch, sich im Schoß der Familie niederzulassen.
Elizabeth erwirbt ein Auto – fast verschwindet die kleine Person hinter dem Steuer des großen Chevrolet. Ziellos fährt sie von
Hotel zu Hotel durch die Staaten der Ostküste. Als Begleiter sitzt
ihr blonder Spaniel Billy auf dem Beifahrersitz. Andere Freunde
gibt es kaum. »Fühle mich ins tiefste Exil verbannt«, schreibt sie

nach England und: »Meine Muse verließ mich wegen der Lebensumstände.« (354)

Auch gesundheitlich geht es bergab: Blutungen, schwere Arthritis in der rechten Hand, eine Wucherung am Auge, Bestrahlungen ohne Erfolg. Dann doch noch einmal ein Triumph: Ihr letzter Roman *Mr. Skeffington*, der 1940 erscheint, wird von der Kritik hochgelobt; das *Times Literary Supplement* nennt es sogar Elizabeths bestes Buch überhaupt.

In der männlichen Titelfigur, die unschwer als Henning von Arnim, »der Grimmige«, zu erkennen ist, wird noch einmal die Vergangenheit beschworen. Je länger das pommersche Familienidyll zurückliegt, desto weniger lassen Elizabeth die Bilder dieser heilen Welt los – kleine Mädchen, die jauchzend durch den Garten toben in Matrosenkleidchen und weißen Sonnenhauben, die dem Papa zum Geburtstag Sträuße aus Leberblümchen und Buschwindröschen pflücken, und die strahlend glückliche junge Frau, die aus einer Wildnis einen Garten geschaffen hat.

Diese heiteren Erinnerungen bilden den Kontrast zur bitteren Realität, die die Hauptfigur Fanny reflektiert: »Das Leben ist ein Spiel, in dem jeder am Ende als Verlierer dasteht, sagte sie sich. Man mag wohl eine Zeitlang immer gewinnen, wie sie andauernd gewonnen hatte, und dann verliert man wahrscheinlich im selben Verhältnis, in dem man gewonnen hatte. Würde sie wohl eines Tages selbst so werden? So alt, daß sie sich von einem Hotel zum anderen schleppte, wochen-, monate-, vielleicht sogar jahrelang dort in derselben Stille sitzen würde?«[42]

Ein halbes Jahr nach Erscheinen dieser schonungslosen Lebensbilanz stirbt Elizabeth von Arnim in den USA – am 9. Februar 1941 in Charleston, South Carolina.

»Endlich unser eigener Garten . . .«

Pamela Schwerdt
und Sibylle Kreutzberger –
die Gärtnerinnen von Sissinghurst

Der Zug aus London erreicht gegen Mittag Morton-in-Marsh, eine Kleinstadt in der Nähe von Oxford. Pamela Schwerdt steht an der Bahnstation. Ihr dunkles Haar, von grauweißen Strähnen durchzogen, umrahmt ein rundliches Gesicht. Sie trägt eine sportliche Bluse zur Hose.

Die Begrüßung ist freundlich reserviert. In ihrem Kleinwagen fährt Pamela resolut durch die Stadt. Die Häuser sind alt, aber gepflegt. Sie wirken, als hätte es seit zweihundert Jahren kein Architekt gewagt, ihr Äußeres zu modernisieren. In dem nur eineinhalb Zugstunden von London entfernten Städtchen herrscht die behagliche Atmosphäre vergangener Tage. Überwiegend ältere Leute schlendern ohne Hast durch die Straßen oder stehen hier und da in kleinen Grüppchen zusammen, um zu schwatzen.

»Es ist nur noch ein Sprung bis nach Condicote, wo wir wohnen«, sagt Pamela. Am Rande der Cotswolds hat sie sich mit Sibylle Kreutzberger niedergelassen, um dort ihren Lebensabend zu verbringen. Die Frauen kennen sich seit über vierzig Jahren und haben fast immer zusammengearbeitet. Über drei Jahrzehnte waren beide die »Head Gardeners« von Sissinghurst, Englands berühmtester Gartenanlage.

Wir fahren durch eine friedliche Landschaft. Grasende Schafe auf grünen Weiden, sanfte Hügel, die durch Knicks getrennte Felder auf ihrem Rücken tragen. So haben schon Thomas Gainsborough und William Turner das romantische England in ihren Gemälden gezeigt. Das Idyll wird nur durch die vielen Hinweisschilder auf Antiquitätenläden gestört. »Ein einträgliches Geschäft in dieser Gegend«, kommentiert Pamela, »besonders Amerikaner kaufen hier gern.« Bald erreichen wir die Ortschaft Condicote.

Das kleine »Garden House« der beiden Ladys liegt so versteckt, daß wir es allein wahrscheinlich kaum gefunden hätten. Sibylle Kreutzberger, Pamelas Lebensgefährtin, steht in der von Euphorbien und Farnen gesäumten Auffahrt. Groß, hager und braungebrannt, streckt sie ihre Hände zur Begrüßung aus. Herzlich heißt sie die Besucher willkommen und führt sie in das einstöckige Haus aus den typisch gelben Natursteinen der Cotswolds.

Tee wird aufgebrüht. Zeit, sich im Wohnzimmer der Damen umzuschauen. Ausgesuchte alte englische Möbel machen den Raum behaglich. Nichts Überflüssiges steht herum. Vor dem Kamin ein zweisitziges Sofa – ein Ohrensessel, dahinter der große Eßtisch mit sechs Stühlen. Eine Glastür trennt Küche und Wohnzimmer; durch die bis zum Fußboden reichenden Fenster zeigt sich der Garten. Klein und farbenprächtig ist er. Bäume werfen Schatten, fast versteckt ein Tisch mit Stühlen. Liegestühle fehlen. Hier wird nicht gefaulenzt! Rosenkugeln und sonstiger Schnickschnack sind offenbar verpönt. Auf einen Blick ist zu erkennen: Hier regiert die Schönheit der Pflanze.

»Als wir uns zur Ruhe setzten, war es gar nicht so einfach, ein passendes Haus zu finden. Viel Geld hatten wir nicht; das ist eher selten in unserem Beruf«, eröffnet Sibylle Kreutzberger das Gespräch. Die Makler müssen sich gewundert haben, denn die beiden Frauen verhielten sich bei der Haussuche äußerst ungewöhnlich: »Unser zukünftiges Domizil mußte natürlich einen Garten haben. Wir nahmen also als erstes Bodenproben, weil wir wissen wollten, in welcher Erde wir zukünftig gärtnern würden«, erzählt Sibylle. Das zum Haus gehörende 1500 Quadratmeter große Stück Land hat steinigen Boden mit einer hauchdünnen Schicht Muttererde,

*Sibylle Kreutzberger (li.) und Pamela Schwerdt
im eigenen Garten, 2005*

pH-Wert 8,5. Eine Mauer rund um das propere Anwesen schützt gegen den Wind. Als die Frauen es übernahmen, standen dort nur drei Bäume. »Das hieß für uns: totaler Neuanfang. Eine herrliche Herausforderung für Gartenprofis«, fügt Pamela Schwerdt hinzu.

Die beiden Ladys wirken bescheiden. Ihnen ist nicht anzumerken, daß sich die Hortuswelt darum reißt, sie für Vorträge und Seminare zu engagieren. »Gleich nach unserer Pensionierung reisten wir viel«, berichten sie. »Wir waren in Amerika und auf dem europäischen Kontinent. Jetzt bleiben wir auf der Insel. Wir haben beschlossen, nur noch sechsmal im Jahr Condicote zu verlassen, um über unsere Erfahrungen zu sprechen.« Heiter und ohne Hektik wollen die Ruheständlerinnen die kommenden Jahre genießen. Selbst ihren Garten mögen sie dem interessierten Publikum nicht für Besuche öffnen. Kollegen und Freunde allerdings sind jederzeit

Harold Nicolson und Vita Sackville-West in Sissinghurst, 1933

willkommen. Mit ihnen wird gefachsimpelt wie erst kürzlich mit
Gästen aus Rußland.

Kennern in der Gärtnerzunft flößen die beiden Namen Pamela
Schwerdt und Sibylle Kreutzberger Ehrfurcht ein. Sie wissen, daß
die Gärtnermeisterinnen über drei Jahrzehnte Englands meist-
besuchten Garten Sissinghurst mitgestaltet und geleitet haben.
Es ist ihr Verdienst, daß er bis heute eine Pilgerstätte für Gartenliebhaber aus aller Welt geblieben ist. Die meisten Menschen aber
verbinden Sissinghurst nur mit dem Namen Vita Sackville-West
(1892–1962); sie denken an die extravagante Erfolgsschriftstellerin
aus dem englischen Hochadel.

Die faszinierende Aristokratin und ihr Ehemann, der Diplomat
Sir Harold Nicolson, hatten 1930 in der südenglischen Grafschaft
Kent für 12 000 Pfund eine heruntergekommene Farm mit halb-
verfallenen Gebäuden und einem Turm gekauft: Sissinghurst. Aus
den Einnahmen ihrer Romane finanzierte Vita Sackville-West die

Umgestaltung des Anwesens. Einige Bauwerke wurden restauriert und durch einen weitläufigen Garten miteinander verbunden. Das dauerte Jahre und kostete viel Geld.

Wie Sissinghurst langsam neu entsteht, hat die gärtnernde Schriftstellerin in poetischen Versen und in wöchentlich erscheinenden Zeitungsartikeln geschildert. Und während der vierzehn Jahre, in denen Vita Sackville-West für den Londoner *Observer* eine eigene Gartenkolumne schreibt, wird das Anwesen fast populärer als ihre Romane. Zu Tausenden pilgern die Briten nach Sissinghurst. Sogar die frischgekrönte Königin Elisabeth II. kommt und bleibt nach einem Gartenrundgang zum Mittagessen und zum Tee.

Ihre großartigen Gestaltungsideen läßt Vita Sackville-West von außergewöhnlichen Gärtnern in die Praxis umsetzen. Die wichtigsten sind Sibylle Kreutzberger und Pamela Schwerdt. Als die Herrin von Sissinghurst die beiden Gärtnerinnen engagiert, ahnt sie nicht, daß diese Frauen ihr Werk über ihren Tod hinaus fortführen werden. Pamela Schwerdt und Sibylle Kreutzberger haben sich dem Erhalt des Gartens mit Leib und Seele verschrieben – und widmen dem Anwesen ihr Leben. Der führende britische Gartenautor Tony Lord nennt den Arbeitsantritt der beiden »einen glücklichen Zufall« und sieht Sibylle Kreutzberger und Pamela Schwerdt als Sissinghursts Retterinnen.[1]

Erinnerungen an die Kindheit

Die beiden Frauen finden früh zu ihrer Leidenschaft. »Bevor ich laufen konnte, hat mir meine Oma schon die Pflanzen und ihre lateinischen Namen erklärt«, erinnert sich Pamela. Die Großmutter gründete in England die Gesellschaft für Wildblumen und war »eine absolute Kennerin: Sie hat mich aus dem Kinderwagen direkt auf die Wiese gesetzt, um mir zu zeigen, was da blüht.«

Sibylle Kreutzberger stammt aus Königsberg. Dort lebte sie mit ihren Eltern und zwei Geschwistern in der Pfarrei des Vaters. Sie erinnert sich an einen großen Park, einen Tennisplatz und einen Gemüsegarten, den Gärtner in Ordnung halten. Als 1933 die Nationalsozialisten die Macht übernehmen, überwirft sich der Pastor mit den örtlichen Parteigrößen; es scheint ihm klüger, Deutschland zu verlassen. Mit seiner Frau und der damals sieben Jahre alten Sibylle geht er 1937 nach England. Das Mädchen bleibt dort in der Obhut von Freunden, als die Eltern zwei Jahre später nach Deutschland zurückkehren; sie wollen ihre beiden zurückgelassenen Kinder nach England holen. Doch das Vorhaben mißlingt, und Sibylle sieht ihre Eltern nie wieder, denn die Kreutzbergers werden wegen ihrer politischen Einstellung festgenommen und in ein Konzentrationslager gebracht. Sie überleben die Haft. Doch tragischerweise ist der Vater kurz nach Kriegsende an den Folgen eines Unfalls gestorben; die Mutter folgt ihm nur wenig später.

Die Stimmung im Wohnzimmer ist plötzlich bedrückt. Sibylle scheint zu bedauern, über ihre schmerzlichen Erinnerungen gesprochen zu haben. »Meine Pflegeeltern waren wunderbare Menschen«, sagt sie nach einer quälenden Pause. »Ich hatte es sehr gut bei ihnen.« Und: »Ich fühlte mich immer als Engländerin und wollte nie in Deutschland leben.«

Pamela wechselt das Thema; sie erzählt, wo sich die beiden Freundinnen kennengelernt haben: in Waterperry, auf der Gartenfachschule für Frauen. »Es gab damals zwei Gärtnerschulen für Mädchen. Ich bewarb mich bei beiden und wurde von beiden angenommen. Für Waterperry entschied ich mich dann wegen der Kleiderordnung. In die andere Schule, das College Wye, mußte man eine Kappe und einen Umhang mitbringen, wie man sie an den Universitäten Oxford und Cambridge trägt. Waterperry dagegen verlangte nur Gummistiefel und einen Regenumhang als Grundausstattung. Das gefiel mir besser – und auch Sibylle, wie wir später herausfanden.«

Harte Lehrjahre in Waterperry

Zwei Frauen haben 1927 die Gartenfachschule Waterperry gegründet: Avice Sanders und Beatrix Havergal. Beide Damen führen ein strenges Regiment. So erleben Pamela und Sibylle eine harte Lehrzeit: Arbeitsbeginn ist sieben Uhr morgens. Um acht Uhr läutet es zum Frühstück. Danach werden die Schülerinnen in Vierergruppen eingeteilt – zwei Mädchen aus dem ersten Lehrjahr und zwei aus dem zweiten. Jede Gruppe arbeitet eine Woche lang in den verschiedenen Abteilungen: in den Gewächshäusern oder im Gemüsegarten, in der Staudengärtnerei, auf dem Gemüsefeld oder im Obstgarten. Dann beginnt die Rotation von vorn; so können die Schülerinnen im fünfwöchigen Rhythmus die Pflanzen beobachten. Punkt zwölf Uhr mittags müssen alle in die Treibhäuser, um dort die Gewächse zu wässern. Mittagspause ist von dreizehn bis vierzehn Uhr. Danach wird bis zum »five o'clock tea« weitergearbeitet. Erst nach der Teepause folgt der theoretische Unterricht: Vorlesungen über Botanik, Boden- und Klimakunde. Oft werden die Lektionen nach dem Abendessen fortgesetzt.

Die Schülerinnen schuften in der riesigen Gärtnerei von Waterperry wie Profis. Sie legen Frühbeete an, päppeln Pflanzen hoch, düngen, gießen, binden Spalierobst, hacken und jäten Unkraut. Geht etwas schief, müssen sie Rechenschaft ablegen. Läßt eine

Schülerinnen im Gärtnerinnen-College Waterperry

Pflanze den Kopf hängen oder geht ein Sämling ein, wird eine Versammlung einberufen und das Vorkommnis besprochen.[2]

Pamela und Sibylle wohnen und speisen wie ihre Mitschülerinnen im Internat von Waterperry. Bis 1949 müssen sie ihre Lebensmittelkarten abgeben. Denn obwohl der Weltkrieg schon vier Jahre beendet ist und Großbritannien zu den Siegermächten gehört, bleiben etliche Nahrungsmittel lange rationiert.

Die gründliche und praxisnahe Ausbildung in Waterperry dauert zwei Jahre. Wer sie durchsteht, hat keine Mühe, eine Anstellung zu finden, obwohl der Gärtnerberuf immer noch vorwiegend von Männern ausgeübt wird. Sibylle und Pamela erhalten das Angebot, als Lehrerinnen in Waterperry zu bleiben. Sibylle soll die Verantwortung für den Gemüsegarten, Pamela die für den Blumengarten übernehmen. Die beiden akzeptieren.

Die Gartenschule finanziert sich selbst, und Pamela erinnert sich bis heute an eine unfaire Zurechtweisung aus ihrer Anfangszeit als Lehrerin: »Die Direktorin sagte mir, daß der Blumengarten – anders als der Gemüsegarten – keinerlei Geld einbringen würde. Da hielt ich ihr entgegen, der Blumengarten sei bildschön und damit das Aushängeschild für all die Stauden, die wir in Mengen verkauften.« Pamela scheint sich immer noch ein bißchen über die Herabsetzung zu ärgern. Aber versöhnlich fährt sie fort: »Ich war überglücklich, als ich mein erstes Gehalt in den Händen hielt: sechs englische Pfund für einen Monat Arbeit! Das Geld für Kost und Logis hatte die Verwaltung bereits abgezogen.«

Sibylle hat zwischendurch Waterperry verlassen, um den Gemüsegarten eines Internats in Oxford zu leiten, und auch Pamela hat sich für ein Jahr nach Neuseeland verabschiedet; doch sind beide in die Gartenfachschule zurückgekehrt. Nach zehn Jahren haben sie allerdings die Internatsatmosphäre gründlich satt.

Eine schicksalhafte Entscheidung

Pamela und Sibylle träumen von einer eigenen Gärtnerei. Hier würden sie die herrlichsten Blumen ziehen, die schönsten

Schmuckstauden vermehren, und endlich wären sie ihre eigenen Chefinnen. Sie gehen auf die Dreißig zu und sind fest entschlossen, einen Neubeginn zu wagen. Am liebsten würden sie ein Stück Land auf einem Grundbesitz mit ungenutzten Gewächshäusern pachten. Sie plazieren eine Suchanzeige in der Londoner *Times*. Doch ein Zeitungsstreik unterbindet wochenlang das Erscheinen des Blattes. Pech für die beiden Gärtnerinnen, zumal die Anzeige einen ganzen Wochenlohn gekostet hat. Sie werden ungeduldig und schreiben schließlich an die Besitzer großer Güter: Wäre es vorstellbar, auf dem Anwesen eine Gärtnerei zu eröffnen? Auch Vita Sackville-West erhält Post und antwortet: Nein, sie habe kein Land zu verpachten. Doch sei man in Sissinghurst gerade auf der Suche nach einem Gärtner oder einer Gärtnerin. Ob die Damen nicht Lust hätten, einmal vorbeizukommen? Sibylle und Pamela reisen nach Kent; ein heißer Julitag im Jahre 1959 wird zum Glücksfall für alle Beteiligten.

Als sie ihren Besuch empfängt, trägt Vita Sackville-West ihren Gartendreß: Breeches, bis zum Knie geschnürte Stiefel, weiße Spitzenbluse und Perlenkette. Sie ist groß und schlank – eine ältere Dame. Eine Lady. Ohne große Einführung zeigt sie den jungen Frauen ihren Besitz und was ihr am meisten am Herzen liegt: ihre Gärten, die sich über vier Hektar erstrecken.

Die drei Frauen durchqueren den oberen Hof und gehen durch den Torbogen des Turmbaus in den unteren Hof. Die Hausherrin führt ihre Besucher in den berühmten Weißen Garten. In mit Buchsbaum umrandeten Beeten dürfen hier nur weiße oder silbergraue Pflanzen wachsen: weißer Rittersporn, weiße Glockenblumen, weiße Rosen und alle Arten von weißen Lilien.

Danach geht es durch den Eibengang. Er ist dunkel und eng, wirkt fast beklemmend. Die mannshohe Hecke hat hin und wieder schmale Öffnungen. Durch sie kommt man zu einer großflächigen Obstwiese voll mit blühenden Wildblumen, die sich zu Füßen der Apfel-, Birn- und Kirschbäume ausbreiten. In die Wiese sind Wege hineingemäht, über die die drei Frauen den Wassergraben erreichen. Er bildet die Grenze der Gärten, und von hier hat man einen herrlichen Blick in die weite Landschaft von Kent. Kornfelder reichen auf der gegenüberliegenden Seite bis an den Graben. Am Wasser entlang führt Vita Sackville-West die Gärtnerinnen zum Kräutergarten. Thymian und Rosmarin, Dill, Kerbel und Lavendel quellen aus den Beeten und machen sich auf den Wegen breit. Braucht man so viele Kräuter, um zu kochen?

Ein Gemüsegarten ist bislang nicht zu sehen. Aber ein Nußgarten, der in einen Lindengang mündet. Aus ihm gelangt die kleine Gruppe in den Cottagegarten, der an diesem Julitag in seiner Farbenpracht fast explodiert. Rote, blaue, gelbe und orangefarbene Stauden sind so gekonnt miteinander verwoben, daß selbst die Gartenprofis Sibylle und Pamela nur staunen können. Von hier ist es nicht weit zum Rosengarten.

Rosen sind für die Herrin von Sissinghurst Poesie. Vita liebt ihren Duft, schwelgt in ihren Farben. Die schönen alten Gallica-, Damaszener-, Zentifolien-, Bourbon-, Moos- und Remontantrosen mag sie am liebsten. Elegant sind sie, weich und romantisch. In üppiger Fülle hat die Schriftstellerin ihre Lieblinge gepflanzt.

Nach dem Rundgang schlägt die Lady den jungen Frauen unvermittelt vor, doch die neuen »Head Gardeners« von Sissinghurst zu werden. Die Stelle ist vakant, weil der bisherige Chefgärtner, Ronald Platt, sie kürzlich verlassen hat. Man plaudert miteinander. Die Besucherinnen erfahren, wieviel sie verdienen würden. Begeistert sind sie von dem hübschen Cottage, in dem sie wohnen könnten. Bei aller Freundlichkeit, mit der sie behandelt werden, erkennen die Gärtnerinnen schon bei dieser ersten Begegnung, daß ihre zukünftige Arbeitgeberin in anderen Welten lebt: »Vita Sackville-West hatte in ihren Breeches ein riesiges Loch, das fast das ganze Knie freilegte«, schmunzelt Sibylle. »Ich muß wohl ziemlich deutlich darauf gestarrt haben, denn plötzlich legte sie ihre Hand darauf und meinte, sie würde an Kleidung sparen, weil sie ihr ganzes Geld für Pflanzen ausgebe. Da schoß mir durch den Kopf, daß ich allein für die Stiefel, die sie trug, einen ganzen Monatslohn opfern müßte.«

Beim Abschied bitten Pamela und Sibylle um Bedenkzeit. Sie haben den Traum von einer eigenen Gärtnerei noch nicht aufgegeben und wollen das Echo auf ihre Anzeige abwarten. Die Post bringt schließlich mehr als fünfzig Angebote. Doch keine der Offerten entspricht ihren Vorstellungen, keine läßt sich mit dem Angebot von Sissinghurst vergleichen. Welch einzigartige Karriere sie dort machen werden, ahnt damals keine von beiden.

Die »Head Gardeners« von Sissinghurst

Am 1. Oktober 1959 treten die Gartenmeisterinnen ihren Dienst in Sissinghurst an. Der erste Tag beginnt ungemütlich, denn Vita Sackville-West versäumt es, den Gärtnern die neuen »Head Gardeners« vorzustellen. Das müssen Sibylle und Pamela nun selbst erledigen. Was werden die Männer wohl zu zwei Chefinnen sagen? Sie begrüßen George Taylor, zuständig für die Hecken, die er seit 1946 mit der Hand schneidet; dann Sidney Neve. Sie erfahren, daß er ausschließlich für den Hausherrn arbeitet und sich vor allem um Sir Harolds Steckenpferde kümmert, die Lindenallee und den Nußgarten. Zu den beiden erfahrenen Gärtnern kommt Gordon Farris, der Lehrling. Um die Stimmung aufzulockern, erzählen die Gärtner Geschichten von Head Gardeners vergangener Zeiten.

Ronald Platt, der Vorgänger von Sibylle und Pamela, war ein leidenschaftlicher Lilienfan. Seine Neuzüchtungen stellte er jedes Jahr auf der weltberühmten Chelsea Flower Show vor und wurde mit Preisen ausgezeichnet. Obwohl Platt in Sissinghurst Lilien in Massen pflanzen durfte, gab es nach seinem Weggang erstaunlicherweise nur noch wenige Exemplare. Hatte er sie mitgenommen? Die neuen Gartenmeisterinnen müssen umgehend Lilien nachpflanzen.

Über Jack Vass, den ersten Obergärtner von Sissinghurst, hören Sibylle und Pamela legendäre Geschichten. So soll der junge Meister an seinem ersten Arbeitstag 1939 in wenigen Stunden (»bis halb neun Uhr morgens«) Tausende Narzissen und Krokusse gepflanzt haben. Gärtnerlatein? Vass konnte zweifellos andere mitreißen. Denn als er und seine Hilfskräfte 1941 in den Krieg ziehen mußten, hatte er die hochherrschaftlichen Arbeitgeber dazu gebracht, während seiner Abwesenheit die Hecken selbst zu schneiden.[3] Nach

Sissinghurst aus der Vogelperspektive

Kriegsende brachte Vass die von Unkraut überwucherten Gärten in Rekordzeit wieder auf Vordermann. Er war es, der 1949 nach Vitas Konzept den berühmten Weißen Garten anlegte. »Seine« Gärten hätten bereits 1955 ihren Höhepunkt erreicht, verkündete er selbstbewußt und kündigte 1957.[4]

Mit Pamela Schwerdt und Sibylle Kreutzberger sollen nun zwei Frauen die Arbeit so anerkannter Männer wie Jack Vass und Ronald Platt weiterführen. Die große Visionärin Sackville-West erwartet von ihren Head Gardeners Tatkraft und Eigeninitiative. Beides können die Frauen bieten. Mit geübtem Blick erfassen sie, was zu tun ist: Der Garten sieht zwar herrlich verwunschen aus, doch wird es höchste Zeit, ihn zu zähmen. Die Hecken sind zu sehr in die Breite gewachsen, zu viele Pflanzen wuchern in die Wege hinein. Die Rosen sind ausgehungert, der Boden muß dringend verbessert werden. Statt den Gärtnerkollegen immer neue Aufgaben zu übertragen, packen Pamela und Sibylle selbst an. Gründlich bearbeiten sie Beet für Beet und bereiten Boden und Pflanzen auf den Winter vor.

Ihre Tätigkeit wird häufig unterbrochen, denn Vita Sackville-West will ihren Besuchern ihre weiblichen Obergärtner vorstellen, wenn sie mit Gästen durch den Garten schlendert. »Wir fühlten uns manchmal wie in einem Zoo«, sagt Pamela. Ihrem Mann Harold Nicolson, der überwiegend in London lebt, schreibt Vita: »Wenn wir diese Mädchen immer hätten, würden wir mit der Zeit einen ordentlichen Garten bekommen.«

Lady Nicolson, wie die Gartenmeisterinnen ihre Chefin nennen, läßt Pamela und Sibylle weitgehend freie Hand. Die beiden entwickeln eigene Ideen für verschiedene Gartenbereiche. So schlagen sie vor, die violetten Rabatten im oberen Hof durch karmesinrote Blüten zu erweitern. Entsprechende Pflanzen wollen sie im kommenden Winter vorziehen. Die Hausherrin willigt ein. Sie mag die »Mädchen« – sie sagt nie »girls«, sondern benutzt das deutsche Wort. Gelegentlich werden Sibylle und Pamela sogar von Lord Harold und Lady Nicolson zum Dinner geladen. Ganz wohl werden sie sich in der Gesellschaft ihrer Herrschaft nicht gefühlt haben. Auf jeden Fall ist es eine ungewöhnliche Geste, denn in aristokratischen Kreisen speist man nicht mit seinen Gärtnern. Aber Vita Sackville-West ist eben eine ungewöhnliche Lady, schließlich stand ihre Wiege in Knole Castle, einem der größten privaten Landsitze Englands.

Vita Sackville-Wests Sissinghurst

Alter Adel aber ist nicht gleichbedeutend mit grenzenlosem Reichtum. Es kostet viel Geld, ein Anwesen wie Sissinghurst zu unterhalten. Deshalb hat Vita schon zu Beginn der vierziger Jahre den Garten für zahlendes Publikum geöffnet. Jeder Besucher hat einen Shilling in eine zur Kasse umfunktionierte Gießkanne zu werfen. Am Ende der Gartensaison zählt die Lady persönlich die Einnahmen und freut sich, wenn sie dafür viele neue Pflanzen kaufen kann. Mit den »Shillings«, wie Vita Sackville-West ihre zahlenden Gäste ironisch-liebevoll nennt, kann sie stundenlang fachsimpeln. Denn weil die Besucher ihre Gartenkolumne im *Observer* lesen, nehmen sie regen Anteil am Gedeihen von Sissinghurst. Auch gärtnert man inzwischen inselweit nach den Vorschlägen der Autorin.

63

Man weiß, daß Vita eine Schwäche für alte Rosen hat, von ihrem Duft und ihren Farben schwärmt. Wenn sie ihren eigenen, sehr üppigen Pflanzstil propagiert, ermahnt sie ihre Leser zugleich, das Wichtigste an einem Garten nicht zu vergessen: Er braucht eine klare Struktur. Vita erklärt auch, woher die Pflanzen in unseren Gärten stammen und wie sie Europa erreicht haben. Und ab und zu gibt sie ganz profane Ratschläge: Was kann man beispielsweise gegen Wühlmäuse oder Schnecken tun?

Wenn Freunde fragen, was man aus einer häßlichen Gartenecke machen kann, reagiert die begeisterte Gartengestalterin spontan hilfsbereit. Sie skizziert auf einem Blatt Papier ein romantisches Plätzchen und notiert, wie man es bepflanzen könnte. Ihre Gärten entstehen zunächst im Kopf, sind Phantasien. Das mag auch der Leser ihrer Gartenkolumne geahnt haben, als er in einer Zuschrift feststellte: »Sie sind eine im Sessel vor dem Kamin sitzende Bibliotheksgärtnerin.«[5] Vita antwortete darauf in einem Artikel: »Ich versichere, daß ich mir in den letzten vierzig Jahren während meiner Lieblingsbeschäftigung nicht nur meinen Rücken, sondern auch meine Fingernägel – und manchmal sogar mein Herz – gebrochen habe.«[6]

Wie Vita wirklich lebte, weiß niemand besser als Sibylle Kreutzberger und Pamela Schwerdt. »Sie war eine große Gärtnerin, aber trotzdem darf man sich Lady Nicolson nicht kniend in Beeten vorstellen. She never gardened with a capital G«, sagt Sibylle, was wohl bedeuten soll, daß die Lady eher der Gartentheorie zuneigte als der Gartenpraxis. »Sie hatte einen sicheren Geschmack, ein ausgeprägtes Farbgefühl und kannte Pflanzen. Und sie hat ihre Visionen und Erlebnisse im Garten wunderbar beschrieben.«

Im Jahr nach der Ankunft ihrer neuen Chefgärtnerinnen begibt sich Vita mit ihrem Ehemann in den Wintermonaten auf eine Kreuzfahrt nach Südafrika. Ihre Gesundheit ist angegriffen, sie muß sich erholen. Um solche kostspieligen Pausen zu finanzieren, müssen sich Sir Harold und Lady Nicolson von liebgewonnenen Antiquitäten trennen. Diesmal verkaufen sie zwei französische Vasen, die noch aus dem Schloß Bagatelle der Marie Antoinette stammen. Es sind alte Erbstücke, die bisher Sissinghursts Garten schmückten.

Vita Sackville-West mit einer Besucherin in Sissinghurst

Derweil arbeiten Pamela und Sibylle an Wintertagen im Gewächshaus. Sie bereiten eigene Saat zur Keimung vor, päppeln Ableger und Stecklinge aller Art hoch. Ihre Gärtner schneiden Staudenhalter aus Haselruten. Die Sissinghurst-Belegschaft bereitet Hunderte von Namensschildern für alle im Garten befindlichen Gewächse vor. Die kleinen Schildchen sollen wißbegierigen Besuchern möglichst viele Informationen vermitteln; denn während der Öffnungszeiten in der Saison kommen die Gärtner manchmal kaum zum Arbeiten, weil sie immer wieder die Fragen der Pflanzenliebhaber beantworten müssen.

Als Lady Nicolson 1961 von ihrer winterlichen Auslandsreise zurückkommt – diesmal bereiste das Ehepaar Südamerika –, stürzt sie sich noch einmal voll in das Gartengeschehen. Die inzwischen Neunundsechzigjährige führt mit Sibylle und Pamela lange Diskussionen; sie plant neue Pflanzungen und kümmert sich persön-

Schreibtisch von Vita Sackville-West im Turm
von Sissinghurst

lich um die Beschaffung bestimmter Spezies. Aus Amerika muß
es eine bestimmte Sorte Phlox für Sissinghurst sein. Sie fährt nach
London, um vor den Mitgliedern der »Königlichen Gartenbau-
gesellschaft« (RHS) einen Vortrag über Rosen zu halten, und wird
stürmisch gefeiert. Als Vitas Gesundheitszustand sich erneut ver-
schlechtert, läßt sie sich in einem Londoner Krankenhaus einge-
hend untersuchen. Die Diagnose ist niederschmetternd: Sie leidet
an Krebs, der nicht mehr operiert werden kann. Vita gibt ihre Gartenkolumne für den *Observer* auf und verläßt kaum noch das Haus.
Selbst den gewohnten Ausflug zur Chelsea Flower Show schafft sie
nicht mehr. An einem sonnigen Maitag läßt sich die Herrin von
Sissinghurst ein letztes Mal durch ihr blühendes Anwesen führen:
zuerst in den geliebten Weißen Garten, von dort über den Rasen
vor dem Turm zu den Magnolien, durch den prächtigen Linden-

66

gang, wo Primeln, Narzissen, Anemonen und wilde Tulpen die Erde wie ein Teppich bedecken; in den Nußbaumgarten und am Wassergraben entlang zurück – die kranke Dame sitzt im Rollstuhl, den Jack Copper, ihr Chauffeur, schiebt. Am 2. Juni 1962 stirbt Vita Sackville-West in ihrem Schlafzimmer. Die Fenster zum Weißen Garten sind weit geöffnet.

Nachrufe in den Zeitungen locken im Sommer und Herbst eine Rekordzahl von Besuchern nach Sissinghurst. Das gartenverliebte England will der Gartenlady noch einmal seine Reverenz erweisen. Am Turm, in dem Vitas Arbeitszimmer lag, läßt Ehemann Harold eine Gedenktafel anbringen: »Hier lebte V. Sackville-West, die diesen Garten schuf.«[7] »Auf der Plakette müßte auch der Name von Harold Nicolson stehen«, meint Sibylle Kreutzberger, »denn er war es, der dem Gelände die strenge Gliederung gab. Erst durch die Sichtachsen und Gartenräume ist Sissinghurst zu einem einmaligen Garten geworden.«

Tatsächlich hat Vita das Talent ihres Mannes immer bewundert und über ihr Lebenswerk Sissinghurst geschrieben: »Allein hätte ich das nie geschafft. Zum Glück hatte ich den idealen Mitstreiter geheiratet. Harold Nicolson muß in seinem früheren Leben Gartenarchitekt gewesen sein. Er hat einen natürlichen Sinn für Symmetrie und ist ein Genie für die Schaffung von Blickpunkten und Fernsichten. Wir wollten eine Kombination von langen axialen Gängen und der intimen Überraschung kleiner geometrischer Gärten.«[8]

Viele fürchten nach Vita Sackville-Wests Tod einen Niedergang des berühmten Gartens. Würden die herrlichen Anlagen erhalten bleiben und weiterhin Jahr für Jahr in üppiger Blütenpracht aufgehen? Würden die phantasievoll gestalteten Beete, die streng geschnittenen Alleen und die perfekt in die Landschaft passenden Gebäude fortbestehen und weiter ihre magische Anziehungskraft ausstrahlen?

Das Erbe von Sissinghurst übernimmt, wie es von seiner Mutter im Testament bestimmt ist, Nigel Nicolson. Er ist einer von zwei Söhnen aus der Ehe mit Harold und wird später ein berühmter Verleger (Weidenfeld & Nicolson). Im Gegensatz zu seinem älteren Bruder Ben interessiert sich Nigel brennend für Gartenkultur.

Er verpflichtet sich, »zu retten, was meine Mutter und mein Vater geschaffen haben, für alle Zeit den Garten zu erhalten, der zusammen mit ihren Büchern ihr geistiges Erbe ist«. Nigel schätzt Pamela Schwerdt und Sibylle Kreutzberger und bittet die beiden, in Sissinghurst zu bleiben, damit sie den Garten im Sinne seiner Mutter weiter pflegen.

Der » National Trust« übernimmt Sissinghurst

Doch es kostet viel Geld, das Anwesen zu erhalten. Etliche Gebäude sind inzwischen marode; zudem sind hohe Erbschaftssteuern zu zahlen. Aus eigenen Mitteln würde Nigel es nicht schaffen, Sissinghurst für die Zukunft zu retten. Er sieht dafür nur eine Chance: das Anwesen dem »National Trust« zu übergeben.

Englands Nationalstiftung war 1895 mit dem Ziel gegründet worden, durch Kauf oder Schenkung erhaltenswerte historische Gebäude zu erwerben. 1948 bildete die in der Welt einmalige Stiftung ein Gartenkomitee, zu dessen Gründungsmitgliedern Vita Sackville-West gehörte. Dem Trust fielen nach dem Zweiten Weltkrieg besonders viele Schlösser und Ländereien zu, denn damals konnten nur noch wenige Großgrundbesitzer ihre riesigen Landsitze bestellen. Arbeitskräfte waren knapp geworden, denn höhere Löhne lockten Landarbeiter in die Städte und Fabriken. Die Bedeutung des National Trust ist ständig gewachsen. Im Jahr 2005 hatte die Stiftung nicht weniger als 3,4 Millionen Mitglieder. Sie verwaltete 300 Parks und Gärten, in denen 450 Vollzeitgärtner arbeiteten. Darüber hinaus übernahmen 40000 Trust-Mitglieder als freiwillige Helfer Fleißarbeiten wie das Jäten oder das Kappen abgestorbener Blüten.

Sissinghurst-Erbe Nigel Nicolson kennt die Bedingungen, unter denen die Stiftung Schlösser und Gärten übernimmt: Der Besitz muß historische Bedeutung haben; er soll für das Publikum offen sein und sich weitgehend selbst finanzieren. Auf der anderen Seite bietet die Übernahme durch die Stiftung den Altbesitzern wichtige Anreize: Der National Trust sorgt für die Instandhaltung der Gebäude, der Parks oder Gärten, und schließlich dürfen die Besitzer bis zur dritten Generation in ihren Schlössern und Landvillen wohnen bleiben.

Schon zu Vitas Lebzeiten hatten Familienangehörige daran gedacht, Sissinghurst dem Trust zu übereignen. Doch der Gedanke wurde verworfen. »Nie, nie, nie!« hatte Vita in ihr Tagebuch geschrieben. »Wenn ich tot bin, kann Nigel machen, was er will. Aber solange ich lebe, soll kein National Trust oder sonst wer mein Liebstes haben. Nein, nein. Nur über meine Leiche oder meine Asche.«[9] Doch Vita ahnte, daß das Anwesen nicht für immer zu halten sein würde.

Nach ihrem Tod 1962 dauert es allerdings noch fünf Jahre, bis der Trust Sissinghurst übernimmt. Für Pamela und Sibylle eine lange Durststrecke, denn Nigel kann ihnen nur ein sehr knappes Gartenbudget zur Verfügung stellen. Aber die beiden Gärtnerinnen haben in Waterperry gelernt, den Pfennig umzudrehen. Geld geben sie nur für Neuzüchtungen aus. Ansonsten erhalten sie die Pflanzenvielfalt durch Teilen und Vermehren vorhandener Stauden und durch Anzucht aus eigenem Saatgut.

Es herrscht ein gutes Betriebsklima, und keiner der Mitarbeiter verläßt Sissinghurst – trotz der Schwierigkeiten. Die Männer bilden zusammen mit ihren beiden Chefinnen ein leistungsstarkes Team. Schon im ersten Winter nach Vitas Tod wird ihr Können auf die Probe gestellt. Durch einen plötzlichen Kälteeinbruch erfrieren die schönsten Rosen, und auch viele teure Stauden überleben die Minusgrade nicht. Da hilft nur eines: In Massen ziehen die Gärtner einjährige Blumen vor, um die Schäden zu kaschieren. Sie können stolz auf sich sein, denn als der Frühling kommt, blüht Sissinghurst in alter Pracht, auch im Sommer bietet sich das gewohnte Bild.

Freilich hat sich das Leben auf dem Anwesen seit Vitas Tod verändert. Es gibt kein Familienidyll mehr. Sir Harold zieht sich tagsüber in sein Cottage am Bauerngarten zurück. Erst wenn alle Besucher das Gelände verlassen haben, setzt er sich in den breiten Holzstuhl vor dem Haus und genießt die Blumenpracht und die Stille. Der Tod überrascht ihn dort 1968. Harolds Sohn Nigel halten die Geschäfte als Verleger in London; er kommt nur an den Wochenenden nach Sissinghurst. Dafür strömen immer mehr Menschen auf den Landsitz nach Kent. 1967 werden 57000 Besucher gezählt. Im Frühjahr des Jahres hat der National Trust Sissinghurst mit dem gesamten Gärtnerstab übernommen. Pamela und Sibylle bleiben Head Gardeners und freuen sich über eine kräftige Lohnerhöhung. Der Trust stellt ein großzügiges Gartenbudget bereit und benennt als Gartenberater den berühmten Rosenzüchter Graham Stuart Thomas, den schon Vita Sackville-West sehr geschätzt hatte.

Verlängerte Saison in Sissinghurst

Die Gärtnerinnen wollen jetzt notwendige Reparaturarbeiten nicht länger aufschieben. Zuerst lassen sie die Hauptwege pflastern, damit kein Besucher auf den wackligen Trittsteinen zu Schaden kommt. Der National Trust genehmigt dafür teure Steine aus York und auch speziell gebrannte Backsteine, die den vorhandenen Tudorsteinen ähneln. Dann folgt der Austausch der Buchshecken im Rosengarten. Pamela und Sibylle haben ihn von langer Hand vorbereitet und sechs Jahre lang aus Stecklingen neue Pflanzen vorgezogen. Inzwischen sind sie kräftig herangewachsen und können gepflanzt werden.

Dem Rosengarten widmen die Gärtnerinnen ihre besondere Aufmerksamkeit, denn an Vita Sackville-Wests Liebe zu alten Rosen erinnern sich fast alle Besucher; sie kommen, um Vitas Lieblinge an Ort und Stelle zu bewundern. Mit gezücktem Stift notieren sie die Namen der üppig blühenden und betörend duftenden Schönheiten: »Cardinal de Richelieu«, »Hyppolyte«, »Nuit de Young« oder »Zigeunerknabe« heißen die Zentifolien, die Gallica- und Damaszenerrosen; Schätze wie »Felicia«, eine Moschatahybride, oder als Seltenheit die Bourbonrose »Mme. Lauriol de Barny« und »Baron Girod de l'Ain«, eine Remontantrose, sowie die einfache Strauchrose »Plena« bilden eine Farbsymphonie vom hellsten Rosa bis ins Tiefviolett.

Hunderte von Rosen ließ Vita von Züchtern kommen. bis sie eine der feinsten Sammlungen Englands zusammengetragen hatte. Als Gartenberater Graham Stuart Thomas 1955 sein Buch über alte Rosen herausbringt, schreibt Vita Sackville-West eine Lobeshymne: »Mr. Thomas ließ mir unerwartet die geheimnisvolle Dämmeratmosphäre eines orientalischen Basars wiedererstehen, wo Teppiche aus Isfahan, Buchara und Samarkand in ihren matten, aber prunkvollen Farben und ihrer Fülle zu unserem langsamen Genuß entrollt wurden. Sie waren üppig wie eine geöffnete Feige, weich wie ein reifer Pfirsich, gesprenkelt wie eine Aprikose, korallenrot wie ein Granatapfel, flaumig wie eine Weintraube. Daran erinnern mich alte Rosen. Sie haben einen großen Fehler, und Mr. Thomas verschweigt ihn nicht: Ihre Blütezeit ist auf einen herrlichen Sommermonat beschränkt.«[10]

Heute erwarten die Besucher, daß es im Rosengarten immer blüht. Das möglich zu machen erfordert von den Gartengestalterinnen viel Phantasie. Sorgfältig stellen Sibylle Kreutzberger und Pamela Schwerdt ein Sortiment von Begleitpflanzen zusammen, wählen rosa Baumpäonien und Tulpen, Irissorten und Akelei. Dazu Storchschnabel, Katzenminze, Glockenblumen und winterharte Salbeiarten, gemischt mit weißem Fingerhut. Im Herbst überwuchert spätblühende Clematis in violetten Sorten die Mauern und rankt in den Rosenbeeten an speziell für sie gebauten Pyramiden. Und immer wieder der Liebling der Gärtnerinnen: die blau blühende Clematis »Perle d'Azur«. Bis in den Herbst hinein leuchten dunkelrote und purpurfarbene Rispen des Schmetterlingsflieders. Fast übersieht man den Akanthus, der ihm zu Füßen wächst.

Der Weiße Garten, ein Magnet für Besucher

Eine besondere Herausforderung für Pamela und Sibylle ist die Erhaltung des Weißen Gartens. Weiße gefüllte Primeln, weiße Anemonen, weiße Kamelien, weiße Lilien, weiße Clematis, weißer Lavendel, Silberblätter und Giganteum – Vita Sackville-West hat diese Symphonie in Weiß und Grau zusammengestellt. Der weiße

Traum verführt bis heute die Besucher. Wenn Anfang Juli *Rosa mulliganii* Tausende von Blüten öffnet und ihren zarten Duft verströmt, sind nicht nur Rosenliebhaber hingerissen. Die Rose ist an einem von Nigel gebauten Gerüst hochgeklettert und bildet ein üppiges weißes Dach. Wie ein Blütenhimmel schwebt *Rosa mulliganii* über dem Weißen Garten und ist für wenigstens drei Wochen der Star von Sissinghurst.

Pamela und Sibylle müssen die Zeit der Blüte auch im Weißen Garten verlängern. Sie haben Fachliteratur gewälzt und nutzen inzwischen jede Pflanze, die weiß blüht. Das fängt im Frühling mit weißen Tulpen an und hört im Herbst mit weißen Dahlien und Chrysanthemen auf – dazwischen liegt alles, was Stauden, Einjährige und Rosen zu bieten haben. »Gott sei Dank entstanden in den siebziger Jahren Pflanzenzentren, die über ein großes Angebot verfügten«, erinnert sich Pamela Schwerdt, »bis dahin mußten wir in Spezialgärtnereien nach Pflanzen suchen. Schließlich schickten uns Züchter von sich aus ihre Kataloge, denn wenn ihre Pflanzen in Sissinghurst wuchsen, war das ein Aushängeschild für sie.«

Auf den jährlichen Besuchen der Chelsea Flower Show informieren sich die Gärtnerinnen über aktuelle Trends auf dem Pflanzenmarkt. Aber wohin fahren sie im Urlaub? Welche Länder besuchen sie? »Alles, was wir brauchten, hatten wir in Sissinghurst. Waren wir dort nicht den ganzen Tag in herrlicher Umgebung an der frischen Luft?« erklären sie und erinnern daran, daß es zu ihrer Zeit ohnehin nur herzlich wenige Urlaubstage gab.

Man hätte ihnen mehr Ferien gegönnt. Denn die Belastungen nahmen zu. »Seit den achtziger Jahren ist das Besichtigen von Schlössern und Gärten nahezu eine Massenbewegung, ein Volkssport geworden«, sagt Sibylle. »Als wir feststellten, daß wir in einer Saison mehr als hunderttausend Besucher hatten, wehrten wir alles ab, was die Popularität des Gartens noch hätte steigern können.« Die Gärtnerinnen versuchen, Fernsehsender abzuweisen, die über Blütezeiten in Sissinghurst berichten wollen. »So wenig Werbung wie möglich war unsere Devise«, erklärt Pamela. Sie vertritt bis heute die Meinung, daß »nicht jeder Gartenkalender Photos von Sissinghurst zeigen muß«. Denn es schadet den Gärten, wenn sich

»Rosa mulliganii« im Weißen Garten von Sissinghurst

täglich Menschenmassen in ihnen bewegen, die nicht nur über den Rasen laufen, sondern ihre Lieblingspflanzen aus allernächster Nähe bewundern wollen und dabei in die Beete treten.

Sibylle Kreutzberger und Pamela Schwerdt betrachten es als ihre Hauptaufgabe, Sissinghurst »für die Ewigkeit« zu erhalten. Auf die Frage, wie sie das schaffen konnten, entgegnet Pamela: »Durch Einfühlungsvermögen, fachliches Wissen und nie erlahmende Einsatzbereitschaft.« Doch weil sie Eigenlob haßt, fügt sie schnell hinzu, das seien »Eigenschaften, die eigentlich jeder Gärtner mitbringen muß«.

Unter den strengen Augen der Sissinghurst-Pilger erneuern sie zwar immer wieder die Pflanzen; nie aber verändern sie durchgreifend erkennbar das Erscheinungsbild. Sie erhalten den Garten in der von Vita Sackville-West und Harold Nicolson geschaffenen Kunstform. Daß sich die Anlage dennoch weiterentwickelt, erkennt man 1984, als der National Trust die Head Gardeners auffordert, einen Katalog der Pflanzen von Sissinghurst anzulegen. Überrascht stellen Pamela und Sibylle fest, daß es inzwischen zwei Drittel mehr Pflanzen im Garten gibt als zu Vitas Zeiten, weil sie inzwischen zahlreiche der neu gezüchteten Sorten in Sissinghurst eingeführt haben. Von den alten Beständen haben die Rosen am längsten durchgehalten.

Bei ihrem Abschied in den Ruhestand 1991 hinterlassen Pamela Schwerdt und Sibylle Kreutzberger Gartentagebücher mit dem leicht ironischen Titel »Great Thoughts« (Große Gedanken). Zweiunddreißig Jahre lang haben sie gewissenhaft notiert, welche Pflanzkombinationen ihnen an langen Winterabenden durch den Kopf gingen und welche Ideen sich umsetzen ließen; sie haben aufgeschrieben, welche Pflanzen sich nicht bewährten, welche Saat nie aufging. Ihre Arbeitsdokumentation übergeben sie der Bibliothek von Sissinghurst. Die Aufzeichnungen werden zukünftigen Head Gardeners helfen, ihre Arbeit fortzusetzen. Als erste übernimmt Sarah Cook, sie wurde von Pamela und Sibylle noch als ihre Nachfolgerin eingearbeitet. Sissinghurst wird seit der Ära Schwerdt/Kreutzberger von Frauen geleitet.

Haben Pamela und Sibylle, abgesehen von ihren Arbeitsbüchern, nie daran gedacht, das ultimative Werk über Sissinghurst zu schreiben? Wäre das nicht vielleicht eine Aufgabe für die Zeit im Ruhestand? Die beiden Frauen wiegeln ab. »Sissinghurst ist auf ewig mit dem Namen Vita Sackville-West verbunden.« Was die Gründerin über ihren Garten geschrieben habe, sei das Gültige. Künftige Gärtnerinnen müßten nur dafür sorgen, das Bild von Sissinghurst in ihrem Sinne zu erhalten.

Pamela und Sibylle erinnern daran, wie sehr sich die Bedingungen während ihrer Berufsjahre verändert haben. Bei ihrem Arbeitsantritt in Sissinghurst gab es einen kleinen Vorkriegs-Handrasenmäher, zwei hölzerne Schubkarren mit eisenbeschlagenen Holzrädern und eine schwere tragbare Gartenspritze. Für Transporte von außergewöhnlichen Lasten wurde ein Esel gehalten. Als sie Sissinghurst verließen, wurde dort mit Traktoren, mit Kreisel- und Walzenmähern, mit Kantenschneidern und Luftdruckspritzgeräten gearbeitet. Dazu verfügte jeder Gärtner über sein persönliches Handwerkszeug, das die beiden Frauen für ihre Mitarbeiter angeschafft hatten: Spaten, Handspaten, Grabegabel, Handgabel, Schuffel, Handhacke, Erdschäufelchen, Gartenschere und Reiserbesen.

Endlich der eigene Garten

Mit solchen Geräten werkeln Sibylle und Pamela nun auch auf ihrem Grundstück in Condicote – »endlich unser eigener Garten«. Nach dem langen Gespräch im Haus drängen sie ihre Besucher aus Deutschland zur Eile: »Bevor die Sonne untergeht, möchten wir Sie noch durch unseren Garten führen.«

Er ist ein Meisterwerk! Ein Hortus conclusus! An den Mauern blühen Clematis, Geißblatt und Rosen um die Wette. Die Gewächse schlingen sich über die Mauern und lassen hier und da wie zufällig ihre Zweige lose herunterhängen. Davor eine Blumenrabatte in Farben von Violett über Rosa hin zum sanften Gelb und Weiß. Auf makellosem Rasen schreiten wir an dem Wunderwerk aus Pflanzen vorbei, fast sprachlos angesichts so großer Kennerschaft. Riesiger weißer Rittersporn zieht den Blick auf sich, Meerkohl *(Crambe cordifolia)* bildet luftige, unübersehbare Schaumwolken, und die runden Köpfe von Zierlauch *(Allium christophii)* setzen Ausrufungszeichen. Dazwischen Gruppen von violettfarbenen Iris, lilarosa Nachtviolen und Silberblatt. Salbei *(Salvia argentea)* und *Artemisia schmidtiana*, die filigrane silbergraue Edelraute, verfeinern das Bild. Und keine Blüte läßt den Kopf hängen.

»Natürlich ist unser Gärtchen sehr arbeitsintensiv«, erklärt Sibylle, »ich schneide täglich das Verblühte ab. Dabei kontrolliert man ganz nebenbei, ob Pflanzen von Schädlingen befallen sind, ob sie Wasser oder Dünger brauchen. Ich bin so glücklich, wenn ich mich intensiv mit den Pflanzen beschäftigen kann.«

Wir kommen zum Rosenpavillon, der die Rabatten abschließt. Pamela nennt uns die Clematissorten – kleine Spätblühende aus der *Viticella*- und *Texensis*-Gruppe –, die zusammen mit Rosen an den Gestellen hochwachsen. »Wir waren überrascht, daß frühblühende Rosen das kalte Metall nicht vertragen, und haben sie durch robuste, spätblühende ersetzen müssen. Jetzt freuen wir uns über den schönen Pavillon. Ein Kunstschmied aus der Gegend hat ihn angefertigt. Wir wollten etwas im Mogulstil, hübsch geschwungen. Gut gelungen, nicht wahr?« Wir nicken und werden zur Kompostecke geführt, die gut getarnt am Ende des Gartens liegt. Ein beachtlich hoher Haufen Gartenabfälle hat sich da – Anfang Juli – schon aufgetürmt.

»Wenn es doch bloß einen vernünftigen kleinen Schredder gäbe«, seufzt Sibylle, »es ist zum Verzweifeln. Unser Gerät zerquetscht entweder Grünabfälle zu Matsch, oder es kapituliert vor Zweigen, die kaum dicker sind als mein Finger.« Natürlich haben die Damen auch ein Gewächshaus. Optimal in Ost-West-Richtung plaziert, ist es voller Pflanzen. Jetzt noch? Im Sommer? »Natürlich, wir ziehen ständig Pflanzen vor. Wir spenden sie für den Kirchenbasar und verschenken Besonderes an unsere Freunde. Vieles aber behalten wir auch für uns. Sie wissen doch, Gärtner sind beides: großzügig und geizig.«

Auf dem Rückweg zum Haus entdecken wir eine gelb-weiß-grüne Rabatte, die wir bisher nicht bemerkt haben. Sibylle freut sich, daß wir überrascht sind: »Es war schwierig, dem Gelände die passende Struktur zu geben, denn es hat eine unmögliche Form«, beschreibt sie die Ausgangssituation, »wir haben lange an dem Entwurf gearbeitet. Wir wollten breite Beete für Stauden, einen großen Rasen und natürlich Sitzecken.« Wir schlendern an Gruppen von Iris mit gelb-grün gestreiften Blättern, hellgelb blühender Wolfsmilch und Prachtexemplaren von weißen Tränenden Herzen entlang. Blüten und Blätter funkeln in der Abendsonne. Ein vielstimmiges Vogelkonzert klingt wie ein Loblied auf den Garten. Man möchte das kleine Paradies gar nicht verlassen.

»Wir haben in der Nähe eine Bed&Breakfast-Übernachtung arrangiert«, sagt Pamela. Diesmal steigt auch Sibylle mit ins Auto. Während der Fahrt diskutieren beide, was sie demnächst in ihrem Garten noch ändern wollen. »Es ist wunderbar, endlich einen eigenen Garten zu haben, in dem wir machen können, was wir wollen«, sinniert Sibylle. »In England sagt man: Gardening is a philosophy of hope – Gärtnern ist eine Philosophie der Hoffnung.« Ein schönes Wort zum Abschied.

»Herrenhausen — der Garten ist mein Leben«

Die Kurfürstin
Sophie von Hannover

Hecken, Hecken, Hecken! Endlose grüne Wände, schnurgerade gepflanzt und exakt geschnitten. Insgesamt zwanzig Kilometer. Auf breiten geraden Wegen schlendert der Besucher zwischen Baumwänden, taucht ein in die grüne Architektur und verschwindet hinter drei Meter hohen Hecken. Eine Seite des Weges sonnenhell, die andere schattenschwarz. Der Blick wird geradeaus gezwungen.

Die Hecken sind dicht gepflanzt. Zweieinhalb Pflanzen auf einen Meter, das macht 50 000 Hainbuchen *(Carpinus betulus)*, die ihr trocken und braun gewordenes Laub erst abwerfen, wenn sich im Frühjahr die frischen zartgrünen Blättchen entrollen. Ein zauberhaftes Farbenspiel, hinter dem die einzelne Pflanze verschwindet: Als Farb- und Formträger wird sie Teil der Gartenarchitektur. Und damit diese gewaltige grüne Ordnung nicht aus der Fasson gerät, müssen alle Hecken beschnitten werden. Bis 1940 zweimal, heute nur noch einmal im Jahr. Von Juni bis August verfolgt das Rattern der elektrischen Heckenscheren den Besucher, wenn er das etwa fünfzig Hektar große Gelände erkundet. 2500 Arbeitsstunden allein für den Heckenschnitt – die Stadt Hannover hat mit diesem Park ein teures, aber auch ein einzigartiges Erbe angetreten: »Die königlichen Gärten von Herrenhausen« – der Name ist Programm.

Ein stolzer Name, Gärten im stolzen Alter von dreihundert Jahren und dazu die Schöpfung einer stolzen Frau – Sophie von der Pfalz, später Kurfürstin Sophie von Hannover (1630–1714). Kaum ein anderer Garten in Deutschland bezeugt noch so deutlich den Gestaltungswillen des Barocks, einer Epoche, die die Verherrlichung des Menschen und seiner Potentiale ins Zentrum stellt und in der der Mensch alles daransetzt, sich die Natur untertan zu machen. Zuvor hatten die Naturwissenschaften das mittelalterliche Weltbild über den Haufen geworfen. Nun ist der Rationalismus im Vormarsch; gleichzeitig stoßen Holländer und Engländer in fremde Kontinente vor und sichern sich mit ihren mächtigen Handelsgesellschaften überseeische Kolonien, und mit Ludwig XIV. (1638–1715) setzt sich der Absolutismus durch, der im Schloß und Park von Versailles seinen perfekten Ausdruck findet.

Wobei wir wieder bei den zurechtgestutzten Buchenhecken wären, die den Grundriß des Gartens in Herrenhausen bestimmen. Der besticht durch die konsequente Geometrie und die kristallene Klarheit der Konstruktion, wobei ein solch architektonischer Garten den Geist anspricht: Nicht Gefühle, sondern der Intellekt gehören zu diesem Barockgarten, der in all seinen Teilen das Ergebnis mathematischer Berechnung ist – und trotzdem bekennt eine Frau, der Garten von Herrenhausen sei ihr »Leben«. Es ist die standesbewußte, absolutistisch selbstherrliche Kurfürstin Sophie von Hannover, die rückblickend über ihre Chancen auf dem Heiratsmarkt gesagt hat, es gab »keine von höherer Geburt zu wählen als mich«.[1]

Die verkaufte Braut

Vierundzwanzig Edelleute mit blau-weiß und rot-gelb geschmückten Fackeln in der Hand führen den Hochzeitszug an. Die Braut trägt, wie es Mode ist, ein weißes Silberbrokatkleid mit einer ungemein langen Schleppe, die von vier Hofdamen gehalten werden muß. Eine Diamantkrone schmückt das hellbraune »aufgelöste«, über die Schultern fließende Haar. Im Moment ihrer Vermählung durch den Geistlichen dröhnt Kanonendonner durch die festlich gestimmte Stadt. Dann erschallt in der Kirche das »Tedeum«: Sophie von der Pfalz und Ernst August von Braunschweig-Lüneburg (1629–1698) sind ein Paar. Es ist der 30. September 1658.

Die Hochzeit findet in Heidelberg statt, beim ältesten Bruder der Braut, der gesteht, er werde nach dem Fest »im Gemüt sehr, im Beutel aber um 30000 Taler erleichtert sein«.[2] Sophie ist schon achtundzwanzig Jahre alt, und es war nicht leicht, die selbstbewußte, aber nicht mit Reichtümern gesegnete junge Frau zu verheiraten. Deshalb läßt sich ihr Bruder, Kurfürst Karl Ludwig von der Pfalz (1617–1680), die Vermählung mit einem Welfensproß gern etwas kosten.

Außerdem soll diese Eheschließung möglichst schnell vergessen machen, daß Sophie von ihrem ersten Verlobten sitzengelassen wurde, weil der lebenslustige Herzog Georg Wilhelm von Braunschweig-Lüneburg (1624–1705) beschlossen hatte, sein flottes Junggesellendasein doch lieber nicht aufzugeben. Denn eigentlich war er nur auf Brautschau gegangen, weil die Stände drohten, seine Einkünfte zu beschneiden, wenn der Herzog nicht sein unstetes Lotterleben aufgäbe, um sich endlich ernsthaft seinen Amtsgeschäften zu widmen.

Dieser Georg Wilhelm wäre eine gute Partie gewesen, stammte er doch aus einem der ältesten deutschen Adelsgeschlechter. Darüber hinaus besaß der Welfe ein eigenes Fürstentum, sah gut aus, war charmant, und nicht zuletzt – er gefiel Sophie. Seine Bewerbung, sagte sie, »war weit ansehnlicher als andere«, und gern willigte sie in die Heirat ein. Nach der Verlobungsfeier entschwand der Bräutigam zusammen mit seinem jüngeren Bruder für ein Jahr nach Venedig, wo er zwischen Oper und Karneval, zwischen Maskenbällen und leidenschaftlichen Flirts sein Eheversprechen sehr bald bereute.

Um daheim einen Eklat zu vermeiden, soll sein jüngerer Bruder Ernst August einspringen und die Verlobte übernehmen. Dafür ist der Eheflüchtling zu entscheidenden Zugeständnissen bereit: So

Herzog Ernst August von Braunschweig-Lüneburg, protestantischer
Fürstbischof von Osnabrück, mit seiner Frau Sophie, um 1668

verspricht er, für immer auf Ehe und legitime Erben zu verzich-
ten, damit der jüngere Bruder, der sonst kaum Aussichten auf ein
eigenes Land hätte, ein Herzogtum erben könne.

Arme Sophie, sie muß sich wie eine »verkaufte Braut« gefühlt
haben! In ihren Memoiren erwähnt sie den Deal nur am Rande
und erklärt ironisch, eine Kurtisane habe Georg Wilhelm in einen
»zum Heiraten ungeeigneten Zustand« gebracht. Dem neuen Bräutigam nähert sie sich ziemlich pragmatisch: »Ich war sehr froh, ihn
liebenswürdig zu finden, da ich entschlossen war, ihn zu lieben«,
schreibt sie später, und daß sie ihn letztendlich tatsächlich liebt,
nennt sie das »miracle du Siècle«, das Wunder des Jahrhunderts. [3]

Königskind im Exil

Seit frühester Jugend hatte Sophie gelernt, sich zu arrangieren und das Beste aus einer Situation zu machen, denn nie war sie auf Rosen gebettet worden. Mitten im Dreißigjährigen Krieg, am 14. Oktober 1630, wird sie in Den Haag als zwölftes Kind eines Königspaars im Exil geboren. Ihr Vater war Kurfürst Friedrich V. von der Pfalz, ein Protestantenführer, der als »Winterkönig« von Böhmen nach nur einem Regierungsjahr in die Flucht geschlagen wurde und auch seine Pfalz an die Katholiken verloren hatte. Ihre Mutter war die englische Prinzessin Elisabeth Stuart. Im friedlichen Holland hatte das Königspaar mit seinem Anhang Asyl gefunden.

Als Kind ist Sophie nicht gerade glücklich. Der Vater stirbt, als sie erst zwei Jahre alt ist; das Verhältnis zwischen Mutter und Tochter ist unterkühlt. Die Schulzeit am »Prinsenhof« von Leiden ist alles andere als ein Leben im Schlaraffenland, sichert aber eine vielfältige und solide Ausbildung. Bei schmaler Kost und strengem Reglement, immer hinter ihren Brüdern zurückstehend, fühlt Sophie sich einsam und verlassen. Später schreibt sie in ihren Memoiren mit der ihr eigenen Ironie, aber auch mit einem bitteren Unterton: »Kaum war ich so weit, daß ich fortgeschafft werden konnte, als die Königin, meine Mutter, mich nach Leiden schickte, was nur drei Stunden vom Haag entfernt liegt und wo Ihre Majestät alle Kinder fern von sich erziehen ließ, denn der Anblick ihrer Affen und ihrer Hunde war ihr angenehmer als der unsrige.«[4]

Die schönsten Unterbrechungen des höfischen Drills sind die Sommerferien im Jagdschlößchen von Rhenen bei Arnheim. Hier kann die lebhafte Sophie von der Pfalz sich unbeschwert im Garten bewegen und im Rhein baden. Vielleicht liegt hier sogar der Grundstein für ihre lebenslang andauernde Liebe zu Gärten und ihrer Vorliebe, sich in Gärten aufzuhalten. Auf jeden Fall sind es die holländischen Gartenanlagen mit ihren Graften (Wassergräben), an denen Sophie sich auch in Zukunft orientieren wird. Sie sind ihr von Jugend auf vertraut, und sie formen ihren Geschmack, vor allem der königliche Palast von Het Loo mit seinen barocken Gartenanlagen.

Mit zwanzig Jahren, also längst im heiratsfähigen Alter, siedelt die junge Frau zu ihrem Bruder nach Heidelberg über. Auch hier gibt es einen großen Garten. Diesen »Hortus Palatinus«, was nichts anderes heißt als »Pfalz-« bzw. »Palastgarten«, hatte ihr verstorbener Vater noch angelegt, um der kurpfälzischen Residenz ein wenig heiteren Glanz zu verleihen.

In dem nach italienischen Vorbildern entworfenen, aber nie fertiggestellten Renaissancegarten mit seinen Terrassen und Treppen gibt es ein Knoten- und ein Wasserparterre, einen Irrgarten und sprudelnde Fontänen. Hier amüsiert Sophie sich mit ihrer kleinen Nichte Elisabeth Charlotte (1652–1722), die als Liselotte von der Pfalz und als deutsche Prinzessin am Hofe des Sonnenkönigs berühmt geworden ist. Damals allerdings ist Liselotte noch ein ungebändigter Wildfang, der viel lieber im Garten herumtollt, als sich sittsam wie eine Prinzessin aufzuführen. Und Sophie, die sich mit Abscheu an den Drill im »Prinsenhof«, aber gern an den Garten von Rhenen erinnert, hat einen Narren an ihrer Nichte gefressen und ist mit ihr ein Leben lang befreundet geblieben.

Nun also ist Sophie verheiratet, und nach ihrer recht lieblosen Jugend und der demütigenden »Brautwerbung« hat sie es mit ihrem Herzog Ernst August nicht schlecht getroffen. Im Rückblick auf ihre ersten Ehejahre schwärmt sie geradezu von ihrem vergötterten Gemahl: »Ich betete ihn derartig an, daß ich mich verloren glaubte, wenn ich ihn nicht sah. Wir waren immer zusammen, und meine guten Freundinnen sahen mich nur noch abends und morgens. Ich hatte nur noch Sinn für den Herrn Herzog und liebte nur noch, was er liebte.«[5]

Trotz aller Verliebtheit gibt es bald einen so heftigen Familienkrach, daß die junge Braut einen Tag nach Antritt der Hochzeitsreise die Kutsche verläßt und bitterlich weinend allein nach Hause zurückkehrt. Eigentlich wollte man zu dritt nach Venedig reisen – das jungvermählte Paar und der lebenslustige, aber heiratsunwillige Georg Wilhelm. Vieles spricht dafür, daß der seiner Exverlobten neuerliche Avancen gemacht und damit ein Eifersuchtsdrama zwischen den Eheleuten provoziert hat. Leider erfahren wir nichts Genaues. Die um ihre Flitterwochen Geprellte verrät in ihren Lebenserinnerungen nur, daß sie dem Luftikus folgenden Ratschlag mit auf den Weg gegeben habe: »Wenn man nicht hat, was man liebt, muß man lieben, was man hat.«[6]

Drei Jahre noch dauert die spannungsreiche »ménage à trois« im Leineschloß von Hannover, bis der Protestant Herzog Ernst August von Braunschweig-Lüneburg durch den Tod des katholischen Erzbischofs von Osnabrück 1661 zu dessen Nachfolger berufen wird. Die Regelung, daß einem katholischen jeweils ein protestantischer Bischof folgen sollte und umgekehrt, war im Westfälischen Frieden ausgehandelt worden, der 1648 den Dreißigjährigen Krieg beendete. Sie machte nun den »Herzog Ohneland« zum Herrn über das Fürstbistum Osnabrück.

Bella Italia

Sophie ist froh, das Leineschloß verlassen zu können. Endlich eine eigene Hofhaltung, und endlich hat ihr Gemahl an Ansehen und Macht gewonnen. Ihr eigener Rang bleibt jedoch ungeklärt, denn die Verfassung des Fürstbistums sieht die Position einer »Bischöfin« nicht vor. Während Freunde scherzen, nun könne man sie als »bischöfliche Hoheit« anreden, findet Sophie eine geniale Lösung: »Madame Osnabruc« wird sie die nächsten achtzehn Jahre heißen, ein Name nach französischem Vorbild, was ihr gefallen hat.

Inzwischen ist der erste Sohn geboren, womit sie ihre wichtigste Aufgabe, für einen männlichen Erben zu sorgen, erfüllt hat. Insgesamt wird sie sechs Söhne und eine Tochter zur Welt bringen, und anders als die eigene Mutter hängt Sophie sehr an ihnen. »Ich liebe ein jedes meiner Kinder nach seiner Art«, bekennt sie und fügt erstaunlich tolerant hinzu: »Kinder sind nichts als Zufallstreffer – das liegt weder an ihnen noch an uns, wenn sie sich nicht so entwickeln, wie man es möchte.«[7]

Die Familie zieht nach Bad Iburg, einem kleinen Ort am Südhang des Teutoburger Waldes. Von Hofhaltung kann allerdings noch nicht die Rede sein, denn es geht »in dem sehr hübschen Hause« eher gutbürgerlich als hochherrschaftlich zu, und Sophie

klagt: »In dem ganzen Flecken, der dabei liegt, gibt es keine Wohnung für Leute von Stande, und unsere Höflinge schätzen sich
glücklich, wenn sie einen Kuhstall finden können, um ihr Lager
auf dem Stroh zu bereiten.«[8]

Doch das ist nur für den Übergang, denn der Ausbau der bischöf-
lichen Residenz in Osnabrück ist beschlossene Sache. Zuvor aber
will der »Herr Bischoff« 1664 wieder einmal nach Italien reisen.
Dieses Mal soll seine Frau ihn nun wirklich begleiten, auch wenn
die Reise nach Venedig ungemein beschwerlich ist: das Rattern
und Ruckeln der ungefederten Kutschen, gebrochene Achsen, der
Sturz des Gepäcks ins Nasse. Abenteuerlich auch die Querung der
Alpen: Die Herren zu Pferde, die Damen zu Fuß, in Sänften, auf
Schlitten oder Ochsenkarren – man braucht nicht nur starke Nerven, sondern auch eine robuste Gesundheit, um die Fahrt unbe-
schadet zu überstehen. »Madame Osnabruc« hat beides, und »Bella
Venezia«, die legendäre Lagunenstadt mit all ihren lustvollen Versprechen, entschädigt für die Strapazen.

In Venedig feiert Europas Adel – vor allem während des aus-
schweifenden Karnevals. Das Bischofspaar wohnt mit großem
Gefolge standesgemäß und mit »grandezza« im dauerhaft gemie-
teten Palazzo Ca' Foscari am Canal Grande. Gern putzt Sophie
sich heraus, genießt die Oper, die Bälle und Maskeraden an der
Seite ihres galanten Gatten, und stolz nimmt sie den Applaus der
Menge entgegen, wenn er wieder einmal ein Ringrennen oder
einen prächtigen Umzug veranstaltet.

Sie paßt sich der unbeschwerten, galanten Lebensweise an. In
kostbaren Gewändern präsentiert sie sich auf den Bällen, schulterfrei und tief dekolletiert läßt sie bei der Quadrille kokett die braunen Löckchen wippen. »Ich würde sehr böse gewesen sein, wenn
ich an einem Ort, wo es Mode ist, einen Verehrer zu haben, die
einzige gewesen wäre, die keinen gehabt hätte«[9], scherzt sie später, wobei sie dem Gatten die Wahl dieses Verehrers überläßt – ein
Flirt, selbstverständlich »sans conséquence«.

Ernst August, eine imposante Gestalt mit wallender Perücke,
engen, seidig glänzenden Beinkleidern unter dem üppig bestick-
ten Samtwams, liebt es dagegen »avec conséquence«. Er ist kein

Gartentreppe nach Renaissancevorbildern in der Lombardei

»Kostverächter«. Mätressen gehören zum guten Ton, und der Fürstbischof eifert Ludwig XIV. nach, dem glänzenden Vorbild in Frankreich, der seine sexuellen Abenteuer öffentlich vorlebt und so das Bild vom sinnenfreudigen virilen Barockfürsten vorgibt.

Doch Italien hat den beiden Hannoveranern mehr zu bieten als nur den Karneval: Verona, Mailand, Siena, Florenz, Bologna und Rom – überall macht Sophie Station und besucht die Gärten der italienischen Renaissance. In bezug auf Rom gesteht sie: »Ich würde mich sehr gelangweilt haben, wenn ich nicht das Vergnügen gehabt hätte, in den schönsten Gärten der Welt spazierenzugehen.«[10]

Vieles an diesen Anlagen ist neu für die Gartenfreundin, kennt sie doch vor allem die niederländischen Gärten, die, von geraden Kanälen umgeben, in der Ebene liegen. »Die Gärten in diesem Land hier sind Dinge aus einer anderen Welt, die noch nie in meiner Phantasie vorkamen«, schwärmt sie gegenüber ihrem Bruder. »Ich muß zugeben, daß nichts an Italien herankommt.«[11] Hier entdeckt sie die herrlichen Renaissanceanlagen, die sich auf unterschiedlichen Höhenniveaus über Treppen und Terrassen erstrecken, in denen kunstvolle Brunnen sprudeln und eine hochentwickelte Ingenieurskunst herrliche Wasserspiele geschaffen hat.

Skulpturen aus der Römerzeit, die als Originale oder Kopien an den Mauern aufgestellt sind und auf die Mythologie verweisen, sind geistig anregend, denn sie erzählen der gebildeten Betrachterin aufregende Geschichten aus der Vergangenheit, und »Madame Osnabruc« gesteht, »daß die Statuen und schönen Bilder mich mehr unterhielten als die Menschen«, und »mich ärgert zu sehen, wie schlecht die Dinge dieser Welt verteilt sind und daß diese bösen Bartträger von Kardinälen und Exzellenzen und dumme Prinzen die schönsten Häuser und Gärten besitzen, ohne daß sie sie nutzen und ohne daß je eine Prinzessin dort spazierengeht. Wenn das alles mir gehören würde, ich würde mich wie im Paradies fühlen.«[12]

Alles Unbekannte saugt sie auf, und voller neuer Ideen schreibt sie an den Bruder: »Ich hoffe, bald abzureisen, um Ihren Garten in Heidelberg in Ordnung zu bringen, denn in meiner Phantasie habe ich alle Gärten von Rom, die die schönsten der Welt sind, ebenso wie die Fontänen.«[13] Nach knapp einem Jahr hat Sophie genug von den Festivitäten, Reisen und Besichtigungen, sie will nach Hause, sehnt sich nach ihren Kindern, die sie in der Obhut ihrer treuen Kinderfrau gelassen hat. Sie wolle zurück zu den Stätten, zu denen sie »prädestiniert« sei, schreibt sie dem Bruder im November, und selbst wenn sie zu dieser Jahreszeit immer noch unter Orangen und Zitronenbäumen spazierengehe, so ziehe sie doch die pfälzischen Apfel-, Birn- und Pflaumenbäume vor. Ärgerlicherweise kann der Gatte sich noch immer nicht von Italien trennen: Er will noch im Gefolge der früheren Mätresse von Ludwig XIV. aufs Land fahren. Soll er, sagt Sophie und tritt im Frühjahr 1665 die Rückreise ohne den »Herrn Bischoff« an.

Ein Garten wie eine befestigte Insel

Inzwischen sind die Umbaupläne für die Residenz in Osnabrück weiter gediehen. Zunächst wird der Corps de Logis durch Flügelbauten zu beiden Seiten des Schlosses erweitert. Dadurch gewinnt die Anlage an Breite und Erhabenheit. Dem muß nun der sehr bescheidene Garten angepaßt werden. Eigentlich besteht er nur aus einem von einem Graben umgebenen platten Rechteck, das in zwei Partien gegliedert ist: Der am Schloß gelegene Teil ist mit kleinen Buchsbaumhecken in farbigem Kies gestaltet, die zusammen das Bild einer Stickerei ergeben – eine »Broderie«, wie es im allgegenwärtigen Französisch heißt. Der hintere Teil ist vermutlich mit Bäumen bepflanzt, die Andeutung eines Wäldchens, in dem man lustwandeln kann.

Just als man die Veränderungen angeht, stirbt der alte Gärtner Balthasar Voss, ein Todesfall mit weitreichenden Folgen, denn als Nachfolger wird 1677 ein Mann aus dem Land des berühmten André Le Nôtre (1613–1700) eingestellt: Er heißt Martin Charbonnier (um 1655–1720) und bringt Schwung in die Umbaupläne für den Garten.

Als erstes verbreitert er die Fläche, um die Fluchtlinien des Gartens dem breiter gewordenen Schloß anzupassen. Die mehr als elf Meter breiten und vier Meter tiefen Gräben werden nach außen verlegt und erhalten zwei Meter hohe steinerne Stützmauern. Es ist der Maurermeister Geiger, der in seiner Rechnung vom »Hertzoginnengarten« spricht und damit deutlich macht, daß die resolute Schloßherrin die Umgestaltung des Gartens nach ihren persönlichen Vorstellungen lenkt. Sie selbst berichtet ihrem Bruder im Juni 1678: »Ich stehe jeden Tag um sechs Uhr morgens auf, um unsere Soldaten arbeiten zu sehen, die unseren Garten vergrößern und die einen großen Kanal ringsherum durch einen Sumpf legen, um schließlich den Garten mit Erde aufzuschütten, die da herausgenommen wird.«[14]

Da der Garten von Wasser umgeben ist, das Gelände um mehr als einen halben Meter angehoben wird und rundherum niedrige Wälle aufgeschüttet werden, wirkt er wie eine befestigte Insel, die man, vom Schloß kommend, über eine Brücke erreicht. Ein abgeschlossener Bezirk, zumal oben auf den Wällen zusätzlich Sichtschutzwände stehen, die die hochherrschaftliche Familie vor den neugierigen Blicken der Osnabrücker schützen, denn der Abstand zwischen der aristokratischen und der bürgerlichen Welt muß unbedingt gewahrt bleiben.

Diese Gräben und Wälle entsprechen auch Sophies Sicherheitsbedürfnis, denn der Dreißigjährige Krieg ist noch nicht lange genug beendet, als daß man sich als protestantisches Herrscherpaar in einer katholischen Gegend hundertprozentig sicher fühlen kann. Und anders als üblich liegen die getrennten Gemächer der beiden nicht im Obergeschoß der Residenz, sondern im Parterre: »Vom Zimmer Ernst Augusts aus gehe ich sofort in den Garten«, berichtet Sophie freudig ihrem Bruder.[15] Gern tritt sie hinaus, als sei der Garten die Verlängerung des Salons ins Freie, eine Idee, die übrigens aus Frankreich kommt, wo die Gartenarchitekten ausdrücklich von einem »cabinet« oder vom »salon de verdure« sprechen und damit einen runden oder ovalen Platz meinen, der von Hecken umgeben ist oder mitten in einem Boskett liegt. Dagegen sind die Wassergräben eine ganz bewußte Anknüpfung an die holländischen Graften, mit denen Sophie großgeworden ist.

Auf jeden Fall mag sie ihr Osnabrück und ist froh, daß Ernst August die Residenz zu ihrem Witwensitz bestimmt hat: »Was auch kommen mag, ich will meine Tage in diesem Schloß beenden; ich hatte es noch nie so angenehm bequem«, schreibt sie, »ich für meinen Teil ziehe für mein ganzes Leben das Schloß und den Garten von Osnabrück vor und bin hier wie überall aus dem tiefsten Grundes meines Herzens.«[16]

Ausgedehnte Promenaden – zu Fuß, zu Pferde oder in der Kutsche – gehören zum Zeitvertreib der Hofgesellschaft. Für »Madame« ist der Spaziergang stets eine Lieblingsbeschäftigung. Schreitet sie die Mittelachse entlang, kann sie mit Muße das Parterre rechts und links betrachten. Ob sie dabei auf Blumenbeete oder Buchsornamente schaut, wissen wir heute nicht mehr. Am Ende gelangt sie durch eine Hecke und einen Mauerdurchlaß in den Baumgarten. Solche Bosketts, kleine, sorgfältig gestaltete Wäldchen (nach ital. bosco = Wald), bilden den Kontrast zu den kunstvoll angelegten flachen »Stickerei«-Beeten, den Broderien. Immer waren die Bosketts von hohen beschnittenen Hecken umgeben, und Wege durchkreuzten diese schattigen Areale. Doch so weit ist es im Garten

Schloß und Garten in Osnabrück; Kupferstich, 1777

von Osnabrück noch lange nicht, und Sophie schreibt – ganz rea-
listische Gärtnerin – an ihren Bruder: »Ich fürchte, daß wir längst
tot sein werden, bevor man hier Schatten haben wird, und wenn
man nicht Ernst Augusts Plan ausführen kann, hier ausgewachsene
Bäume einzupflanzen.«[17] Ludwig XIV. läßt doch auch ganze Wälder nach Versailles transportieren, mag Sophie im stillen gedacht
haben. Aber ein so kostspieliges Experiment ist in Osnabrück un-
terblieben, vermutlich auch, weil die fürstliche Familie bald wieder umzieht.

»Madame Osnabruc« in Versailles

Bis dahin sind der Bischof und seine »Madame Osnabruc« viel unterwegs – sie fliehen das enge Iburg und gehen häufig getrennte Wege.
Er reist in diplomatischer oder politischer Mission, geht auf Kur
oder auf Lustreise und begibt sich regelmäßig nach Venedig. Vergnügt schreibt er von dort, sie solle sich keine Sorgen machen, denn

auch seine wechselnden Liebschaften würden ihrer Macht über ihn keinen Abbruch tun, und er danke ihr für ihre »permission«.[18]

Doch Sophie ist gar nicht amüsiert, denn ihr »Herr Herzog« hat seit ein paar Jahren eine junge »maîtresse en titre«, die quasi zur Familie gehört. Anstandslos tritt er mit Klara Elisabeth von Meysenbug (1648–1700), einst eine mittellose Kammerjungfer, in der Öffentlichkeit auf. Diese ehrgeizige Person, die sich anmaßt, auf einer Stufe mit Sophie zu stehen, ist auch in Zukunft nicht mehr aus ihrem Leben wegzudenken. »Das heilige Land der Ehe hat den galanten Sinn des Herzogs nicht geändert«, achselzuckend, scheinbar emotionslos kommentiert sie in ihren Memoiren die notorische Untreue ihres Gatten: »Es langweilte ihn nun einmal, immer die gleiche Sache zu besitzen.«[19]

Die Herzogin bemüht sich, Haltung zu bewahren: »Die Raison tut wenig, wenn das Herz touchiert ist«, schreibt sie ihrer Nichte, »das Beste ist, die Gedanken mit etwas anderem zu beschäftigen und sie so oft wie möglich von dem abzulenken, was einen melancholisch macht.«[20] Ihre Tochter bescheinigt ihr bewundernd: »Du besitzest eine unbeschränkte Herrschaft über dich selbst und einen so starken Geist, daß er aus einem Übel ein Gut zu machen weiß.«[21] Da Sophie sich, trotz der öffentlich zur Schau gestellten Untreue ihre Mannes, unangefochten an der Spitze der Gesellschaft weiß, macht sie weiter Verwandtenbesuche in Heidelberg oder in den Niederlanden und repräsentiert das Welfenhaus bei den verschiedensten Anlässen an anderen Höfen. Kein Jahr vergeht, in dem Sophie nicht mindestens zwei Monate lang auf Reisen ist. Sie ist ein gern gesehener Gast, hat Geist und Witz, spricht vier Sprachen und ist bekannt für ihren Humor und ihre Spitzzüngigkeit.

Eine aufregende Auslandsreise macht »Madame« 1679, um ihre Schwester Luise Hollandine von der Pfalz zu besuchen, die als Äbtissin des Klosters Maubuisson im Nordwesten von Paris lebt; vor allem aber will die bald Fünfzigjährige ihrer geliebten Nichte, »Madame Liselotte«, einen Besuch abstatten, die 1671 den Bruder des Sonnenkönigs, Philippe von Orléans, geheiratet hat und seither am Hof Ludwigs XIV. ein und aus geht. Nach Versailles, auf das damals ganz Europa blickt, reisen »Madame Osnabruc« und ihre Tochter Sophie Charlotte (1668–1705) selbstverständlich mit großem Gefolge.

Beide sind gespannt, was sie am Hof des sagenhaften »Sonnenkönigs« erwartet, »Wenn ihr sehen könntet, mit welcher Mühe sich die Weiber hier abscheulich machen, würdet ihr von Herzen darüber lachen«, hatte Liselotte in ihrer direkten, forschen Art an ihre Tante geschrieben: »Ich für meinen Teil kann mich an die Maskeraden nicht gewöhnen, aber jeden Tag setzt man die Frisur höher auf. Ich glaube, man wird endlich gezwungen sein, die Türen höher zu machen, denn sonst wird man nicht mehr in die Zimmer ein und aus gehen können.«[22]

Das Schloß von Versailles ist wieder einmal eine Großbaustelle, doch Sophie interessiert sich ohnehin mehr für die Gartenanlagen, denn von den Wundern, die ein gewisser Le Nôtre in Versailles vollbracht haben soll, redet man auch in Osnabrück: Der Meister soll für seinen König eine ganze Landschaft in einen Garten verwandelt haben, in dem alles berechnet ist und mathematischen Gesetzen gehorcht: Baum und Strauch, Berg und Tal – allem hat er seinen Willen aufgezwungen. Sogar dem Wasser.

Der Sonnenkönig läßt Sophie zu Ehren alle Wasserspiele in Bewegung setzen, ein Privileg, das nur hohem Besuch zuteil wird. »Am folgenden Tag hatte der König befohlen, daß man mir Versailles zeigen sollte, denn ohne Vorbereitung springen die Wasser nicht. Als alles in Ordnung war, mußten wir uns dorthin begeben.«[23] Teiche, Brunnen, Fontänen und Wasserspiele aller Art – überall sprudelt das glitzernde Naß, steigt auf und prasselt in Myriaden von schillernden Tropfen nieder.

In der Tat, »Madame Osnabruc« ist beeindruckt. Doch findet sie es außerordentlich bedauerlich, daß die Mitglieder des Hofes sich entweder in Sänften tragen oder kutschieren lassen. Sie wäre viel lieber – wie zu Hause – im Schloßpark spazierengegangen. »Die Leute hier sind so lahm wie Gänse«, hatte Liselotte ihre Tante gewarnt, »ich kenne keinen, der zwanzig Schritt tun kann, ohne zu schwitzen und zu schnaufen.«[24]

Gemeinsam amüsieren die Frauen sich über »Monsieurs« exzentrische Art, sich zu kleiden. »Weibisch« findet Sophie sein Interesse an Stoffen und Geschmeide, und daß Philippe einen Günstling ganz offensichtlich seiner Frau vorzieht, weiß sie schon lange aus Liselottes Briefen. Doch seinem Charme vermag sie sich nicht zu entziehen, vielmehr fühlt sie sich geschmeichelt von der Aufmerksamkeit, die der Bruder des mächtigen Sonnenkönigs ihr entgegenbringt: »Nach Tisch fuhren wir spazieren, und sobald wir den Fuß zur Erde setzten, reichte mir Monsieur immer die Hand und ging mit mir allen voran, um mich die Schönheiten von Versailles bewundern zu lassen.«[25]

Bei einer solchen Besichtigung bleibt nichts dem Zufall überlassen. Der Schritt hat ebenso wie der Blick des Besuchers dem Willen des Herrschers zu folgen. Später schreibt der König sogar eigenhändig Anleitungen, wie man Besuchern den Garten zeigen soll. Trotz aller Inszenierung – ganz uneingeschränkt ist Sophies Bewunderung für Versailles nicht, sie befindet spitz, daß hier offensichtlich »das Geld größere Wunder getan hat als die Natur«.[26] Dabei ist der Abschluß der Besichtigungstour wieder ganz nach ihrem Geschmack: »Nachdem man die Güte gehabt hatte, mir alles zu zeigen, was es dort zu sehen gab, fand ich zu meiner Stärkung einen guten Imbiß vor, der wohl so viel wert war wie die Wasserkünste, die man mit so großer Mühe hatte springen lassen.«[27]

Wenn sie zu wählen hätte, schreibt sie weiter, würde sie Saint-Cloud, das Schloß von »Madame Liselotte« und »Monsieur Philippe«, vorziehen. Eines erinnert sie dort an Osnabrück: Von ihrem Zimmer kann sie direkt in den Garten treten, »der der herrlichste von der Welt ist, sowohl seiner Anlage nach als auch durch seine Wasserkünste. Ich wurde nicht müde, dort mit Monsieur und Madame spazierenzugehen. Nachmittags fuhren wir in den schönsten Gärten spazieren. Der Wagen, in dem ich fuhr, war für zehn Personen, so fuhren wir höchst angenehm beim Rauschen der Springbrunnen und im kühlen Schatten in diesen Zaubergärten spazieren.«[28]

Zurück in Osnabrück, findet sie ihren eigenen Garten »noch nicht sehr schön, aber ich habe Vergnügen daran, ihn fortschreiten zu sehen. Vielleicht bin ich tot, bevor hier Schatten ist, aber ich

Die Kaskade im Garten von Schloß Saint-Cloud bei Paris

denke nicht daran, nicht mehr als der Gärtner, denn wir sprechen
darüber, wie der Garten in dreißig Jahren sein wird, als wenn es
nur dreißig Tage wären.«[29]

Tatsächlich wird sie es nicht mehr erleben, daß die Bäume in
Osnabrück Schatten spenden, denn vorher tritt Ernst August das
Erbe in Hannover an. Der Abschied von Osnabrück fällt schwer,
an ihren Bruder Karl Ludwig schreibt Sophie am 5. Juli 1680: »Ich
werde mein Leben lang den Garten und das Schloß von Osnabrück vermissen. Mein Garten, meine Blumen, mein Haus, meine
Möbel! Ich finde mich dieser Freuden auf einmal beraubt!«[30]

Démodé – altmodische Hinterlassenschaften

Als Herzogin von Hannover kehrt Sophie in das Leineschloß
zurück. Zweiundzwanzig Jahre ist es her, daß die Jungvermählte
mit Ernst August, ihrem »Herzog Ohneland«, bei ihrem Schwager
und Exverlobten eingezogen ist. So lange mußten die ehrgeizigen

Eheleute warten, bis eintrat, was die beiden Brüder als Bedingung für den Brauttausch ausgehandelt hatten – nun endlich wird Ernst August Herr über das Herzogtum Braunschweig-Lüneburg mit Sitz in Hannover.

Von nun an werden das Herrscherpaar und der Hof die Sommermonate von Mai bis September in Herrenhausen verbringen, denn aus dem bäuerlichen Vorwerk ist inzwischen ein ansehnliches »Maison de plaisir« mit einem wohlproportionierten Lustgarten geworden: Die Grundlinien hatte ab 1666 der Gärtner Michael Grosse vorgegeben, doch als Sophie 1680 nach Hannover zieht, ist schon Grosses Nachfolger, Anthon Heinrich Bauer (geb. 1627), für den Garten verantwortlich und hat die ursprüngliche Anlage zum »Großen Garten« erweitert.

Das Parterre besteht nun aus sechzehn quadratischen Beeten, die vermutlich mit farbigem Kies und immergrünem Buchsbaum abwechslungsreich, aber ebenmäßig gestaltet sind. Buchs ist, seit die Blumen immer mehr aus den Fürstengärten verschwanden, in Mode gekommen, denn wie kaum ein anderes Gewächs gehorcht er dem Diktat der Heckenschere, und dicht an dicht gepflanzt, entstehen schmale Bänder, mit denen man Ornamente ins farbige Kiesbett pflanzen kann. Im Süden und Osten ist das Broderieparterre mit Heckenquartieren eingefaßt, in denen Obstbäume wachsen. Versteckt hinter den Hecken stören sie nicht den Eindruck eines Lustgartens.

Auch im eigentlichen Nutzgarten herrscht eine streng barocke Ordnung: Rechte Winkel, gerade Linien, »Espaliers« (Spaliere) und Formobst, nichts darf aus der Reihe tanzen, alles muß der Hand des Gärtners oder seiner Schere gehorchen. Wein, Feigen, Pfirsiche, Nektarinen und Melonen – zu Sophies Zeiten steht dann endlich auch ein mit Torf beheiztes Gewächshaus zur Verfügung, um den vielen Sommergästen auch außerhalb der Saison allerlei Früchte in wertvollen Silberschalen reichen zu können. Besonders beliebt sind Melonen. Schon 1653 hatte man zum Kälteschutz wertvolle Melonengläser aus Murano bei Venedig kommen lassen. Mit der gleichen Lieferung soll auch der Granatapfelbaum eingetroffen sein, der bis heute in Herrenhausen überlebt hat.

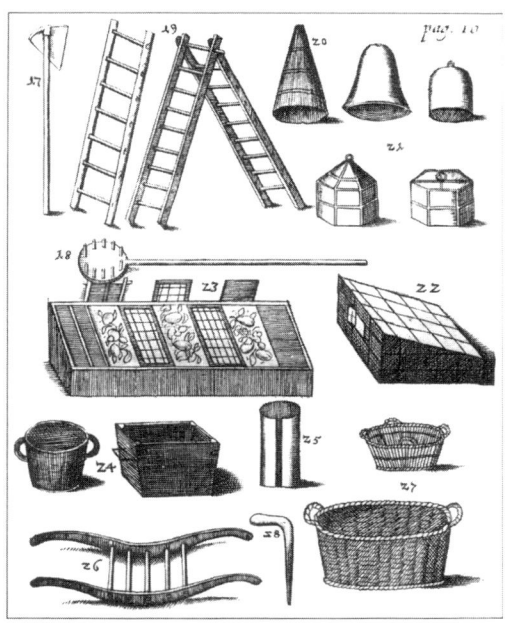

Gartengeräte für den Gemüseanbau, um 1715

Nicht der Luxus, vielmehr der wirtschaftliche Nutzen steht hinter dem Schlagwort von der wirtschaftlichen Autarkie, das 1686 in Herrenhausen allerlei Aktivitäten auslöst. So gibt es ernsthafte Versuche, im Hannoverschen Reisfelder anzulegen. Das Saatgut wird für 131 Taler aus Venedig importiert, und schließlich wird der erfahrene Reisbauer Georg Pincelli verpflichtet, den niedersächsischen Gärtnern die Geheimnisse der Reiskultur beizubringen. Ein Jahr später muß das Experiment allerdings ergebnislos abgebrochen werden – Herrenhausen liegt eben doch an der Leine und nicht in der Poebene.

Etwas mehr Glück hat man mit Tabak, und niemand läßt sich entmutigen, zumal die Herzogin und ihre Tochter Sophie Charlotte den botanischen Versuchen ein spezielles Interesse entgegenbringen. Mit einem Teil ihres Nadelgeldes fördern sie regelmäßig den Kauf schöner fremdländischer und botanisch interessanter Pflanzen.

Vermutlich steckt der rührige und von beiden Frauen verehrte Hofrat Gottfried Wilhelm Leibniz (1646–1716) hinter derlei wissenschaftlichem Interesse. Dieses Allroundgenie, das als Philosoph, Mathematiker und Historiker von sich reden macht, ist am Hof von Hannover angestellt und wird mit den unterschiedlichsten Aufgaben betraut. Zweifellos hat er auch die Aufnahme zahlreicher hugenottischer Flüchtlinge aus Frankreich betrieben, die sich in Hameln niederlassen und eine Textilmanufaktur betreiben dürfen. Um diese handwerklichen Unternehmungen um die »Königliche Seidenmanufaktur« zu erweitern, regt Leibniz an, eine Seidenraupenzucht anzulegen und als Futterpflanzen Maulbeerbäume *(Morus alba)* zu kultivieren und zu vermehren.

Wieder bringen die Verbindungen der Welfen nach Italien das Projekt voran: Ein Adliger aus Venedig namens Mocenigo schickt die Eier des Seidenspinners, und bald liefert der Maulbeergarten frisches Futter für die gefräßigen »Würmer«, deren Kokons in Hameln verarbeitet werden. Schließlich werden Tausende junger Maulbeerbäume in einer Plantage kultiviert. Und wenn man heute im Berggarten, dem Botanischen Garten von Hannover, seine artenreichen Staudenpflanzungen bewundert, muß man sich vorstellen, daß dort hundert Jahre lang Raupenfutter gewachsen ist.

Der Widerstand des Wassers

Doch zurück in den Ziergarten. Gefallen findet Sophie an der Grotte und der Großen Kaskade – zwei symmetrisch angeordneten Architekturen, die 1676/77 entstanden und an die südlichen Gärten italienischer Villen erinnern. In der Grotte, einem erholsamen Ort an heißen Sommertagen, spenden Wasserspiele erfrischende Kühle. Die Wände der drei »Salons« sind mit Muscheln, Versteinerungen und Kristallen geschmückt, dazwischen schimmern Glasfluß und Mineralien. Nach langen Jahren des Verfalls funkeln und glitzern heute die Wände wieder: ein Geniestreich

Die Große Kaskade in Herrenhausen;
Kupferstich von Joost van Sasse, 1751

der Künstlerin Niki de Saint Phalle, die noch kurz vor ihrem Tod
aus dem vernachlässigten Bauwerk ein unübertroffenes Schmuckstück der »Königlichen Gärten von Herrenhausen« gemacht hat
(siehe Seite 143f.).

Die Große Kaskade ist das Werk des französischen Fontänen-
bauers Marius Cadart. Über je zwei geschwungene Treppen gelangt man damals wie heute hinauf und steht auf einer Terrasse,
von der aus man die Parkanlage überblickt. Über der Kaskade ste-
hend, lauscht Sophie dem Wasser, das in vier nebeneinanderlie-
genden Reihen von einer Schale in die darunterliegende fällt. Von
vorne betrachtet sind es vierundzwanzig durchsichtige Wasser-
schleier, die sich geräuschvoll über bunte Steine und Muscheln in
ein Bassin ergießen. Doch was ist eine einzige Kaskade im Vergleich zu den Wasserspielen, den Brunnen und hochspringenden
Fontänen, die sie als »Madame Osnabruc« in Versailles kennengelernt hat? Wenn sie das doch auch in Herrenhausen hätte! Ihr

97

»Fontainier« aus Frankreich müht sich schon seit fünf Jahren, in der norddeutschen Tiefebene das Wasser springen zu lassen. Vergeblich wird Monsieur Cadart auch noch weitere Jahre versuchen, dem Flachland eine Fontäne abzutrotzen, so lange, bis er 1689 seines Amtes enthoben wird.

Doch Sophie hält hartnäckig an ihrem Traum von der großen Fontäne fest und zieht weitere Fontänenbauer, Mechaniker, Baumeister und Bergräte zu Rate. Mit ungeheurem Ehrgeiz und finanziellem Aufwand versucht das Herzogspaar, das Wasser, dieses flüchtige Element, in eine Form zu modellieren. Immer wieder werden ungeheure Summen in den Versuch gesteckt, aus der Leine genügend Wasser herbeizuleiten und genügend Druck zu erzeugen, um eine wirklich hohe Fontäne springen zu lassen. Selbst der hochbegabte Leibniz widmet sich in einer Abhandlung dem Problem und überreicht 1696 seinem Arbeitgeber das Gutachten *Gedanken über die Herrenhäuser Werke*.

Um es vorwegzunehmen: Die Fontäne ist eine der wenigen Niederlagen, die Sophie von Hannover hinnehmen muß. An der Großen Fontäne scheitert sie, denn bis zu ihrem Tod gelingt es niemandem, den Widerstand der Natur zu überwinden. Ein Trost mag gewesen sein, daß selbst der maßlos ehrgeizige Sonnenkönig nie genug Wasser herbeischaffen konnte, um seine Wasserspiele zu jeder Stunde und alle zusammen betreiben zu können.

In Herrenhausen springt die Große Fontäne erst 1720, sechs Jahre nach Sophies Tod: Fünfunddreißig Meter hoch schießt der Wasserstrahl in den Himmel, und der Philosoph und berühmte Gartentheoretiker Christian Cay Lorenz Hirschfeld (1742–1792) zeigt sich noch ein halbes Jahrhundert später beeindruckt von der »beinahe märchenhaften Architektur«, die durch das Licht und die 1200 Kubikmeter Wasser entsteht, die stündlich emporschießen. Dieser Zauber geht auch heute noch von der Fontäne aus, die inzwischen – wenn es nicht gar zu windig ist – einundachtzig Meter hoch steigt. Sie scheint den Himmel zu berühren, bevor sich die Wassermassen in weitem Bogen ergießen. Gischtschleier wehen durch die Lüfte, und ein mächtiges Rauschen erfüllt den sonst so stillen Garten. Überhaupt bringt das Wasser Bewegung in die strenge grüne Architektur. Wenn die Brunnen sprudeln, Wasser in den Bassins plätschert oder aus Düsen gischtig in die Höhe schießt, dann ergänzen sich Ruhe und Bewegung, Stille und Geräusch. Der Garten wird lebendig, und man ist geneigt anzunehmen, daß Sophie es sich so vorgestellt hat. Schade, daß sie es nicht mehr erleben konnte!

Herrschaft der Perspektive

Die ersten Jahre in Hannover tut sich im Garten nur wenig. Selbst nach zwei Jahren trauert Sophie immer noch dem bescheidenen Osnabrück nach, und als Ernst August überlegt, das dortige Anwesen an eine verwitwete Schwägerin abzutreten, klagt Sophie, jene habe nur »Sinn für ihr Cembalo, und in Hinsicht auf sie werden alle meine Mühen umsonst gewesen sein, vor allem der schöne Garten, wo sie nie spazierengehen wird. Ich hätte wenigstens den kleinen Garten haben wollen, um ihn nach Herrenhausen mitzunehmen.«[31]

Als erstes beruft sie 1682 ihren Gärtner aus Osnabrück, Martin Charbonnier, nach Herrenhausen. Drei Jahrzehnte lang wird er über die Gestaltung der Herrenhäuser Gärten wachen. Zunächst wird das Bestehende ausgeschmückt: So erhält das Parterre zahlreiche Großplastiken eines holländischen Künstlers; auch die Brüstung der Kaskade wird mit Figuren verziert. Außerdem beginnt Sophie mit Ehrgeiz, Kübelpflanzen zu sammeln, wie sie sie aus den Renaissancegärten Italiens kennt. Rarität und Schönheit gehören dabei eng zusammen. Pomeranzen, Granatäpfel, Lorbeer, Myrte und Oleander in schönen Gefäßen – nur einmal ist Sophie mit ihrem Gemahl nach Italien gereist, so aber holt sie sich den Süden in den Norden, und da die Pflanzen hier überleben, blühen und Früchte tragen, stellt die Herrscherin damit erneut unter Beweis, daß der überlegene Mensch die Natur beherrschen kann.

Diese These vertritt auch Hofrat Leibniz, der Sophie als geistreiche Gesprächspartnerin schätzt und mit ihr häufig lange Gartenspaziergänge macht, bei denen neben der Religion auch die

Das Heckentheater in Herrenhausen;
Kupferstich von Joost van Sasse, um 1740

Natur und ihre Gesetzmäßigkeiten besprochen werden oder wie diese auf die absolutistische Gartengestaltung anzuwenden sind. »Die Geometrie ist die Metaphysik der Natur«, dieser Leibnizsche Lehrsatz wird in Zukunft über allem stehen, was im Herrenhäuser Garten geplant und realisiert wird. Die Geometrie und die Wissenschaft von der Perspektive, das hat Sophie auch in Frankreich gelernt, sind die Grundlagen eines zeitgenössischen Schloßgartens: Die Geometrie beherrscht den Grundriß; die Perspektive schafft die räumliche Wirkung.

Das kann man noch heute erleben, wenn man von der Zuschauertribüne in den Bühnenraum des Heckentheaters blickt, das zwischen 1689 und 1692 entstanden ist. Bei dieser ersten größeren Veränderung, die Sophie in Herrenhausen veranlaßt, werden die perspektivischen Gesetze konsequent umgesetzt. So liest sich die Beschreibung dieser grünen Architektur wie die Anleitung zu einer technischen Zeichnung: Die etwa 60 Meter tiefe Bühne verengt sich wie ein Trapez von 18 Meter vorne auf 8,5 Meter hinten. Um die perspektivische Wirkung zu steigern, steigt sie um 1,65 Meter an.

Dazu kommen zwölf kulissenartig gestaffelte Heckenpaare, in denen die Schauspieler sich umkleiden und auf ihren Auftritt warten. Sie gliedern den Raum und verstärken die perspektivische Wirkung, genauso wie die heute noch fünfzehn von ehemals sechsundzwanzig mit Blattgold veredelten Bleifiguren aus der Welt der Antike und der Allegorie, die die Hausherrin bei einer Manufaktur in Holland fertigen ließ.

Es herrscht eine strenge Ordnung: Kein Schnörkel, nichts tanzt aus der Reihe. Das Gartentheater demonstriert in aller Konsequenz den Sieg der Mathematik und ihrer Gesetzmäßigkeit über die »wilde« Natur. Natur ist in diesem Heckentheater Kulisse für exklusive Theateraufführungen vor einem hochkultivierten Publikum, das in den ansteigenden Rängen eines Amphitheaters sitzt, um die Aufführung zu verfolgen und den Kurfürsten zu betrachten, der demonstrativ auf der Bühne sitzt, wenn er nicht sogar im Stück mitspielt.

Orangenkult

Das höfische Publikum des Barocks, das die Musik liebt, die Oper, das Theater und die Feste, ist vernarrt in Orangen. Auch die Herrin von Herrenhausen frönt der barocken Orangenlust. Zunächst waren Granatäpfel äußerst beliebt, und die italophilen Welfensprosse hatten schon Mitte des Jahrhunderts erste Granatäpfel aus Venedig nach Hannover geholt. Doch leider verliert der Granatapfelbaum im Winter seine Blätter.

Wieviel schöner sind da doch Orangen! Sie werden Kult, und Sophie sammelt sie mit Leidenschaft. Die auch Pomeranzen (von »pommes d'oranges«) genannten Gewächse sind allen anderen Südländern an Schönheit überlegen, wobei ihre Wertschätzung durch ihre symbolische Bedeutung noch gesteigert wird: Erkennt man doch in den »pommes d'oranges« die goldenen Äpfel aus dem legen-

Pomeranzen sind Kult im Barock; Kupferstich, 1646

dären Göttergarten der Hesperiden, die Herkules trotz strengster Bewachung rauben konnte. Und da Herkules mit seinem Wagemut, seiner Tatkraft und Stärke die Tugenden eines barocken Herrschers verkörpert, dürfen Orangen in keinem fürstlichen Garten fehlen.

Immergrünes, wie poliert glänzendes Laub, stark duftende Blüten und die strahlend farbigen Früchte – das ist sommers wie winters ein äußerst prächtiger Schmuck, für den die Herrin von Herrenhausen auch das geliebte Osnabrück plündern läßt: In vier Wagenladungen ziehen alle Kübelpflanzen von dort nach Herrenhausen um. Hier aber suchen bald so viele Pflanzen ein wohltemperiertes Winterquartier, daß der Bau einer Orangerie beschlossen wird.

1695 wird damit begonnen, doch Sophie ändert kurzerhand die Pläne: Sie will den Wintersaal der Orangen im Sommer als

Festsaal nutzen und läßt ihn entsprechend üppig ausschmücken. Etwa 800 Quadratmeter mißt die nach Süden mit Glasfenstern versehene »Galerie«; auf der gemauerten Nordwand tobt der Trojanische Krieg – diese kunstvollen Fresken und die verschlungenen Stukkaturen an der Decke geben dem Überwinterungsquartier der Kübelpflanzen ein außerordentlich feudales Gepränge. Um ihre Wirkung im Sommer erheblich zu steigern, erhält Charbonnier den Auftrag, vor den Südfenstern einen »Jardin à Oranges« anzulegen. So entsteht vor der »Galerie« ein mit weißem Kies belegter einfacher, aber durchaus wirkungsvoller »Orangenplatz« – ein stilisierter Orangenhain, in dem in geraden Reihen die markanten hochstämmigen Bäumchen stehen.

Während der Sommerfeste werden draußen Hunderte bunter Lichter aufgestellt, damit die festlich gekleidete Gesellschaft auch beim Tanz den kostbaren Besitz ihrer Gastgeber bewundern kann. In einer Orchesterpause treten dann die erhitzten Damen und Herren ins Freie, um galant plaudernd und scherzend zwischen den köstlich duftenden Pflanzen zu flanieren. Ein wenig frösteln die schulterfrei gekleideten Damen, wenn sie in die Nähe des Bassins kommen, in dem ein Fisch Wasser speit und ein Knabe einen Delphin bändigt, während ringsumher in Körben schöne Pflanzen dem Wasser entsteigen.

Kurfürst von Hannover

Das Feiern von Festen gehört zu den angenehmen Repräsentationspflichten des Herrscherpaares. Der Hof von Hannover ist berühmt für seinen Karneval nach venezianischer Art. Dann bewegt sich die gesamte Festgesellschaft »à grand companie« und »à grand bruit« in einem großen Zug von Equipagen und Triumphwagen durch die Gassen. Voran kostümierte Pauker und Trompeter, danach Edelleute zu Pferde, als Harlekine verkleidet – so geht's durch die Stadt zu den Rathaussälen. Dort sind Spieltische aufgestellt, und Musikanten spielen auf der Galerie zum Tanz. Die Leute auf der Straße sollen gesagt haben, früher hätten die Untertanen die Herrschaften zum Lachen gebracht, jetzt divertierten die Herren die Untertanen, erzählt Sophie in einem Brief[32]. Beliebt sind auch die »Wirtschaften«, Kostümfeste, bei denen sich die Gastgeber Sophie und Ernst August als Gastwirte verkleiden.

Zweifellos ist Sophie von Hannover gesellschaftlich und machtpolitisch ambitioniert und übernimmt gern nach außen die Funktionen der Gemahlin ihres nicht weniger ehrgeizigen Gatten. Der setzt rücksichtslos alles daran, dem Kaiser die Kurfürstenwürde abzuhandeln, während Sophie in einer Art »stillen« Diplomatie versucht, Macht und Einfluß des Welfenhauses zu mehren. Sie besucht Verwandte in Holland, Frankreich und an den Höfen des Kaiserreichs, knüpft Kontakte, zieht die Fäden bei dynastisch interessanten Verbindungen und streckt ihre Fühler aus, um passende Ehepartner für ihre Kinder zu finden.

Mädchen von Stand seien meist übel gestellt, weil man sie oft dem ersten Besten gebe, der um sie werbe, räsoniert Sophie[33] und sucht für ihre Tochter Sophie Charlotte einen Partner, der nicht nur standesgemäß, sondern auch zum Vorteil des Fürstenhauses ist. Ein Witwer, Kurfürst Friedrich III. von Brandenburg (1657–1713), ist der Auserwählte. Die bombastische Hochzeit ihrer geliebten »Figuelotte« findet 1684 in Herrenhausen statt, eine Investition, die sich gelohnt hat, denn 1701 steigt der pompliebende »schiefe Fritz« zum ersten König in Preußen auf (Friedrich I.), und »Figuelotte« wird Königin.

Die enge Bindung an das preußische Königshaus wird intensiv gepflegt. Mutter und Tochter verstehen sich gut, gemeinsam sind sie mit Leibniz befreundet, auch das Interesse an Gärten verbindet die beiden, vor allem ihre Vorliebe für holländische Anlagen. Vorbildlich erscheint ihnen der königliche Garten von Schloß Het Loo. »Ich sah dort einen Garten, der als vollendet schön gelten darf«, schreibt Tochter Sophie Charlotte von einer Reise an die Mutter. »Es hat mich so entzückt, daß ich von den elf Stunden meines Aufenthaltes neun zum Umhergehen verwandte und mich nur bei der Mahlzeit niedersetzte. Die Wasserkünste im Garten haben klares Wasser und springen beständig. Es ist in der Wirklichkeit viel schöner als auf den Abbildungen.«

Sophie Charlotte hat sich nach der Zahl der Gärtner und Gartenburschen erkundigt, hat beobachtet, wie die Rasenflächen, die »bowling greens«, angelegt und gepflegt werden, durch ein »Pferd mit den Schuhen, das eine Eisenwalze zum Einebnen der Alleen zieht«. Der einzige Makel sind »die Hecken, denn sie sind zu licht, auch gibt es ihrer nur wenige«. Dennoch zieht Sophie Charlotte ein positives Fazit: »In Loo ist es die große Abwechslung, die dem Besucher Freude macht. Ich bin so voll von dem schönen Ort, daß ich unmerklich meinen ganzen Brief damit angefüllt habe.«[34]

Regelmäßig besuchen sich Mutter und Tochter gegenseitig, zumal Sophie das Schloß ihrer »Figuelotte« in Lützenburg besonders gut gefällt: »Man ist hier wie in einem irdischen Paradies, kann durch alle Fenster in den Garten kommen; es gibt aber keine Äpfel darin zu essen, und die Hecken sind noch gar klein, aber finde ich doch alles angenehm, denn man lebt hier sans façon. Das beste aber ist für mich, daß ich aus meiner Kammer de plein pied alle Augenblick im Garten kann sein, das ich mich am liebsten zu Nutz mache und am gesundesten ist; ich darf es aber hier nicht gar zu lang machen.«[35] (Nach Sophie Charlottes Tod erhält das Schloß ihren Namen: Charlottenburg.)

Auch mit ihrem ältesten Sohn Georg Ludwig (1660–1727) ist Sophie zufrieden. Er würde, so behauptet sie, sogar freiwillig »eine Verkrüppelte heiraten, wenn er damit dem Hause dienen könnte«.[36] Tatsächlich wird er, um Besitzansprüche abzusichern, mit seiner Cousine Sophie Dorothea von Celle verheiratet, der Tochter von Sophies ehemaligem Verlobten, der entgegen der Brauttauschabmachung doch irgendwann geheiratet hatte. Diese Schwägerin, Éléonore d'Olbreuse, hat Sophie immer als dahergelaufene Französin verachtet. Deren Tochter mit ihrem ältesten Sohn zu verheiraten sei »eine bittere Pille«, gesteht sie, »aber wenn sie mit 100000 Talern vergoldet wird, macht man die Augen zu und schluckt sie runter«.[37]

Viel schwerer wird sie mit dem Tod zweier ihrer Söhne fertig, die beide in einem der zahlreichen Kriege umgekommen sind, an denen sich die Hannoveraner im Dienst des Kaisers beteiligt haben: Der eine stirbt im Kampf gegen die Türken, der andere an der Front gegen die Franzosen. Noch ein weiterer schmerzhafter Verlust quält die Mutter: Ein Sohn sagt sich vom Vater los, weil der das Erbrecht ändert; nur noch der Erstgeborene hat danach einen Anspruch auf das Erbe von Titel und Land. Dieses für die jüngeren Geschwister grausame Gesetz ist eine Voraussetzung für den Aufstieg Ernst Augusts zum Kurfürsten. Außerdem zahlt er an Kaiser Leopold I. 500000 Taler und stellt ihm mehrere tausend Soldaten zur Verfügung. Auf diese Weise erkauft sich der Herzog von Hannover 1692 die Kurfürstenwürde, auch gegen den Widerstand aus den Reihen der acht anderen, die die Macht nicht mit einem neunten Kurfürsten teilen wollen.

Königliche Gärten

Jetzt gehört Hannover zu den mächtigsten Fürstentümern des Heiligen Römischen Reiches. Mit der Kurfürstenwürde für ihren Gemahl ist auch für Sophie eine Rangerhöhung verbunden. Seither unterschreibt sie ihre Briefe mit »Sophie Electrice«, Kurfürstin Sophie. »Diesen Titel vergesse ich nie zu setzen«, gesteht sie ihrem Bruder, »er ist alles, was ich vom Kurfürstentum habe.«[38] Ökonomisch und rechtlich bleibt Sophie weiterhin von ihrem Ehemann abhängig, der sie offenbar finanziell großzügig ausstattet und ihr zumindest in Gartenangelegenheiten freie Hand läßt. Spötter behaupten, das Denkmal, das heute ihm zu Ehren die »Königlichen Gärten« ziert, zeige ihn nicht etwa mit einem Gesetzestext in der Hand, sondern mit einem Bündel unbezahlter Rechnungen für die Gartenanlage.

Nach dem Macht- und Prestigezuwachs des Welfenhauses durch die Kurfürstenwürde wird wieder einmal kräftig in den Park investiert, damit er dem neuen gesellschaftlichen Status angepaßt wird. Am Anfang stehen umfängliche Landerwerbungen. Martin Charbonnier, immer noch Hofgärtner in Herrenhausen, wird nach Holland geschickt, vermutlich um die Gärten dort zu studieren oder Pflanzen zu kaufen. Außerdem wird zusätzlich ein holländischer Gärtner eingestellt.

Dann müssen – wie schon damals in Osnabrück – Soldaten ran, um das Gelände mit einem Kanal zu umgeben. Mehr als zwei Kilometer lang, 28 Meter breit und 1,80 Meter tief wird die Graft – die Bauarbeiten dauern vier Jahre (1696–1700). Damit die schaufelnden Männer bei Laune bleiben, werden sogar Militärkapellen zur Baustelle abgeordnet. Mehr als 100000 Kubikmeter Erde, so die Berechnung eines Historikers, müssen die Soldaten mit Schaufel und Karre bewegt haben.

Im Garten innerhalb der Graften will Charbonnier vor allem die quadratische Grundstruktur des »Großen Parterres« zugunsten der Form des »Oblong«, des langgestreckten Rechtecks, verändern. Deshalb faßt der Hofgärtner die sechzehn Quadrate zu acht rechteckigen Beeten zusammen. Durch diese Längsausrichtung entsteht die den Blick lenkende Zentralachse, die im Zentrum des Schlosses endet und den Betrachter geradezu zwingt, auf die Tür zu blicken, durch die der Herrscher normalerweise in den Garten tritt. Für den setzt sich der Festsaal im Innern des Schlosses im Gartenparterre fort – dem 31 000 Quadratmeter großen »Festsaal im Freien«.

Am südlichen Ende des »Großen Parterres« werden die vorhandenen vier Fischteiche zu quadratischen Bassins umgebaut: Zur Unterhaltung des Hofes sollen Enten und langhalsige Schwäne darauf dekorativ ihre Bahnen ziehen. Zeitweise herrscht im »Großen Garten« ein ungeheures Gewimmel: Menschen und Pferde, Karren und Kutschen, hü und hott! Pflanzen, Steine und Erde müssen transportiert werden. Auf frisch umbrochenem Land fangen junge Burschen Maulwürfe und kassieren ein paar Pfennige pro Tierkadaver. Die Gärtner buddeln und pflanzen, gießen und schneiden. Landvermesser peilen und legen den Verlauf von Wegen, Hecken und Beeten fest. Sie haben viel zu tun: Jedes Stück muß einzeln vermessen werden, denn die Gartenpläne verraten, nirgendwo gibt es einen rechten Winkel mit genau 90 Grad. Immer sind es 2,8 Grad zuwenig oder zuviel. Ein Kunstfehler? Oder, im Gegenteil, ein Kunstgriff, der mit viel Mühe umgesetzt wird, um dem Diktat und der Monotonie der reinen Geometrie entgegenzuwirken? Das bleibt ein Rätsel.

Südlich der Schwanenteiche entsteht der »Neue Garten«. Sternartig ist die Fläche durch Wege und Hecken gegliedert. Die Bäume, vor allem Hainbuchen und Linden, werden aus den Wäldern geholt und, auf einen Meter zurückgeschnitten, in den Garten transportiert. An den Schnittpunkten der Wege sprudeln vier kleine Fontänen, während im Zentrum des Sterns ein Bassin darauf wartet, daß aus ihm endlich die Große Fontäne springen wird.

Mitten in den Aktivitäten stirbt der Kurfürst. Sein Tod kommt 1698 nicht überraschend, war er doch nach einem Schlaganfall schon mehrere Jahre krank gewesen. Weder die Krankheit noch sein Tod gebieten der Gartenbautätigkeit seiner Gemahlin Einhalt. Wissend, wie eng sie mit Herrenhausen verbunden ist, hat Ernst August ihr die Sommerresidenz als Witwensitz hinterlassen. Wenig später allerdings vermacht sie Herrenhausen ihrem ältesten Sohn, dem neuen Kurfürsten, damit der den Unterhalt und die noch fehlenden Ausbauabschnitte finanzieren muß.

Sie selbst zieht in den Westflügel der »Galerie« und hat von ihrem Fenster aus den allerschönsten Blick auf ihren Garten. Hier, im »Großen Garten«, fühlt sie sich zu Hause. »Ich spazier hier im Garten für die Gesundheit«, schreibt sie an ihre Nichte, oder: »Ich spazier nun wieder den ganzen Tag im Garten, das macht mich wieder jung.«[39] Schlank und beweglich macht sie, wenn das Wetter nicht gar zu schlecht ist, ihre Rundgänge zwischen den hohen Hekken, durch die Lindenallee und entlang den eingrenzenden Graften: »Ich kann Gott alle Augenblicke nicht genug danken, daß ich gottlob nicht das geringste Ungemach von meinem Alter habe«, schreibt die Einundsiebzigjährige. »Ich gehe im Garten alle meine Leute müd.«[40]

Das Lustwandeln in ihren Gärten hat zeitlebens zu Sophies Lieblingsbeschäftigungen gehört. Ist das Wetter zu schlecht, widmet sie sich ihrer zweiten Passion, dem Handarbeiten. Sie beherrscht die Perl-, Brokat und Gobelinstickerei, fertigt Börsen und Schärpen, modische Strumpfbänder für ihren Mann oder auch Möbelbezüge. Sie liest Romane und philosophische Schriften, schreibt bis ins hohe Alter liebend gern Briefe, doch sobald das Wetter besser wird, zieht es sie wieder hinaus.

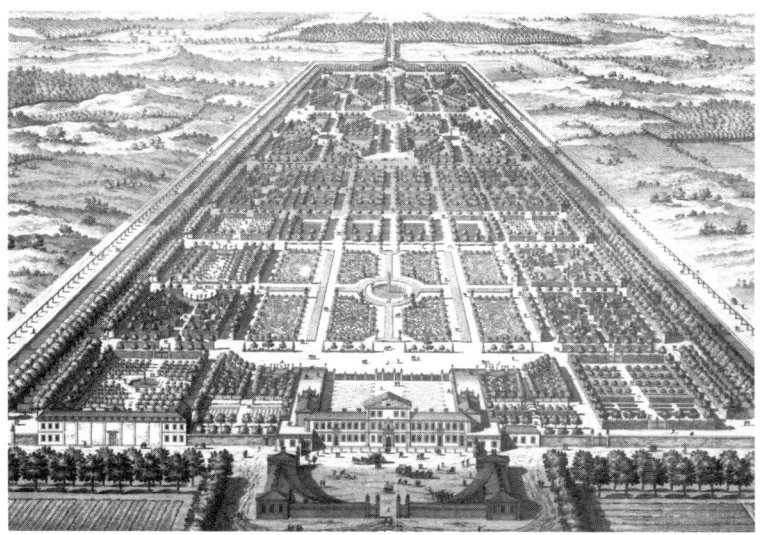

Gesamtansicht der Sommerresidenz Herrenhausen;
Kupferstich von Joost van Sasse, 1720

Tritt sie aus dem Galeriegebäude, so steht sie in ihrem geliebten »Jardin à Oranges«, und Orangen kann die alte Dame immer
noch nicht genug haben. Sie kauft in Italien ein, läßt alle Orangenbäume aus dem Lindener Garten kommen, und als das reiche
Lüneburg mit der Celler Residenz an Hannover fällt, werden als
erstes die Pomeranzen von dort nach Herrenhausen geholt; zusätzlich erwirbt sie noch die kostbaren Orangenbestände des Freiherrn
von Knigge.

Die Menge und der Pflegezustand ihrer Orangen sind stets Sophies ganzer Stolz, und da der vielbeschäftigte Hofgärtner Charbonnier die Pflege der Bäume schon längst nicht mehr alleine
leisten kann, hat er für 200 Taler im Jahr Unterstützung durch
Anton Spanuth, einen echten Pomeranzengärtner, erhalten. Als
der 1714 stirbt, sind im Inventar 463 frostempfindliche Pflanzen
in »guten Kübeln« verzeichnet. Mit Genugtuung hätte Sophie das
Loblied gehört, das Lady Mary Montagu, Gattin des britischen Ge-

sandten in Konstantinopel, zwei Jahre nach dem Tod der Kurfürstin auf die edlen Früchte von Herrenhausen singt: »Es war mir sehr leid, daß das schlimme Wetter mir nicht erlaubte, Herrenhausen in seiner ganzen Schönheit zu sehen, doch trotz des Schnees schienen mir die Gärten sehr schön. Besonders mußte ich mich über die große Menge Orangenbäume wundern, die weit größer sind als alle, die ich in England gesehen habe, obwohl der Himmelsstrich hier gewiß kälter ist.«[41]

Auf ihren täglichen Spaziergängen nimmt Sophie gern den Weg durch eine der Nebenachsen, vorbei an den Schwanenteichen, um ihren Lieblingsplatz in einem der beiden luftigen Kabinette anzusteuern. Die reich verzierten Holzbauten sind nach vorn offen, und vor den farbig bemalten Rückwänden stehen gut gefüllte Volieren: Dort sitzt die Gartenfreundin dann »wie eine Melone im Treibhaus«,[42] lauscht dem Lärmen der Vögel und betrachtet ohne die offizielle Pose der Kurfürstin in aller Ruhe ihr Werk, von dem sie sagt: »Le Grand Jardin de la Leine, qui est ma vie.«[43]

In das beschaulicher werdende Leben der alten Dame platzt 1701 die Nachricht aus England, daß das Parlament sie, Sophie von Hannover, als letzte protestantische Stuart und Enkelin von Jakob II. zur Thronfolgerin bestimmt habe. Welch eine Karriere – vom Exilantenkind zur designierten Königin von England! Sie nimmt es erstaunlich gelassen: »Was mich anbelangt, denke ich mehr ans Himmelreich als an das von England.«[44]

Doch ihr neuer königlicher Rang, verbunden mit dem Titel der Erbprinzessin von England, bringt Unruhe in ihr Leben, denn alles, was in Europa Adel und Namen hat, will der Erbprinzessin seine Aufwartung machen. Zar Peter der Große kommt gleich zweimal. Nie sei Herrenhausen ohne Gäste, und es würden immer mehr, wundert sich ihr Sohn Georg Ludwig, die Schar erreiche allmählich die Stärke einer Armee, wobei vor allem die Engländer »wie die Schwalben« kämen.[45]

Der neue Kurfürst ist wohl etwas sparsamer als sein Vater, doch Sophie darf den Garten weiter ausschmücken: Jetzt werden die Statuen im Heckentheater frisch mit Blattgold überzogen. Im Parterre werden zweiunddreißig Statuen aus gutem Sandstein aufge-

Kurfürstin Sophie von Hannover, 1701

stellt, und da man nicht den weißen Marmor aus Carrara haben
kann, werden alle Figuren, deren symbolische Bedeutung auf die
Verherrlichung des Fürsten abzielt, weiß angestrichen. Eine besonders gelungene Zierde des Luststücks sind die riesigen Steinvasen
des Bildhauers Christian Georg Vick (1668–1739), die äußerst
phantasievoll die vier Elemente und mit höchst lebendig wirkenden Putten die vier Jahreszeiten darstellen. Auch eine Sonnenuhr wird installiert und mit einem kunstvollen schmiedeeisernen
Gitter umgeben. Und schließlich werden am Ende der dreireihi-
gen Lindenalleen, die die Graft nach Westen und Osten begleiten,
zwei Pavillons errichtet – ein herausragender Blickfang in feinstem
französischem Barock.

In diesem großartigen Rahmen werden die Gäste mit großem
Gepränge empfangen. Man kann sich vorstellen, wie ihnen zu

Ehren rauschende Feste gefeiert werden, für die Venedig die Vorlagen liefert: venezianische Nächte in Herrenhausen – ein sommerliches Gartenvergnügen mit wunderbaren Feuerwerken und Gondelfahrten auf der Leine, wobei der Gondoliere Pietro Madonetto aus Venedig die Herrschaften bei Lichterglanz und Mandolinenklang auf der Graft spazierenfährt.

Ein französisches Parterre, holländische Graften und ein venezianischer Gondoliere, der sehnsüchtige Lieder singt – die »Königlichen Gärten von Herrenhausen« tragen Sophies Handschrift. »Nur mit dem Herrenhäuser Garten können wir prunken, der in der Tat schön und wohlgehalten ist«, schreibt sie, stolz auf ihr Werk blickend, »aber das läßt sich nicht ohne Unkosten machen. Er kostet 6000 Taler jährlich, aber er ist so sauber und gut in Stand, daß man allzeit darin spazierengehen kann.«[46]

Im Frühsommer 1714 schreibt die greise Kurfürstenmutter an ihre Enkelin in Berlin: »Meine Füße tragen mich noch auf dem großen Rundgang um den Garten, ohne müde zu werden, worüber ich recht froh bin, denn ich gehe sehr gern in diesen hohen Laubengängen spazieren.«[47] Doch als sie am 8. Juni mit ihren Hofdamen den üblichen Abendspaziergang macht, taumelt sie plötzlich. Ihre Begleiterinnen nehmen sie bei der Hand und lassen sie dann sanft auf den Boden gleiten. Wenige Augenblicke später ist die Kurfürstin Sophie von Hannover tot. Der Garten sei ihr Leben, hat sie über Herrenhausen gesagt. Jetzt hat der Tod sie dort überrascht.

PS: Hätte Kurfürstin Sophie nur sechs Wochen länger gelebt, wäre sie tatsächlich Königin von England geworden. So besteigt ihr ältester Sohn als Georg I. den englischen Thron und zieht mit seinem Hof nach London. Als Nebenresidenz verliert Hannover-Herrenhausen an Bedeutung. Die »Königlichen Gärten« werden gepflegt, aber nie grundlegend verändert. Deshalb gehört Herrenhausen zu den Barockgärten in Deutschland, die nicht von einem Landschaftspark überbaut wurden.

»Wenn das Leben ein Kartenspiel ist ...«

Der Tarotgarten der Niki de Saint Phalle

Von weitem blitzt und blinkt es silbrig auf der bewaldeten An-höhe. Kommt man näher, ist der verlockende Glanz verschwunden. Ein Irrlicht? Die hohe erdfarbene Mauer mit dem ovalen grünen Gittertor erinnert an eine chinesische Palastmauer. Sie wirkt ab-weisend und signalisiert unmißverständlich eine scharfe Trennung zwischen der Welt drinnen und draußen. Wir stehen draußen und wollen hinein! Einlaß 14 Uhr 30.

Hinter dem Tor führt der steinige Weg bergauf. Rechts und links Eichen, Ginster und blühender Rosmarin – nichts, worüber man sich in der Toskana wundern würde. Plötzlich verstummt unser Gespräch, denn ganz unvermittelt sind wir in einer funkeln-den, glitzernden und flimmernden Welt gelandet: Wir befinden uns im Zentrum des »Giardino dei Tarocchi«, des Tarotgartens der Niki de Saint Phalle (1930–2002). Berauscht von den Farben und monumentalen Formen, stehen wir staunend auf der zentra-len Piazza – ein Halbrund, in der Mitte ein rundes Wasserbek-ken, eingerahmt von den farbigsten Monstern, die ich je gesehen habe. Freundliche Ungeheuer, die keine Angst einjagen, obwohl sie kolossale Ausmaße haben.

Unmittelbar vor uns ein enormer blauer Kopf, eine Fratze mit aufgerissenem Maul, aus dem sich Wasser über eine hohe Treppe in das Bassin ergießt. Am Rand lagert eine Riesenschlange in der milden Oktobersonne. Mitten im Wasserbecken sprüht wie in einem klassischen Garten eine Fontäne, nur daß hier das Naß aus Schläuchen und rostigem Räderwerk spritzt. Im Bassin steht eine Figur, die mit Rucksack und Stecken aussieht wie ein Wanderer. Welch eine rauschende, feucht-fröhliche Begrüßung!

Der riesige blaue Kopf stellt »Die Hohepriesterin« dar, eine Trumpfkarte aus dem Tarotspiel. Aus ihr wächst ein zweiter, ein silbern glänzender Schädel hervor. Es ist »Der Magier«, der die silberne Hand gen Himmel streckt, mit der er uns vorhin von weitem gegrüßt hat. »Magier« und »Hohepriesterin« sind zu einer Figur verschmolzen – ein Doppelwesen in Blau und Silber, das im Zentrum des Halbrunds steht, das früher der Steinbruch des Fürsten Caracciolo war. Dahinter steigt das Gelände an, fast könnte man sagen, es hat die terrassenartige Topographie eines klassischen italienischen Renaissancegartens.

Auf der nächsthöheren Ebene ragen auf der linken Seite ein ebenfalls silberner Wolkenkratzer, ein doppelter Zwiebelturm in Gold und eine knallrote Rakete aus dem Wald hervor. Anscheinend hat es ein Unglück gegeben, denn der Hochhausturm ist zerstört: Die Spitze bricht ab, und es sieht so aus, als schieße eine Höllenmaschine aus dem Innern des Turms in den blauen Toskanahimmel. Ich denke an New York, 11. September 2001.

Am meisten fühle ich mich von dem schwarzgesichtigen Zwitterwesen zur Linken angezogen: »Die Herrscherin«. Ihre kleine rote Krone fällt zunächst gar nicht auf, zu sehr springt die üppige Weiblichkeit dieser als Sphinx gestalteten Monumentalskulptur ins Auge: Riesig sind die prallen, bunten Kugelbrüste; bunt auch die Tatzen; ihr Haar – ein nachtblauer blinkender Sternenhimmel. Sie spielt eindeutig die Hauptrolle in Nikis Tarotgarten: Sie ist die weibliche Kraft, die Herrscherin, die große heidnische Göttin und die beschützende Mutter, in der Niki de Saint Phalle zeitweise gewohnt und gearbeitet hat.

Doch das ist erst die linke Seite des Halbrunds. Auch rechts erheben sich große farbige Figuren: »Die Sonne«, »Der Hoheprie-

Der Tarotgarten mit kolossalen Figuren in berauschenden Farben

ster«, »Die Gerechtigkeit« – insgesamt vereint der »Giardino dei Tarocchi« zweiundzwanzig Skulpturen, die jeweils eine Karte der Großen Arkana des Tarotspiels interpretieren (Arkana = Geheimnisse). Der Auftakt ist furios! Ohne Ouvertüre landet man im Zentrum des Geschehens. Wie die große Bühne des Tarots für den Besucher ganz unvermittelt aus dem Wald auftaucht, ist eine großartig gelungene Inszenierung. Farbenprächtigen Blumen vergleichbar, wachsen die Skulpturen aus dem silbrigen Grün der mediterranen Pflanzenwelt.

Die meisten Besucher bleiben erst einmal wie benommen stehen. Dieses Wunder an Farben und Formen verschlägt ihnen die Sprache! Nur die Kinder sind nicht zu bremsen. Aufgeregt zerren sie an Müttern und Vätern, um diese bunte Märchenwelt sofort aus der Nähe zu erkunden. Es ist, als habe Niki de Saint Phalle einen Zauberkasten geöffnet, die »Magic Box«, die sie sich als Kind ausgedacht hat – eine Kiste, angefüllt mit Träumen, Geschichten und Gestalten, die ihre Phantasie erschaffen hatte und mit der sie durch die ungeliebte Welt der Erwachsenen steuern konnte.

Ein Shootingstar der Kunst

Paris, 29. Oktober 1930: Cathérine Marie-Agnès Fal de Saint Phalle, später nur noch »Niki« genannt, wird geboren. Die Mutter ist Amerikanerin, der Vater entstammt altem französischem Adel. Er hat soeben sein Vermögen im Börsenkrach von 1929 verloren. Niki wächst in den Vereinigten Staaten auf, die Sommer aber verbringt sie auf dem Schloß ihrer Großeltern in Frankreich. Eigentlich soll sie eine halbwegs gebildete, wohlerzogene höhere Tochter werden, um dann standesgemäß zu heiraten. Aber sie will nicht wie ihre Großmutter, ihre Mutter oder deren Freundinnen leben: Die haben als »Wächterinnen des Herdfeuers«[1] die Welt und alle Macht den Männern überlassen. Schon als Schülerin ist Niki aufsässig, rebelliert gegen die Frauenrolle und eckt überall an. Sie klaut in Kaufhäusern, liest Verbotenes und malt in der Schulaula die Feigenblätter der antiken Helden rot an; schließlich muß sie die streng katholische Klosterschule verlassen und bis zum Abitur noch mehrfach die Schule wechseln.

Unmittelbar danach kehrt die äußerst hübsche junge Frau dem konservativen Elternhaus den Rücken und arbeitet als Photomodell. Für fünfzehn Dollar die Stunde posiert sie in Abendkleidern, Nerzmänteln und Diamanten, und der Photograph Jan Bloomfield bringt sie auf die Titelseiten des *Life*-Magazins und der französischen *Vogue*. Eine unerhörte Provokation der altehrwürdigen Familie; daß Niki dann auch noch mit dem jungen Soldaten Harry Mathews (geb. 1930) durchbrennt, um gegen den Willen ihrer Eltern den angehenden Schriftsteller heimlich zu heiraten, ist ein Skandal!

Doch Niki läßt sich nicht beirren, sie beginnt sich selbst neu zu orientieren und zu definieren: 1951 wird ihre Tochter Laura geboren, und die junge Familie zieht nach Paris. Jetzt will Niki Schauspielerin werden, doch irgend etwas stimmt nicht mit ihr. Wo ist ihr Optimismus geblieben? Ihre Initiative? Sie ist fahrig und nervös, wirkt überfordert und beißt sich die Lippen blutig. Warum diese Selbstzerstörung? Bald stellt sich heraus, es sind Vorboten einer Depression, und akut selbstmordgefährdet wird Niki 1953 in die Psychiatrische Klinik von Nizza eingeliefert.

Niki de Saint Phalle;
Titelbild der Zeitschrift »Life«, 1949,
photographiert von Arnold Newman

Hier geht sie durch die Hölle: Ihr Geheimnis, ihr lange ver-
drängtes Trauma wird an die Oberfläche gezerrt, als ein Brief
ihres Vaters in der Klinik eintrifft. Darin bekennt er, seine Tochter als zwölfjähriges Mädchen mißbraucht zu haben. Für sie wird
der Horror jenes Sommers wieder lebendig. Schlimmer noch, ihr
Psychiater weigert sich, die Ungeheuerlichkeit zu glauben. Erst in
einer Maltherapie findet Niki die Möglichkeit, ihren Schmerz, ihre
Scham und Verletzung auszudrücken. Die Kunst, sagt sie später,
sei ihre Rettung gewesen: »In anderen Zeiten wäre ich für immer
in eine Irrenanstalt gesperrt worden. Ich umarmte die Kunst als
meine Erlösung und Notwendigkeit.«[2]

Sie malt und modelliert wie besessen; sie geht in den Ateliers der Pariser Künstleravantgarde ein und aus oder verbringt Tage in Museen; sie kopiert die Impressionisten, experimentiert mit Farben und Techniken und folgt schließlich dem Ratschlag eines Freundes, ohne eine künstlerische Ausbildung ihre ganz persönliche Bilderwelt zu entwickeln.

Jean Tinguely, Daniel Spoerri, Yves Klein und Christo – alle diese unruhigen und unabhängigen Geister lernt Niki in Paris kennen. Dazu Kunstkritiker und Galeristen. Als einzige Frau wird sie in die Gruppe »Nouveaux Réalistes« aufgenommen. »Die Rollen der Männer schienen wesentlich mehr Freiheiten zu gewähren, und ich war entschlossen, diese Freiheit zu meiner eigenen zu machen.«[3] Auch sie will als Künstlerin ernst genommen und nicht als dilettierende Hausfrau und Mutter abgestempelt werden! Das macht sie wütend, spornt aber auch ihren Ehrgeiz an, »mich der Welt zu beweisen«[4]. Dafür verläßt Niki ihren Mann und ihre mittlerweile zwei kleinen Kinder.

Es ist eine aufregende und beziehungsreiche Zeit in Paris. Niki freundet sich mit dem Schweizer Künstlerkollegen Jean Tinguely (1925–1991) an, dem Schöpfer der aus Schrott gefertigten sperrigen Maschinenskulpturen, die keinen Nutzen haben, aber trotzdem immer in Bewegung sind. Niki und Jean werden ein Liebespaar, werden heiraten und sich trennen; sich neue Partner suchen und doch einander immer verbunden bleiben. Es ist die große Liebe, die trotz aller Krisen ein Leben lang andauert, eine kreative Künstlerbeziehung, in der die gemeinsame Arbeit der Kitt ihrer Partnerschaft ist.

Niki de Saint Phalle wird Anfang der sechziger Jahre – im wörtlichen Sinn – der Shootingstar der Kunstszene. Eine in einen eleganten weißen Overall gekleidete zierliche Frau tritt mit einem Gewehr vor das Publikum und schießt auf Gipsreliefs, die sie vorher so präpariert hat, daß die Kugeln verborgene Farbbeutel aufreißen. Wie Blut spritzt und fließt dann die meist rote Farbe über den Gips: Das Bild blutet!

»Tirs«, »Schießbilder«, nennt die Künstlerin die Werke. Ihre »Performances« sorgen überall für Furore, denn mit jedem Schuß entladen sich – für alle Anwesenden spürbar – die Wut und der Haß der Akteurin: »1961 schoß ich auf: Papa, alle Männer, kleine Männer, große Männer, bedeutende Männer, dicke Männer, Männer, meinen Bruder, die Gesellschaft, die Kirche, den Konvent, die Schule, meine Familie, meine Mutter, alle Männer, Papa, auf mich selbst, auf Männer.«[5]

Doch plötzlich macht Niki Schluß mit der Schießerei. Als sie merkt, daß sie süchtig nach dem Ritual der Performance wird, daß sie sich während des Schießens in eine Ekstase steigert, muß Schluß sein. Sie zieht sich in eine »innere, weiblichere« Welt zurück. Wer ist die Frau? Wer bin ich? Diese Fragen leiten ein neues Kapitel in Nikis Schaffen ein. Die Braut, die Gebärende, die Hure, die Mutter – die unterschiedlichen Rollen der Frau werden ihr neues Thema.

»Nanas an die Macht«

Hannover, Anfang 1974: Es ist ein kalter Tag, als ein Kran drei große Holzverschläge am Leineufer von Hannover deponiert. Die Schaulustigen staunen nicht schlecht, als drei immens ausladende, vollbusige bunte Frauenskulpturen ausgeladen und aufgestellt werden: drei Nanas. Die Bildhauerin lugt unter einer dicken Pelzmütze hervor und lauscht verwundert den gehässigen Kommentaren: »Nur Kinder machen solche Knetarbeiten!« Oder: »1936 hätte man die von der Kunstakademie gejagt!« In Hannover tobt ein Kulturkampf, nur eine Bürgerinitiative kann verhindern, daß die Skulpturen wieder abgebaut werden.

Alle drei benennt die Künstlerin nach berühmten Hannoveranerinnen. Eine heißt seither »Sophie«. Sie ist eine Nana, die munter in einem bunten Turntrikot mit Schulterträgern tanzt. Der Name soll an die gestrenge Kurfürstin Sophie von Hannover erinnern, die im 17. Jahrhundert regierte und beinahe Königin von England geworden wäre (siehe Seite 110ff.). Doch Nikis Nanas sind Fruchtbarkeitsgöttinnen, Symbole für das Urweibliche, die fröhlich und frech in modernem Gewand daherkommen.

»Sophie«, eine der Nanas am Leineufer in Hannover

Seit 1965 die ersten Nanas Nikis Atelier verließen, haben sie die
Welt im Sturm erobert. Die knallbunten, voluminösen Gestalten
mit ihrer Botschaft, daß Frauen die Schöpferinnen des Lebens sind,
werden bald zum Synonym für das Weibliche. Sie verherrlichen
die Frau und die Mutterschaft. Sinnlich und ausgelassen amüsieren sie sich und agieren dabei als sexuelle Wesen. In ihren geblüm-
ten Kleidern, Trikots und Badeanzügen führen sie wilde Tänze
auf und stehen auch mal kopf. »Nanas an die Macht« – das klingt
nach der Ausrufung des Matriarchats, und so heißt die erste große
Nana-Ausstellung in Amsterdam, die zum Jahreswechsel 1968/69
auch nach Düsseldorf kommt.

Mit den Nanas kommt Nikis Liebe zu dem in den sechziger
Jahren entwickelten Werkstoff Polyester. Dieser Kunststoff ist ideal
für ihre Arbeit: Alles läßt sich daraus formen, die aufgemalten

Farben brillieren, die Figuren werden wetterfest und können im Freien stehen. Endlich dürfen die Nanas in der freien Natur tanzen. Über die Gefahren im Umgang mit Polyester ist noch wenig bekannt, und so setzt Niki sich jahrelang ohne Schutz dem Staub und den giftigen Dämpfen aus, die bei der Bearbeitung des Kunststoffs entstehen. Schließlich sind ihre Lungen so verätzt, daß sie kaum noch Luft bekommt und keine zehn Schritte mehr gehen kann. Eine Kur in den Schweizer Bergen wird ihr verordnet, und Tinguely kann seinen Freund, den berühmten Formel-1-Rennfahrer Niki Lauda, überreden, ihr seinen persönlichen Trainer zur Verfügung zu stellen. Mit Bewegungs- und Atemübungen stellt der die zierliche Mittvierzigerin innerhalb eines Jahres so weit wieder her, daß sie lange Bergspaziergänge und sogar Skilanglauf machen kann.

Ein Steinbruch in der Toskana

La Punt, Frühjahr 1975: Im Tal am Piz Languard ist der Schnee schon geschmolzen. Die ersten Frühlingsblumen strecken ihre Köpfe aus der Erde. Das Dörfchen La Punt, nur zwanzig Minuten vom Nobelskiort Sankt Moritz entfernt, liegt in der Sonne. Niki de Saint Phalle hat eine gediegene Villa aus dem 18. Jahrhundert gemietet, die nur einen Schönheitsfehler hat: Bei Regen und Schnee wird es ungemütlich, denn das Dach ist nicht dicht. Töpfe und Schüsseln müssen das Wasser auffangen.

Morgens schon tritt sie in den Garten und atmet die frische Luft in tiefen Zügen. Sie geht viel spazieren und freut sich über die Primeln und Anemonen, die den Frühling im Engadin einläuten. Später sind es Storchschnabel und Akelei, lichtgelbe Königskerzen und leuchtend gelbe Arnika. Man sieht ihr an, wie gern sie den Duft der Blumen und Kräuter einsaugt und das herb-harzige Aroma, das der Wind aus dem höhergelegenen Kiefernwald herbeiträgt. Niki de Saint Phalle hat die Natur entdeckt! Auf ihren Spaziergängen kann sie stundenlang am Wegesrand sitzen und die Vögel beobachten, wie sie mit Leichtigkeit und Eleganz in ihrem

Element dahingleiten. »Ich will wie ein Vogel fliegen und die Unendlichkeit entdecken«[6], sinniert sie und genießt dankbar ihren Genesungsprozeß.

Sie ist viel allein. Sie liest und vertieft sich in die Werke Friedrich Nietzsches, bei schönem Wetter wandert sie auf seinen Spuren am Silser See. »In mancher Naturgegend entdecken wir uns selbst mit angenehmem Grausen«, hatte er an seine Mutter geschrieben, »hier oben hat man Wünsche, die in der Ebene etwas verrückt klingen.«[7] Genauso geht es Niki. Auch Rainer Maria Rilke berührt sie zutiefst mit seinen Gedichten, vor allem in den *Duineser Elegien* kann sie wieder und wieder lesen. Die hier vorherrschende Melancholie entspricht ihrer Stimmung.

Ganz im Gegensatz zu den in La Punt ruhig dahinfließenden Tagen läuft im benachbarten Sankt Moritz der Skizirkus auf Hochtouren. Abends trifft sich die Society zum Après-Ski an den Bars der Grandhotels. Eines Abends fällt dort der Name der prominenten Künstlerin Niki de Saint Phalle. Eine elegante Frau Mitte Vierzig horcht auf. De Saint Phalle? Ja, die habe im Nachbardorf ein Haus gemietet.

Marella Agnelli, geborene Caracciolo, ist freudig überrascht. Das kann nur die Niki sein, mit der sie sich vor fünfundzwanzig Jahren in New York angefreundet hatte. Bei dem ausgefallenen Namen ist eine Verwechslung ausgeschlossen. Damals war Marella Assistentin eines Modephotographen und Niki das gefragte Modell. Eines hatten die damals noch unverheiratete Marella Caracciolo und Niki de Saint Phalle gemeinsam: Beide stammten aus uralten Adelsgeschlechtern und wollten sich von ihren altehrwürdigen Familien und deren konventionellem Lebensstil lösen. Darum waren sie sich sofort sympathisch, verloren sich dann aber wieder aus den Augen.

In La Punt muß Marella nicht lange nach Niki suchen. In warme Pelze gehüllt, machen die beiden Frauen lange Spaziergänge, trinken danach russischen Tee vorm Kamin, rezitieren Gedichte, erzählen sich ihr Leben und frischen ihre Freundschaft auf. Dabei spricht Niki de Saint Phalle auch über ihren schon jahrzehntealten Traum von einem Skulpturengarten unter südlicher Sonne, in dem riesige Figuren die Menschen erfreuen sollen. Sie selbst spricht von »einem Garten, der ein Dialog zwischen Skulptur und Natur sein sollte, ein Garten der Freude und der Phantasie«.[8]

Auslöser für diese Idee war in den fünfziger Jahren die Besichtigung des Parc Güell in Barcelona, den der katalanische Architekt Antoni Gaudí (1852–1926) Anfang des 20. Jahrhunderts gestaltet hat. Welch einzigartige Formensprache! Welche Harmonie der Farben! Niki de Saint Phalle reagiert euphorisch auf die phantasievollen Architekturen mit den weichen, geschwungenen Linien und die mit Mosaiken beklebten Oberflächen. Damals schon habe sie beschlossen, eines Tages mit einem Skulpturengarten den Beweis zu erbringen, daß auch »eine Frau im monumentalen Maßstab arbeiten kann«.[9]

Bislang aber fehlten das passende Grundstück und das Geld, um diesen Plan zu verwirklichen. Marella hat eine zündende Idee: Sie wird mit ihren Brüdern Nicola und Carlo sprechen, die in der Toskana den Grundbesitz ihres Vaters, des Fürsten Caracciolo, verwalten. Tatsächlich bieten die beiden der Künstlerin für ihr Projekt einen ausgedienten Steinbruch im südlichsten Zipfel der Toskana an. Schon nach der ersten Erkundung des Geländes in der Nähe des kleines Ortes Capalbio – etwa sechzig Kilometer südlich der Provinzhauptstadt Grosseto – ist sie begeistert von dem terrassenartigen, völlig überwucherten Grundstück. Umgekehrt reagieren Marellas Brüder enthusiastisch auf das erste Modell des Skulpturengartens, das Niki mitgeschleppt hat. Spontan räumen sie ihr das Nutzungsrecht für den ausgedienten Steinbruch ein.

Das Wunderbare der Natur

Beschwingt kehrt Niki in die Schweiz zurück. Jetzt kann sie auch wieder arbeiten. Mit ihrem Freund und Arbeitskollegen Rico Weber (1942–2004) sitzt sie über einem Zeichentrickfilm, dabei fällt ihnen ein Buch über das geheime Innenleben von Pflanzen in die Hände, in dem steht, daß Pflanzen auf Musik reagieren. Umgehend besorgen sie sich Amarylliszwiebeln und verteilen sie auf zwei Zimmer. Die einen, erzählt die Künstlerin, werden vernachlässigt, die anderen verhätschelt: »Jeden Morgen sprachen wir mit den Blumen und sagten ihnen, wie schön sie seien. Wir spielten ihnen Mozart vor, Bach und die Beatles. Das Resultat war überwältigend: Die umsorgten Blumen sprossen zweimal so schnell wie die isolierten und wurden viel schöner.«[10]

Das Unbewußte und die Träume, Psychologie, Astrologie und die Kräfte der Natur, die jenseits aller rationalen Erklärungen liegen – diese Themen beflügeln in dieser Zeit Nikis Phantasie. Immer wieder kehren ihre Gedanken zu dem geplanten Garten zurück, zu den Figuren, die ihn bewohnen sollen, und zu dem waldartigen Gelände des Steinbruchs, auf dem er entstehen wird. Gilt nicht der Wald von alters her als Wohnort der Götter? Gerade in der Mythologie des Mittelmeerraums sind die Wälder von guten Geistern beseelt – von Nymphen, die an Bäumen, an Quellen und Bächen wohnen, oder von Pan, der auf seiner Flöte spielt und die Nymphen verführt. Der Wald, ein spiritueller Ort, in dem andere Kräfte walten als in der Welt der Rationalität – das wird die Kulisse ihres Gartens in der Toskana sein.

In den Alpen ist es das ewige Eis, das für Niki magische Kräfte hat und sie in seinen Bann schlägt: Immer wieder wandert sie zu einem Gletscher, der etwa eine Stunde von ihrem Haus entfernt liegt. Welch vollkommene Stille! Dazu dieses unergründliche eisige Blau, das sie nicht losläßt. Das strahlende Weiß des unberührten Schnees. Das Glitzern der Eiskristalle. Die Sonnenstrahlen, die sich auf der scharfkantigen Eisoberfläche brechen. Sie verliebt sich in diesen Anblick. Sie wird süchtig nach dem Gletscher – will mit ihm verschmelzen.

Diese »Vermählung« phantasiert sie als ein Fest. Ein Kunstwerk, edel und würdig soll es sein. Sie würde sich warm anziehen und Make-up auflegen, bevor sie gegen Mitternacht zum Gletscher geht, um dort ihre letzte Mahlzeit einzunehmen – Schlaftabletten, Kaviar, dazu Champagner, Marke Dom Pérignon. Bis die Tabletten wirken, würde sie die Sterne betrachten und die vierte der *Duineser Elegien* lesen. Schließlich würde sie glückselig einschlafen und ihre Reise in die Unendlichkeit antreten. »Ich würde wunderschön aussehen, wenn sie mich am nächsten Morgen fänden.«[11] Doch es kommt nicht soweit. Zwei Tage vor dem feierlichen Ereignis wird sie mit einer Lungenentzündung ins Berner Krankenhaus eingeliefert.

Nach dem Krankenhausaufenthalt kehrt Niki noch einmal nach La Punt zurück. Wie immer, wenn sie sich von einem körperlichen Knockout erholt hat, beginnt sie, mit Schwung zu arbeiten. Dieses Mal konkret an den Plänen für ihren Skulpturengarten. Marella, die vermeiden will, daß Niki in der Einsamkeit der Berge möglicherweise wieder in irreale Welten abdriftet, stellt ihr einen jungen Dichter vor: Könnte Constantin Mulgrave ihr nicht bei den Studien der Mythologien und der Gottheiten fremder Völker helfen? Niki de Saint Phalle willigt sofort ein. Ihr gefällt der belesene, empfindsame junge Mann, und sie verliebt sich in ihn. Vier Jahre lang werden die beiden ein Paar sein. Die Beziehung zu dem zweiundzwanzig Jahre Jüngeren gibt der Künstlerin das Gefühl von jugendlicher Schaffenskraft zurück.

Die Große Arkana

Soisy-sur-École, 1977: Niki de Saint Phalle kehrt nach Frankreich in ihr Atelier zurück, entwirft die Figuren für den geplanten Garten und fertigt kleine Modelle an: Da steht unter anderem der »Turm zu Babel« neben der »Herrscherin« und der »Gerechtigkeit« auf dem Tisch – absichtslos hat sie drei Figuren aus dem Tarotkartenspiel geformt. Noch fehlt das übergeordnete Thema des Gartens, der rote Faden, der die in ihrer Phantasie entstehenden Figuren aneinanderbindet. Im richtigen Moment kommt die Künstlerfreundin Eva Aeppli (geb. 1925) ins Atelier, schaut sich die Modelle an und sagt: Tarot! Du mußt einen Tarotgarten bauen!

Ja, das ist es! Warum ist sie nicht selbst darauf gekommen? Seit Jahren liebt Niki de Saint Phalle das Tarot und legt sich oder Freunden die Karten. Es ist für sie mehr als ein Spiel – sie schätzt das Tarot als eine spirituelle Quelle. In welchen Bahnen, nach welchen Vorgaben verläuft unser Leben? »Sollte unser Leben ein Kartenspiel sein, so werden wir geboren, ohne die Regeln zu kennen«, überlegt sie. »Wir müssen uns mit den Karten in unserer Hand begnügen und das Spiel zu Ende spielen. Ist Tarot nichts weiter als ein Kartenspiel, oder steckt eine Philosophie dahinter? Ich bin überzeugt, daß diese Karten eine wichtige Botschaft enthalten.«[12]

Über den Ursprung des Tarots ist seit Jahrhunderten gerätselt worden. Wahrscheinlich enthielten die bildhaften Darstellungen verschlüsselte Botschaften, in denen altägyptische Priester ihr Geheimwissen weitergegeben haben. Möglicherweise hat sogar Moses die Bilder aus Ägypten nach Israel gebracht; das könnte erklären, warum die hebräische Kabbala Elemente des Tarot enthält. Darüber hinaus hat man Parallelen zu indisch-orientalischen Mythen gefunden, zur Freimaurerei, zur Alchimie und Astrologie. Oberflächlich betrachtet, stellen Figuren der Großen Arkana wie beispielsweise Narr, Herrscherin, Eremit, Tod und Teufel soziale Typen des Mittelalters, bekannte Metaphern oder ausgewählte Tugenden dar. Doch seit Jahrhunderten liest man die Karten als archetypische Bilder, in denen der Betrachter seine Lebenssituation, seine Erfahrungen und Gefühle erkennt.

Noch niemand hat diese Bilder in Skulpturen oder Architekturen übersetzt, und genau das wird Niki de Saint Phalle nun in ihrem Garten tun. Sie beschließt, die zweiundzwanzig Figuren der Großen Arkana aus ihrer ganz persönlichen Sicht als Frau und Künstlerin zu interpretieren, sie zu gestalten und in einen Dialog mit der Natur einzubauen. Intensiv setzt sie sich mit jeder einzelnen Tarotkarte von Nummer 0 bis XXI auseinander: Was hat der Narr, die Sonne oder die Hohepriesterin mit ihr, Niki de Saint Phalle, mit ihren Gefühlen, ihren Visionen und Träumen zu tun?

So heißt beispielsweise die XI. Tarotkarte »Die Stärke«. Meist wird sie durch den Kampf zwischen Mensch und Löwe dargestellt. Niki dagegen gestaltet ein Figurenensemble, das sie nicht ohne Hintersinn unter eine Eiche stellt, die als Symbol der Stärke gilt: Ein glitzernd grüner Drache mit gefletschten Zähnen, aber treuherzigem Blick läßt sich von einer zierlichen jungen Frau gehorsam an einer imaginären Leine führen. »Das Ungeheuer, das die Frau zu zähmen hat, lauert in ihrem Innern«, erläutert die Bildhauerin. »Sie muß ihre eigenen Dämonen bezwingen. In der Erfahrung dieser schweren Prüfung wird sie ihre eigene Stärke entdecken.«[13]

Zweifellos spiegelt sich darin Nikis Leben, die es immer wieder schafft, sich aus privaten und künstlerischen Krisen, aus Krankheit und Depressionen zu retten, um dann neu durchzustarten. »Dem Tarot verdanke ich ein besseres Verständnis der Welt und der Probleme im Leben«, schreibt sie rückblickend.[14] Auch die Magie gehört zu Niki de Saint Phalles spirituellem Leben – als Teil des Spannungsfeldes zwischen Mensch und Natur. Die Erinnerung an die suggestive Kraft des Gletschers ist noch lebendig. Fest glaubt sie an die schicksalbestimmende Macht der Gestirne, an magische Pflanzen und heilende Wasser, an Bäume, die von Göttern bewohnt sind, heilige Wälder und geheimnisvolle Grotten. In die-

Das Figurenensemble »Die Stärke«

sem Sinne bezieht sie sich ganz ausdrücklich auf die Tradition der phantastischen Gärten des italienischen Manierismus im 16. Jahrhundert, eine Zeit übrigens, in der die Tarotkarten in italienischen Fürstenhäusern außerordentlich beliebt waren. Der außergewöhnlichste dieser Renaissancegärten ist zwischen 1550 und 1580, etwa eineinhalb Autostunden vom »Giardino dei Tarocchi« entfernt, entstanden.

Der »Heilige Hain« von Bomarzo

Im Park der Monster, Herbst 2005: Wer den »Bosco Sacro« in Bomarzo, den »Heiligen Hain« von Bomarzo, besucht, muß bereit sein, den Kampf mit den (inneren) Dämonen aufzunehmen, denn schaurig-schön lauern sie überall an diesem spirituellen Ort, an dem andere Kräfte walten als außerhalb, in der Welt der Rationalität. »Ihr, die ihr sehnsüchtig auf Weltreisen umherirrt, um große und staunenswerte Wunder zu sehen, kommt her, wo es schaurige Gesichter gibt, Elefanten, Löwen, Bären, Orken und Drachen.«[15] So empfängt der Schöpfer des Gartens, der Herzog von Orsini (1513–1584), bis heute die Besucher des Skulpturenparks bei Viterbo, der im Volksmund »Park der Monster« genannt wird.

Dieses phantastische Gartenreich mit seltsamen überdimensional großen Steinskulpturen liegt in einem dicht bewaldeten Tal zu Füßen der wehrhaften Burg der Orsinis und hat der Nachwelt viele Rätsel aufgegeben: Im Schatten der Bäume begegnen uns exotische Tiere und Fabelwesen, Nymphen und Riesen, Ungeheuer und schaurige Fratzen, die die Steinmetzen in die Felsen gehauen haben. Scheinbar ohne eine Ordnung tauchen die Monster plötzlich im geheimnisvollen Halbdunkel auf. Wo die Sonne durch das Blätterdach dringt, flirrt Licht und Schatten auf den bemoosten Riesenleibern. Aus dem Maul einer Schildkröte stürzt Wasser in einen Abgrund; Herkules, der Gigant, zerreißt eine Frauengestalt; und ein Turm lehnt so schief an einem Felsen, als habe ihn ein Erdbeben aus seinem Fundament gerissen. Tritt man ein, wird man schwindelig, gerät aus dem Gleichgewicht und wankt, als habe

»Orcus«, der König der Unterwelt,
im rätselhaften Gartenreich von Bomarzo

man zuviel getrunken: Mit einer optischen Täuschung gelingt die
Verwirrung der Sinne.

Was hat das alles zu bedeuten? Was hat ein Kriegselefant, der
einen Legionär tötet, hier zu suchen? Warum wird der erschreckte
Drache von Hund und Wolf angegriffen? Man weiß, Orsini ver-
achtete die kirchliche Morallehre, feierte die Sinnlichkeit und
suchte sexuelle Ausschweifungen. Gegen die Vergänglichkeit alles
Irdischen beschwor er die Gottheiten der Antike und setzte auf
die spirituelle Bedeutung mythologischer Gestalten. Alle Welt rät-
selt, ob die Ungeheuer – die guten wie die bösen – Ausgeburten
der erotischen Phantasien ihres gelehrten Schöpfers sind oder seiner Alpträume? Sind es die Visionen eines Melancholikers, eines
Zweiflers oder eines aufsässigen Menschen, der – wie der Herzog –
der Kirche den Rücken gekehrt hat? Spiegeln sie seine Todesangst
oder seine Todessehnsucht wider?

Welch einen Anblick bietet der riesige Kopf, der in einem Entsetzensschrei versteinert ist! Viele nennen ihn den Menschenfresser, doch er ist eine Abwandlung von »Orcus«, dem König der Unterwelt, der hier den Schlund aufreißt: der Eingang zur Hölle! Je mehr Pflanzen den Kopf umschlingen, desto wilder sieht er aus. Steigt man trotzdem die Treppen empor und wagt sich hinein, steht man in einer bewohnbaren Höhle. Tisch und Bank aus Stein erinnern an verschwiegene Gelage und verbotene Lüste – in der dunkelfeuchten Grotte des Höllenschlunds begegnen sich Tod und Leben, die untrennbar miteinander verbunden sind.

Unübersehbar ist die Ähnlichkeit mit dem Kopf der »Hohenpriesterin« in Nikis Tarotgarten: Auch sie hat das aufgerissene Maul mit den wulstigen Lippen, die leeren Augenhöhlen, und man kann sie betreten. Durch eine versteckte Tür gelangt man in ihren Kopf und steht in einer dunklen Grotte, in der murmelnd die Quelle entspringt, die sich dann aus dem Schlund über die Treppe in das Bassin ergießt. »Die Hohepriesterin«, schreibt ihre Schöpferin, »ist Hüterin der weiblichen Macht der Intuition, die einer der Schlüssel zur Weisheit ist. Sie stellt das unbewußte Irrationale mit all dessen Potential dar.«[16]

Ausdrücklich hat Niki ihre »Hohepriesterin« eine Hommage an den »Sacro Bosco« von Bomarzo genannt. Gleichzeitig hat sie mit der Grotte und der darin entspringenden Quelle ein Motiv aufgegriffen, das in keinem italienischen Renaissancegarten fehlen darf. Als Zeichen aristokratischer Kultur und fürstlicher Gartenlust sind diese kühlen Orte häufig kunstvoll ausgestaltet – mit Kristallen und Glasfluß, mit Muscheln und Schneckenhäusern, Korallen oder Kieseln oder wie bei Niki mit Spiegeln und Glasmosaiken. Immer wieder treffen wir im Tarotgarten auf Figuren mit solchen Grotten in ihrem Inneren. Man kann darin verweilen, meditieren oder aber den Blick nach außen richten. Höhlen haben immer schon den Menschen als Wohn- und Kultstätten gedient. Aber auch Drachen und Schlangen, gute und schlechte Geister hausen darin. Sie sind Orte des Zauberhaften und begegnen uns in Märchen, Sagen und Mythen. Was also sind im Tarotgarten die vielen begehbaren Räume in den Figuren anderes als Höhlen,

»Die Hohepriesterin« ist eine Hommage an den Garten von Bomarzo

die mit ihrem fremdartigen Reiz eine starke imaginative Wirkung haben?

Neben Bomarzo gibt es eine Reihe anderer italienischer Gärten, die Niki de Saint Phalle während der Vorbereitungsphase ihres Skulpturenparks besucht hat: Im Park der »Villa d'Este« in Tivoli bei Rom haben sie die Wasserspiele interessiert; offenkundig hat sie sich auch von dem perfekten Renaissancegarten der nahe gelegenen »Villa Lante« inspirieren lassen: Die Grotte, in der die Quelle entspringt, das sanft murmelnde Fließen des Wassers über eine Treppenanlage und zum Abschluß die kräftige Eruption des nassen Elements aus der ruhigen Fläche des Bassins – entfernt erinnert das an Niki de Saint Phalles eindrucksvolle Gestaltung der Eingangssituation im großen Tarottheater.

Insgesamt hat es drei Jahre gedauert, bis die vielfältigen Vorarbeiten für den Tarotgarten abgeschlossen sind. Niki de Saint Phalle ist zwar bereits eine bekannte und international anerkannte Künstlerin, trotzdem treibt es sie – wie schon so häufig in ihrer Karriere – zu etwas ganz Neuem. Künstlerisch und finanziell hat sie sich dieses Mal eine Mammutaufgabe gestellt! Kurz vor ihrem fünfzigsten Geburtstag kann der Bau des »Giardino dei Tarocchi«, »das größte Abenteuer« ihres Lebens, beginnen.[17]

Die Schweizer kommen!

Im Steinbruch von Capalbio, 1979: Das »All Star Swiss Team« rückt an, um die Fundamente und die Drahtskelette für die riesigen Skulpturen des Tarotgartens zu bauen. Die Männer kommen aus der Schweiz und sind ein eingespieltes Team: Jean Tinguely, Rico Weber und Seppi Imhoff. Für die Umsetzung der kleinen Modelle in die Originalgröße ist Tinguelys Genie gefragt. Nur er hat dieses Gespür für Proportionen wie ein mittelalterlicher Baumeister. Er berechnet nicht, er zeichnet nicht – er baut nach Augenmaß: Er nimmt ein kleines Modell, betrachtet es ausgiebig und kann es spielend in das größere Format übersetzen: »Dann hörten wir ihn schreien, während er in den Himmel zeigte: ›Seppi, schweiß da!‹«[18]

Bizarre Gebilde wachsen aus den Büschen empor, kolossale Drahtskelette ragen in den Himmel, in denen die Menschen wie dunkle Schatten auf- und absteigen. »Alle Armierungen der Monumentalskulpturen wurden durch die Muskelkraft der Arbeitsequipe aus Eisenstücken geformt und zusammengeschweißt.«[19] Ugo, der örtliche Briefträger, baut zunächst die Wege, schließlich befestigt er eine Haut aus Hühnerdraht auf den Drahtskeletten, damit der Zement besser haften bleibt. Zum Zementspritzen muß einer der Männer in einen eisernen Korb klettern, der an einem Kran hängt und in luftiger Höhe vor- und zurückbewegt wird. Absolut schwindelfrei muß derjenige sein, der den Figuren Schicht auf Schicht eine stabile Außenhaut verpaßt, die den Monstern zu-

Drahtgestelle bilden den Kern der Skulpturen

nächst ein düsteres, melancholisches Aussehen gibt. Doch das wird die Töpferin Venera Finocchiaro mit ihren Assistentinnen bald ändern, denn vor Nikis innerem Auge leuchtet der Tarotgarten in Farben so bunt wie in einem Kaleidoskop.

Die Verzierung der Oberflächen mit Keramikkacheln und Mosaiken ist eine unvorstellbare Sisyphosarbeit. Unzählige Kacheln werden am Objekt geformt, bemalt, gebrannt und dann angebracht. Milliarden Mosaikteilchen müssen geschnitten und geklebt werden. Der Postbote Ugo entwickelt sich zum wahren Spiegel- und Keramikfan und darf die Figuren bekleben.

Je mehr der Steinbruch zur Großbaustelle wird, desto größer wird das Team. Elektriker, Maurer und Bauernsöhne aus der Umgebung müssen angeleitet werden. Die bodenständigen Männer und die exzentrische Künstlerin, sie müssen sich erst aneinander gewöhnen. Viele können sich das Lästern über diese verrückte Frau mit ihren aberwitzigen Ideen und den wilden Kopfbedeckungen zunächst nicht verkneifen. »Um das Machoproblem zu umgehen, wurde ich instinktiv die Mutter. Italiener sind daran gewöhnt, von der Mutter Befehle zu erhalten. Ich kochte Kaffee für sie und Tee für mich. Wir machten unsere Frühstückspause im Bauch der Sphinx.«[20] Erst allmählich entwickelt sich eine Atmosphäre, in der die Fertigstellung des Gartens zum gemeinsamen Ziel wird.

Da die Bauherrin in der Sphinx wohnen und arbeiten will, werden in deren Innerem Wasseranschlüsse und Elektrizität verlegt. Trotzdem ist das Wohnen in der Sphinx äußerst primitiv. Kochen auf einem kleinen Gaskocher, die Lebensmittel in einem Erdloch aufbewahrt. Myriaden von Insekten stürzen sich nachts »wie kleine grüne Teufel« auf die Schlafende: »Ich verbrachte Stunden mit dem Versuch, sie mit einem Buch oder einem Schuh totzuschlagen.« Eine Freundin reist entsetzt ab, läßt ihr aber das Geld da, um Fliegengitter zu kaufen; ein Jahr später besorgt sie einen Ventilator, um die Sommerhitze in der Sphinx erträglich zu machen.

Niki lebt asketisch wie ein Mönch mit einer starken Neigung zur Selbstkasteiung, denn als sie von einer extrem schmerzhaften rheumatischen Arthritis heimgesucht wird, weigert sie sich aus unerfindlichen Gründen zwei Jahre lang, einen Arzt aufzusuchen. Der Anfall ist so schwer, daß sie kaum laufen oder ihre Hände bewegen kann. Die Männer müssen sie auf dem Gelände tragen. »Ich wollte den Schmerz erobern. Ich nahm noch nicht einmal Aspirin. Ich war überzeugt, daß ich mich allein durch meine Willenskraft kurieren könne. Die Erfahrung des Schmerzes wurde sehr wichtig. Ich wollte diese unerträglichen Schmerzen besiegen, ich wollte stärker sein, stärker als der Tod.«[21] Eines Tages aber findet sie sich im Krankenhaus wieder. Sie wird mit starken Medikamenten behandelt, die sie von nun an ständig einnehmen muß.

Trotz aller Beschwernisse arbeitet Niki de Saint Phalle wie besessen. Sie nimmt zahlreiche Aufträge an, um den Garten überhaupt finanzieren zu können. Die im voraus kaum zu kalkulierenden Kosten steigen in gigantische Höhen. Da Niki sich aber

Die Kunst verbindet Niki de Saint Phalle und Jean Tinguely

in den Kopf gesetzt hat, ihren Tarotgarten selbst zu finanzieren, um alle Freiheiten der Welt zu haben, muß sie mit Erfindungsreichtum immer neue Geldquellen auftun. Sie entwirft Möbel, Lampen und Vasen; eine Galerie vertreibt Modelle der Tarotskulpturen; für die Peter-Stuyvesant-Stiftung bemalt sie ein Flugzeug, sie bietet die Neuauflage ihrer Schmuckserie an, und schließlich kreiert sie ein Parfüm, das sich vor allem in den Vereinigten Staaten als Verkaufsschlager erweist. Der Duft, sagt sie, habe ein Drittel der gesamten Baukosten des Gartens von vier bis fünf Millionen Dollar finanziert.

Wenn es hart auf hart kommt und sie nicht mehr weiß, wie sie ihre Arbeiter bezahlen soll, erweisen sich Freunde als rettende Engel, vor allem aber Jean Tinguely, der ihre Werke dann zu Galeriepreisen kauft. 1982 setzt er durch, daß der »Strawinsky-Brunnen«, der im Auftrag des französischen Staates neben dem Centre Pompidou entstehen soll, ein Gemeinschaftswerk des Künstler-

paares wird, und wie immer, wenn Jean und Niki zusammen-
arbeiten, entsteht Verrücktes, das den Menschen Vergnügen macht.
Mehrmals muß sie jetzt die Arbeit in der Toskana unterbrechen,
doch der Tarotgarten verfolgt sie bis nach Paris. Hier arbeitet sie an
den kleineren Polyesterskulpturen des Gartens, die in Paris gegos-
sen und mit Glasmosaik aus Murano, der Tschechoslowakei und
Frankreich verkleidet werden.

Mehr als fünfzehn Jahre baut sie »voller Ergebenheit«[22] an ihrem
Garten. Durch nichts läßt sie sich abschrecken. Nur wer »wilde
Begeisterung, Besessenheit und vor allem Glauben« verspürt, kann
solch ein grenzenloses Unterfangen beginnen. Niki de Saint Phalle
hat es gewagt und mit dem »Giardino dei Tarocchi« ihr Lebenswerk geschaffen. In diesen Garten hat sie die Summe ihrer künstlerischen und menschlichen Erfahrungen einfließen lassen, und
dabei ist ein Kunstwerk entstanden, das keiner geläufigen Theorie
der Gartenkunst zuzuordnen ist.

Erkundungen im Zaubergarten

Zurück in den »Giardino dei Tarocchi«, Oktober 2005: Es fällt
schwer, sich von dem phantastischen Eingangsbild des Gartens los-
zureißen. Doch stehen wir erst am Anfang unserer Tour, und es
gibt noch viel zu entdecken, denn Niki de Saint Phalles »Magic
Box« sind viel mehr Gestalten entstiegen, als man auf den ersten
Blick wahrnimmt. Unmerklich führt ihr Zauberstab Regie, wenn
sich der Besucher nach rechts wendet, um durch das hohe, glän-
zend-blaue Sonnentor seinen Spaziergang fortzusetzen. Obendrauf
breitet ein Riesenvogel, der einer indianischen Legende entflogen
zu sein scheint, seine Flügel aus. Mit einem goldenen Strahlen-
kranz um den Kopf ist er das Licht und verkörpert die »Sonne«, die
mitten auf seinem Körper prangt.

Nach einigen Schritten müssen wir uns entscheiden, ob wir
dem linken Pfad weiter bergauf oder dem rechten bergab folgen
wollen. Links führt der »Pfad der Wunder« vorbei am eigenartigen
Kopf des »Hohenpriesters«, der zwischen zwei Silbersäulen aufge-

hängt ist und eine Plattform in der Balance hält, auf der zwei Kinder ein dreifaches Kreuz hochhalten. Daneben gibt ein seltsamer vielköpfiger Schlangenbaum Rätsel auf: Die kleinen Zeichnungen und Inschriften – auf der einen Seite fröhlich bunt, auf der anderen eher farblos – kann man nur aus der Nähe entziffern. Im Innern baumelt kopfüber die mehrdeutige Figur des »Hängenden«, der die Welt verkehrtherum betrachtet. Dahinter ragt »Die Gerechtigkeit« auf – eine strenge Nana in schwarzweißgestreiftem Kleid, die ihre großen Brüste wie die Waagschalen der Justitia in den Händen hält. In ihrem Innern rattert und quietscht es: Auch Justitia ist bewohnt – von einer Tinguely-Maschine hinter Gittern, die uns die Kehrseite der Gerechtigkeit zeigt: Folter, Mord und Kettenhaft.

Je höher man den Hang hinaufsteigt, desto weiter und freier wird der Blick auf die toskanische Landschaft. Auf gewundenen Wegen, die jede scharfe Kurve vermeiden und trotzdem zahlreiche optische Überraschungen parat halten, erreichen wir das »Obere Wäldchen«, das locker mit heimischen Bäumen wie Stecheichen *(Quercus ilex)*, Flaumeichen *(Quercus pubescens)* und Olivenbäumen *(Olea europaea)* bepflanzt ist. Doch was hat ein Apfelbaum hier zu suchen, außer daß er im Frühjahr einen blühenden Akzent auf einer kleinen Lichtung setzt? Darunter lagern ganz entspannt die »Liebenden« – ein Paar, das vergnügt ein Glas Wein trinkt. Ganz so harmlos ist die Situation aber nicht, denn geht man um die vergleichsweise kleine Skulptur herum, liegt da ein angebissener Apfel, und eine angriffslustig lauernde Schlange windet sich hinter dem Rücken der beiden. Adam und Eva im Paradiesgarten.

Doch das erste Paar auf der Welt hat sich verführen lassen und wißbegierig die verbotene Frucht gepflückt. Niki de Saint Phalle nennt die Karte »Die Wahl«. Haben Adam und Eva tatsächlich die falsche Wahl getroffen, oder haben sie genau das Richtige getan, um sich selber näherzukommen? In dieser Interpretation der »Liebenden« bleibt offen, ob sie das Paradies überhaupt verlassen müssen.

Imposant wirkt daneben das Reich des »Herrschers«. Er verkörpert das männliche Prinzip mit all seinen guten und schlechten Eigenschaften. Neben der turmbewehrten Burg und einer phallischen Rakete gehört zu seinem Reich auch ein dem sinnlichen Vergnügen gewidmeter, maurisch anmutender Hofgarten: Im gepflasterten runden Patio wachsen als Symbol des Friedens zwei Olivenbäume; daneben plätschert ein Brunnen, in dem vier kleine bunte Nanas vergnügt planschen. Das Wasser spritzt in feinem Strahl aus ihren Brüsten – ein ausgelassener Badespaß der Haremsdamen?

Dieser friedlich-heitere Ort ist von einer schützenden Mauer umgeben und von Arkaden, die Antoni Gaudís Säulengänge im Parc Güell in Erinnerung rufen. Der Katalane hat das Mosaik aus bunt glasierter Keramik in die europäische Gartengestaltung eingeführt, wobei ihm die farbenfrohen maurischen Gärten Andalusiens als Vorbilder zur Verfügung standen. Niki de Saint Phalle hat diese Kunst in ihrem Tarotgarten weiterentwickelt und farblich zu einem Fortissimo gesteigert. Zwar gibt es noch die bunt bemalten Polyesterfiguren, doch das optisch beherrschende Element sind die schillernden und flirrenden, überbordend vielfältigen Glas-, Spiegel- und Keramikmosaiken.

Die Phantasie der Schöpferin scheint keine Grenzen zu kennen. Der Arkadengang offenbart die Vielfalt des Möglichen und die Detailbesessenheit der Künstlerin. Ein absoluter Augenschmaus! Keine der zweiundzwanzig Säulen gleicht der anderen, immer wieder kann man Neues entdecken. Auf einer ihrer Lieblingssäulen erinnern weiße Totenmasken an den mexikanischen Totenkult; hier kleben Mosaiksteinchen wie bunte Bonbons an einer Säule; dort ist eine andere mit gebogenen roten Hörnchen verziert, die jeder berühren will in der Hoffnung, das könne ihm Glück bringen. An anderer Stelle hat Niki ihren größten Horror auf eine Säule gebannt – schwarze Spinnen und anderes Krabbelgetier, die ihr das Leben im Tarotgarten manches Mal vergällt haben. »Es ist verrückt«, sagt sie, »ich mache mich an die Herkulesarbeit dieses Gartens, aber die kleinste Spinne läßt mich aufschreien.«[23]

Im Schatten der Arkaden zu sitzen, das Kaleidoskop an Farben und Formen zu betrachten, ist ein sinnlicher Genuß. Das optische Feuerwerk macht die Gedanken leicht. Das leise Plätschern des

Wassers wirkt beruhigend, und erstürmte nicht gerade eine Schulklasse das Terrain, könnte ich im Schatten der Arkaden ein erquickendes Nickerchen machen und Vergnügliches dabei träumen. Aufgescheucht von den ausgelassenen Schulkindern, die den Tarotgarten als eine Art Abenteuerspielplatz erleben, setzen wir unseren Weg fort.

Wohnen in der Herrscherin

Vor dem Eingang zur »Herrscherin« sieht man noch die Reste einer Weinlaube, wo Niki und ihr »All Star Swiss Team« nach getaner Arbeit vermutlich ihren Wein geschlürft haben. Im Leib der Sphinx tut sich ein ganz mit Spiegelmosaik ausgekleideter Raum auf – eine Höhle, in der es keine gerade Linie und keinen rechten Winkel gibt. In einer Brust ist die Einbauküche, in der anderen Nikis spartanisches Schlafzimmer, dazwischen liegt das Bad, in dem das Wasser der Dusche aus dem roten Maul einer blauen Schlange spritzt.

Hell ist es in dieser Wohnhöhle, denn Millionen winziger Spiegelstücke reflektieren das Sonnenlicht, das durch runde Fenster einfällt. Rundherum glitzert und funkelt es, denn die Sonnenstrahlen werden in den Spiegeln gebrochen. Das eigene Spiegelbild wird vielfach zerstückelt reflektiert. Da aber auch jede Bewegung mehrfach widergespiegelt wird, geraten die Wände in Bewegung. Je mehr Menschen im Raum sind, desto irritierender sind die bewegten Bilder an der Wand.

Schaut man hinaus, steht da »Der Mond«, eine ihrer durchsichtigen Luftfiguren, die sie die »Skinnies«, die Dünnen, nennt. In ihnen nimmt Luft Gestalt an, der Stoff, der für Nikis (Über-)Leben immer wichtiger wird. Zwei gefleckte Hunde, ein roter Krebs und obendrauf die silberne Mondsichel mit einem weiblichen Profil. Das Mondgesicht, Sinnbild für unsere Gefühls- und Traumwelten, besteht aus einem die Umrisse festlegenden Rahmen. Ansonsten ist der Kopf licht- und luftdurchlässig. Nichts ist festgelegt, alles ist in Bewegung. Werden die Skinnies draußen aufgestellt, nehmen sie den Himmel, die Sonne, die Pflanzen oder eine ganze Landschaft in sich auf. So kann man durch den Mond weit in die toskanische Ebene schauen, bis dahin, wo der Horizont mit dem Meer zu verschmelzen scheint.

Mein Lieblingsplatz liegt noch eine Etage höher, auf der Terrasse unter dem nachtblauen Haarschopf der »Herrscherin«. Auch hier hat man das Gefühl, in einer Höhle geborgen zu sein. Über mir kleine Mosaiksterne und -monde, throne ich auf einer knallgrün funkelnden Bank und schaue zwischen den Haarsträhnen in die weite Ebene, auf der sich Felder und Weiden erstrecken. Man lauscht in die Landschaft hinein. Grillen zirpen. Irgendwo fährt ein Trecker. Scharf heben sich in der Ferne die schwarzen Kegel einer Zypressenallee gegen den blauen Himmel ab. Gen Süden erkennt man am Horizont ein Kernkraftwerk, das aufgrund heftiger Bürgerproteste gar nicht erst fertiggebaut worden ist. Niki war überglücklich darüber. Hat die erhobene Hand des Magiers den Baustopp bewirkt? Für Niki de Saint Phalle bloß eine rhetorische Frage, denn »wer die Ereignisse allein verstandesmäßig oder logisch erklären will, bleibt an der Oberfläche der Dinge, ohne in die Tiefe der instinktiven Vision einzudringen«.[24]

Pflanzen im Zaubergarten

Vor der Sphinx blüht eine einsame rote Rose, die einzige Blume, die ich entdeckt habe. Das soll im Frühjahr anders sein, wenn Orchideen oder Wildblumen wie Klatschmohn *(Papaver rhoeas)* und Affodill *(Asphodelus microcarpus)* auf den Lichtungen erblühen. Jetzt im Oktober blüht der Rosmarin *(Rosmarinus officinalis)* aufs prächtigste, und *Osmanthus fragrans*, die Duftblüte, hat die unscheinbaren cremeweißen Blüten geöffnet, die so betörend riechen, als wollten sie ihre Winzigkeit mit der Intensität ihres Duftes wettmachen.

Pflanzen, die nicht schon im Steinbruch von Capalbio vorhanden waren oder sich später spontan angesiedelt haben, hat Nikis erster Ehemann, Harry Mathews, in alter Verbundenheit spendiert.

»Der Tod« kommt in Gestalt einer Frau

Bis auf ganz wenige Ausnahmen kommt es nirgends im Garten auf die Wirkung der einzelnen Pflanze an. Was zählt, ist das Zusammenspiel von Pflanzen und Skulpturen. Kunst und Natur sollen eine Verbindung eingehen: »Es ist wunderbar, wie die Spiegel die Bäume, die Natur reflektieren. Die Spiegel geben jedes Blatt und jeden Lichtwechsel wieder. Alles ist in magischer Bewegung.«[25]

Der obere Teil des Gartens gleicht einem Wald mit lockerem Baumbestand. Oft rahmt das monochrome Blattwerk die knallbunten Monster ein und trennt, was sonst allzu bunt aufeinanderstoßen würde. Weiter unten, im »kleinen Wäldchen«, stehen vor allem mediterrane Sträucher, die früh im Jahr blühen: Cistrosen *(Cistus spec.)*, Mastixstrauch *(Pistacia lentiscus)*, Erdbeerbaum *(Arbutus unedo)*, Ginster *(Spartium junceum)*, Lavendel und Rosmarin.

Wie in den meisten Bereichen des Tarotgartens hat es auch hier den Anschein, als habe der Mensch weder gestaltend noch ordnend in die Natur eingegriffen. Aber kann es Zufall sein, daß neben dem »Teufel«, der angeblich doch nach Pech und Schwefel stinkt, der am verführerischsten duftende Busch des Gartens wächst?

Das Reich des Teufels ist ein kleines halbrundes Gartenkabinett. Ganz in der Nähe wartet »Der Tod«, er hat im Tarotgarten einen eindrucksvollen Auftritt: Auf einem hohen silbernen Sockel, in dem sich die Welt verkehrtherum spiegelt, reitet der Tod in Gestalt einer Frau und schwingt die Sense. Blickte uns nicht ein Totenschädel an, so könnte man die vollbusige Sensenfrau im bunten Body mit goldglänzender Haut für höchst lebendig halten. Leben und Tod – für Niki de Saint Phalle ist beides untrennbar miteinander verbunden. Der Tod hat sie immer begleitet. »Der Tod ist das große Geheimnis des Lebens«, schreibt sie. »Die Karte des Todes ist die Karte der Erneuerung.«[26]

Vorbei an »Tod« und »Teufel« endet unser Rundgang mit der »Welt«. Eine Tinguely-Maschine setzt ein goldenes Ei in Bewegung, auf dem eine blaue Nana graziös auf einem Bein balanciert, während das Ei sich langsam dreht. Locker hat sie ein silbernes Tuch umgelegt, eine bunte Schlange umschlingt das Ei und ihr Standbein. »Die Welt« ist die letzte Karte der Großen Arkana: Wir sind am Ziel. Folgen wir dem Geist des Tarots, haben wir jetzt die Suche nach unserem Selbst beendet, die mit dem »Narren« begonnen hat, der uns gleich am Anfang als Wanderer im Bassin begegnet ist. »Ich sehe mich selbst in der Rolle des Narren«, sagt die Künstlerin. »Der Narr läuft herum, die Nase in der Luft auf der Suche nach seiner geistigen Identität. Das tat ich auch, als ich diesen Garten baute.«[27] Der Weg des Narren ist nicht ungefährlich: Widerstrebende Emotionen, gute und schlechte Eigenschaften, maßlose Wünsche, Begierden und Ängste gilt es zu meistern. Die Figur der »Welt« zu treffen heißt, seinen Platz im Leben gefunden zu haben, bei sich angekommen zu sein.

»La Grotte« – ein Satellit des Tarotgartens

Hannover, Anfang der neunziger Jahre. Die Stadt hat ein Problem: Die Grotte im Herrenhäuser Park befindet sich in einem desaströsen Zustand, innen wie außen. Alles kaputt und in Auflösung begriffen. Wenn nicht bald etwas passiert, dann ist dieses dreihundert Jahre alte ehemalige Schmuckstück des barocken Parks für immer verloren.

Etwa zur gleichen Zeit geht ein junger Landschaftsarchitekt, der mehrere Jahre in der Toskana gelebt und seine Diplomarbeit über den Tarotgarten geschrieben hat, auf Vortragsreise. In Hannover hört ihm Ronald Clark zu, und der engagierte Denkmalpfleger kann sich gar nicht sattsehen an der Schönheit dieses bunten Skulpturengartens. Nach dem optischen Feuerwerk der Diaschau braut sich in Clarks Kopf etwas zusammen[28]: Wie wäre es, wenn Niki de Saint Phalle, die ja offensichtlich ein Faible für Höhlen und Grotten hat, die Grotte im Herrenhäuser Park neu gestalten würde? Gibt es nicht durch die Nanas eine besondere Beziehung zwischen der Künstlerin und Hannover? Und hat sie nicht sogar eine ihrer Figuren am Leineufer nach der Kurfürstin Sophie benannt, der Schöpferin des Herrenhäuser Parks? Die einen erklären Clark für verrückt, andere ermuntern ihn, und schließlich greift Mike Gehrke, der die erste Nana-Ausstellung in Hannover organisiert hat, zum Telephon, um die Künstlerin in den USA anzurufen.

Niki de Saint Phalle ist 1994 nach Südkalifornien umgesiedelt, wo ihr das milde Klima und die Seeluft gut bekommen. Schon seit geraumer Zeit weiß sie, daß ein Lungenemphysem ihre Atmung unumkehrbar immer weiter einschränken wird. Jede körperliche Anstrengung führt zu quälender Atemnot; ein Sauerstoffgerät muß ständig zur Hand sein. Jetzt wohnt sie bei San Diego, und in der sauerstoffreichen Pazifikluft kann sie sogar wieder am Strand spazierengehen.

Fast zwanzig Jahre ist es her, daß sie sich im Engadin gewünscht hatte, leicht wie ein Vogel durch die Lüfte fliegen zu können. In Kalifornien wagt sie das Drachenfliegen und schwebt von einem

Berg wie mit Riesenschwingen in die Tiefe. In »Seaworld«, einem riesigen Aquarium, in dem Shamu, der dressierte Killerwal, Kunststücke vorführt, findet sie neue Motive. Ununterbrochen arbeitet sie, als laufe ihr die Zeit davon. Nicht mehr oft kann sie die weite Reise nach Europa unternehmen, um ihren Tarotgarten zu besuchen. Dort zu leben ist für sie viel zu anstrengend geworden. Trotzdem schreckt sie vor neuen Projekten nicht zurück. Und als das Telephon klingelt und sie – siebzehn Jahre nach ihrer ersten Begegnung – Gehrke aus Hannover am Telephon hat, hört sie ihm aufmerksam zu.

Eine alte Grotte in ein neues Gewand zu kleiden – Niki ist angetan von dieser Idee. Da keiner weiß, wie das Gewölbe ursprünglich innen ausgesehen hat, kann sie ihrer Phantasie freien Lauf lassen. 1997 kommen ihre Mitarbeiter nach Hannover zur Ortsbesichtigung, und sie erhält den Auftrag, ein Konzept zu entwickeln. Ein paar Monate später sieht man in Hannover lange Gesichter: Der erste Entwurf ist enttäuschend, aber wie sagt man's der »großen Meisterin«? Niki zeigt sich kooperativ, denn ihr liegt an dem Auftrag. Als schließlich der dritte Entwurf alle begeistert, reist die Künstlerin persönlich nach Hannover, um ihre Vorstellungen in der Öffentlichkeit zu präsentieren!

Nun müssen Sponsoren gefunden werden. Außerdem sind diejenigen gefragt, die sich um die technische Umsetzung des Projekts und die Sanierung der Bausubstanz zu kümmern haben. Alles läuft prima, bis die Denkmalbehörde plötzlich einen Baustopp verhängt, weil die zwei Meter dicken Wände fast durchgehend naß sind. Das Vorhaben droht zu scheitern, denn es hätte Jahre gedauert, die Wände der drei Räume mit konventionellen Mitteln zu trocknen. Mutig entscheidet man sich für ein neuartiges, noch wenig erprobtes Verfahren mit Mikrowellen – und es funktioniert! Nur zwei Monate pro Raum brauchen die elektromagnetischen Wellen, um die Feuchtigkeit in den Wänden auf ein verträgliches Maß zu reduzieren.

Danach läuft alles weiter wie am Schnürchen: Ein glasfaserverstärkter Kunststoff wird auf die Wände gespritzt, in transportable Platten geschnitten, wieder abgenommen und nach Frankreich transportiert, um im Atelier von Pierre Marie Lejeune (geb. 1954), Nikis Assistenten, nach ihren Entwürfen mit Mosaiken beklebt zu werden. Sie selbst formt und bemalt die Polyesterfiguren für die Grotte.

Wenn man aus dem Park mit seinen strengen Geraden und geometrischen Formen kommt, ist die Tür zur Grotte der Eingang in eine ganz andere Sphäre: Geheimnis, Traum, Vision und Wunder – im Inneren der Grotte gelten andere Gesetze als draußen im Garten. Im ersten, dem »Raum der Spiritualität«, taucht man in eine glänzende Welt warmer Farben ein – Rot, Gelb und Gold dominieren, dazu kommen die Braun- und Ockertöne von Flußkieseln, die Niki in Kalifornien als neuen Werkstoff für ihre Mosaiken entdeckt hat. Alles schwebt und fließt, denn es gibt keine gerade Linie, vielmehr laufen weiche, wellenförmige Bänder an den Wänden des Gewölbes entlang.

Dagegen wirkt der silberne Saal nebenan eher kühl: »Tag und Leben« ist hier das Motto. Beherrschend sind die funkelnden Spiegelmosaiken an den Wänden, aus denen reliefartig farbige Polyesterfiguren herauswachsen: Schlangen, Spinnen und Vögel, Münder, ein Gesicht mit drei Augen und eine schwarze Nana – in dieser Grotte hat Niki noch einmal ihre »Magic Box« geöffnet und die vertrauten Figuren in die Freiheit entlassen. In Kalifornien dazugekommen ist Orca, der Killerwal. »In diesen Räumen hat Niki ihr ganzes Leben noch einmal durchdekliniert; sie sind eine Zusammenfassung ihres gesamten Werkes«, sagt Clark und schildert eindrücklich, wie die Spiegel bei einer bestimmen Außentemperatur beschlagen und der Silbersaal zu einem Eispalast wird.

Die Grotte lebt mit den Jahreszeiten und dem Hell und Dunkel der Tageszeiten. Sonnenstrahlen, die durch die mosaikartig gestalteten Fenster fallen, entfachen ein ganz unbeschreibliches Feuerwerk der Farben. Das Licht wandert im Verlauf des Tages über Wände, Decken und Nischen, um sich dann irgendwo in der Tiefe der unendlichen Spiegelungen zu verlieren. Wie ein »Grottenwercker« des 17. Jahrhunderts hat Niki de Saint Phalle in Herrenhausen einen Ort des Wunderbaren und des Staunens geschaffen: Eine banale Abstellkammer hat sie in eine Zauberhöhle verwandelt, und man wünscht, allein zu sein, um sich der Verführung des Ortes ganz auszusetzen.

Der blaue Saal – grandios! Man blickt in die unendlichen Weiten von »Nacht und Kosmos«, es könnten aber auch die Tiefen der Ozeane sein. Alles erstrahlt in Ultramarin, Azur und Violett, wobei der virtuose Umgang mit den Glasmosaiken eine ungeheure Tiefenwirkung hervorbringt. In diesem Kosmos regiert der hinduistische Gott Ganesha mit dem Elefantenkopf. Als Gegenstück zur schwarzen Nana steht auch er in einem Brunnen. An den Wänden tanzen Frauen so bunt wie Nanas – Niki nennt diese Reliefs ausdrücklich eine Hommage an den von ihr verehrten Künstlerkollegen Henri Matisse. Hier würde ich mich gern eines Nachts einschleichen, um die Magie einer klaren Mondnacht im Universum dieser Zauberhöhle zu erleben.

Die feierliche Einweihung der Grotte von Herrenhausen erlebt Niki de Saint Phalle nicht mehr. Ein paar Tage bevor sie ins Krankenhaus eingeliefert wird, beendet sie im Beisein ihres Assistenten die Detailpläne für die Fenster der Grotte. »Sie ist eine tolle Kämpferin«, hat Jean Tinguely über seine Frau und Künstlerfreundin gesagt.[29] Dieses Mal aber muß sie sich nach ein paar Monaten geschlagen geben: Am 22. Mai 2002 ist Niki de Saint Phalle gestorben. Doch jemand, der so gut wie sie den mexikanischen Totenkult kannte und mitgefeiert hat, wenn die Totenmasken mit lauter Musik und Gesang durch die Straßen getragen wurden, erkennt den Tod nicht als etwas Endgültiges an. Die Mexikaner sehen im Tod nur eine Phase in einem unendlichen Kreislauf. Niki de Saint Phalle vermutlich ebenfalls.

». . . einen Wagen voll grüner Spicanardi«

Die Gartenlust der Renaissancefürstin Anna von Sachsen

Im Schloß des kursächsischen Torgau herrscht Festtagsstimmung. Im großen Saal ist ein Prunkbett aufgestellt und mit einem »güldenen Tuch« bedeckt. Ein in Damast und Brokat gekleideter junger Mann wird hereingeführt. Es ist der Bräutigam. Zwei Kurfürsten geleiten ihn, und nachdem die prächtige Bettdecke zurückgeschlagen worden ist, »hat sich der Bräutigam darein gesetzet«. Dann nähert sich die Braut. Sie trägt die züchtige »deutsche Tracht«: ein reichgefältetes Kleid mit bauschigen Ärmeln, hochgeschlossen bis an die Halskrause. Auch sie ist in Begleitung hoher Herrschaft, die »die Braut bis zum Bett geleitet und allda zum Bräutigam ins Bett gelegt«. Danach tritt ein Notar hinzu, und indem er die junge Frau ihrem Gatten anempfiehlt, ist die Ehe rechtsgültig geschlossen. »Nachdem man Konfekt und Wein fürgetragen, sind Braut und Bräutigam aufgestanden« und schreiten zur reichgedeckten Tafel.[1] Sie ist sechzehn, er dreiundzwanzig Jahre alt.

Am nächsten Tag folgen die kirchliche Zeremonie und ein Fest, das mit Speis und Trank, Turnieren und Kriegsspielen vier Tage lang dauert. Zum Schluß wird ein gewaltiges Feuerwerk abgebrannt mit Hunderten von Feuerkugeln und »Rackgetten«, mit Geschützdonner, fliegenden und laufenden Feuern und einem riesigen Feuerrad auf der Elbe: So prachtvoll beginnt die zwei-unddreißig Jahre dauernde Ehe zwischen Anna von Dänemark (1532–1585) und Herzog August von Sachsen (1526–1586).

Die Braut aus dem Norden gilt als äußerst gute Partie, denn sie ist die Tochter des dänischen Königspaares. Schlank und hochgewachsen hat Lucas Cranach der Jüngere sie gemalt, mit blauen Augen, blondem Haar und einem entschlossenen Gesichtsausdruck. Daß sie am 7. Oktober 1548 den bei weitem nicht ebenbürtigen August heiratet, den jüngeren Bruder des sächsischen Kurfürsten Moritz (1521–1553), hat weniger mit Liebe als mit Politik zu tun. Herzog August hat seinem älteren Bruder zwar ein gutes finanzielles Auskommen abgehandelt, doch von der Macht bleibt er ausgeschlossen – bis Moritz nur drei Jahre nach der Hochzeit von Torgau in einem Gefecht fällt und August seine Nachfolge antritt. Dabei erbt er zwar einen Haufen Schulden, und auch die wirtschaftliche Lage Sachsens ist nicht gerade rosig, doch das soll sich unter dem neuen Kurfürstenpaar ändern!

Die Ehepartner sind strebsame Protestanten, orthodoxe Lutheraner, die ihre Herrschaft als gottgewollt interpretieren und sich im Sinne eines patriarchalischen Absolutismus als die Haushaltsvorstände »Mutter Anna« und »Vater August« verstehen, die gütig und streng auf das Wohl der Untertanen bedacht sind. Ihre Hofhaltung ist vergleichsweise sparsam, die Ausgaben werden penibel kontrolliert, und eine Hofordnung sorgt für eine funktionierende Verwaltung. Viele ihrer Unternehmungen sind geprägt von einem rationalen, wirtschaftlichen Denken, was sich auch zum Wohl der »Landeskinder« auswirkt: Unter dem Kurfürstenpaar Anna und August von Sachsen erlebt das Land eine Phase des Friedens und der Prosperität, wobei man den Anteil der Kurfürstin daran nicht hoch genug einschätzen kann.

»Mutter Anna«, die kluge Hausmutter

Anna von Sachsen ist eine Frau voller Energie und Entschlossenheit. Vor allem aber ist sie nicht nur fleißig, sie ist schier unermüdlich. Sie bringt fünfzehn Kinder zur Welt, doch nur vier erreichen das Erwachsenenalter. Vor jeder Geburt hat sie die Leichentücher bereitgelegt, und für die fromme Mutter scheint es ein Trost, zu wissen, »daß wir Seiner Göttlichen Majestät angenehme, liebe Engelein überliefert haben«[2].

Trotz der dauernden Schwangerschaften steht sie einem Haushalt vor, der täglich einhundert Leute zu verköstigen hat. Sie trägt die Schlüssel der Wäsche- und Speisekammern am Gürtel, den für die Zuckerkammer nimmt sie sogar mit auf Reisen. Überallhin begleitet sie ihren Gatten − auf Reichstage, zu Kaiser Maximilian II. (1527–1576) nach Wien und häufig auf die Jagd. Kaum ein paar Wochen sind die beiden in ihrem langen Eheleben getrennt, und Anna besteht sogar auf Reisen auf einem gemeinsamen Schlafzimmer. Persönlich kümmert sie sich um die Leibwäsche ihres Gemahls. Wie, so fragt man sich, hat sie das bloß alles geschafft?

Dabei ist sie keineswegs nur die bienenfleißige Hausmutter, sondern eine fröhliche, attraktive Frau, die sich gern in kostbare Roben kleidet, sich herausputzt und schminkt, um ihrem Mann zu gefallen. Sie färbt ihr Haar mit Buchenasche, und ihre zierlichen Hände pflegt sie mit einer besonderen Seife, die sie eigenhändig in ihrem Laboratorium herstellt. Daneben ist sie eine kluge Ökonomin mit weitreichenden Ideen: So führt sie beispielsweise den Flachsanbau ein, um Sachsen in der Leinenherstellung auf eigene Füße zu stellen.

Sie ist eine kompetente Wirtschafterin: Geschickt verwaltet sie die Hofgüter, steigert die Erträge und vermarktet sie erfolgreich. Dabei scheut sie sich nicht, selbst am Butterfaß zu stehen, denn ihr »herzallerliebster Herr« liebt die frische Butter, vor allem die Grasbutter im Frühjahr, nachdem die Kühe zum ersten Mal wieder auf der Weide frisches Gras gefressen haben. Der cremige Honig dazu kommt aus dem im Vorwerk gut bestellten »Bienengärtlein«. Auch wenn man sie spöttisch die »dänische Käsemutter« nennt, bleibt ihr die eigene königliche Herkunft stets bewußt. Als Kurfürstin von Sachsen redet die überzeugte Anhängerin von Martin Luther auch bei theologischen Fragen mit − sehr zum Ärger der Kalvinisten im

Land, die deshalb gern von der »Gynäkokratie«, der Weiberherrschaft, am Dresdner Hof sprechen.[3]

Doch das ist Polemik. Richtig ist, Anna und August von Sachsen haben viele gemeinsame Interessen, sie ergänzen sich hervorragend und ziehen an einem Strang, wenn es um die wirtschaftliche Entwicklung ihres Landes geht. Dabei spielen Landwirtschaft, Obst- und Gartenbau eine wichtige Rolle, denn Anna ist eine leidenschaftliche Gärtnerin, August ein kenntnisreicher Pomologe. Überall im Land werden ältere Gartenanlagen ausgebaut oder neue angelegt.

Die kurfürstlichen Gärten

Dresden, Torgau, Dippoldiswalde, Reichstädt, Lichtenburg, Senftenberg, Augustusburg und Annaburg – kein Schloß ohne Garten! Dresden ist unangefochten die Hauptresidenz des Kurfürstenpaares, und bei den Schloßgärten können die beiden das noch bescheidene Werk des verstorbenen Moritz von Sachsen fortsetzen: Der hatte durch den Ausbau der Festungsanlagen nahe am Schloß Gartenland gewonnen und den so entstandenen »Zwinger« zur Anlage eines Gartens bestimmt. Mit dem Plan, dort einen Obstgarten anzulegen, schickte er 1549 seinen Hofgärtner Nickel Fuchs nach Prag, damit der in den damals berühmten Gärten des Kaisers Karl V. (1500–1558) »gutte Früchten« für Dresden aussuche. »Birnen, Äpfel, ungarische Pflaumen, Quitten, Morellen [Aprikosen], Pfirsich, Maulbehr und welsche Kirschen« brachte Fuchs für den »Zwingergarten« mit.[4]

Anna und August erweitern zunächst diesen Obstgarten, und zu den mitteleuropäischen Früchten gesellen sich mediterrane Gewächse wie Mandeln, Pomeranzen, Feigen und Granatäpfel. Später vergrößert auch August durch die Verlegung der Stadtbefestigung den »Zwinger« und läßt gute Erde aufbringen, um einen weiteren Garten anzulegen, der danach als »neuer churfürstlicher Garten« in den Rechnungen erscheint.[5]

Als erstes aber entsteht vor den Toren Dresdens das Ostra-Vor-

Kurfürstin Anna und Kurfürst August I. von Sachsen;
Gemälde von Lucas Cranach d. J., 1564 und 1565

werk, ein 550 Hektar großer landwirtschaftlicher Betrieb, der den
Hof und die Stadt mit Lebensmitteln versorgen soll. Ein ganzes
Dorf wird für das Mustergut umgesiedelt, auf dem sich die Bauern
aus dem Umland über die Fortschritte in der Landwirtschaft und im
Gartenbau informieren können. Neben Getreidefeldern und Vieh-
weiden gibt es zahlreiche Obstgärten, aber auch Wein und Hop-
fen werden angebaut. Im kleinen »Ostra-Gehege« soll der Gärtner
Blumen pflanzen, wobei nicht klar ist, ob er einen Ziergarten oder

Älteste Ansicht von Dresden, um 1555;
Kupferstich von Hendrick van Cleef

einen Zuchtblumengarten anlegen soll.[6] Doch das Wetter – Gärtner wissen ein Lied davon zu singen – ist unkalkulierbar, und so
erleidet Kurfürstin Anna, kaum daß ihre Gartenbauaktivitäten so
richtig begonnen haben, einen schweren Rückschlag.

Im Winter 1556/57 wird es in Dresden und Umgebung so bit-
terkalt, daß im Schloßgarten alles erfriert. Die Frostschäden sind so
flächendeckend, daß es weit und breit keine neuen Pflanzen, nicht
einmal keimfähige Saat zu kaufen gibt. »Dagegen werden wir berichtet«, heißt es in einer kurfürstlichen Anweisung an einen Ver-
waltungsbeamten in Leipzig, »daß der Frost und Kälte zu und um
Leipzig an den Kräutern und Gartengekräts so großen Schaden
nicht gethan und daß man der Dinge stockweise mit den Wurzeln
täglich auf dem Markt zu kaufen findet.« Weil nicht nur die erfro-
renen Pflanzen in den »Lustgärten« ersetzt, sondern weitere Gärten an der Festung angelegt werden sollen, »so befehlen wir Dir,
Du solltest uns etwa einen Wagen voll grüner Spicanardi *[Laven-*

dula latifolia] und Lavendelstöcke, auch hernach Kreuzsalben und andere Kräuter und Blumenstöcke, so man in den Gärten pflegt zu haben, einkaufen«. Damit nicht genug: Im Detail wird vom Kurfürstenpaar festgelegt, wieviel eine Pflanze kosten darf und worauf bei der Lieferung zu achten ist: So soll der Verwalter »die Bestellung thun, daß die Kräuter mit den Wurzeln alle auf einen Tag ausgegraben und überantwortet werden, die wollest alsdann mit eigner Fuhre unverzüglich anhero schaffen und unserm Hofgärtner allhier überantworten lassen, auch den Fuhrleuten befehlen, daß sie sich unterwegs fördern und die Kräuter wenn es Noth sein möchte, begießen«.[7]

Die Gärtner

Leider sind keine bildlichen Darstellungen der kurfürstlichen Gärten überliefert, so daß wir auf schriftliche Äußerungen angewiesen sind, um uns eine Vorstellung zu machen. Einer der ersten Gärtner im Dienst des Kurfürstenpaares heißt Jhan Klodt und kommt aus Antwerpen. In Torgau soll er die Gärten »nach niderländischer art mit kräutern, bethen, gengen, bäumen und anderen gewächsen aufs lustigste und kunstreichste zurichten, auch dieselbigen gartten mit Fleiß warten und pflegen, damit wir unsere Lust und ergetzlichkeit auch gebührliche nutz davon haben mögen«. Gleichzeitig soll Klodt dem unbedarften Gärtner in Lochau zeigen, wie er im Garten der Annaburg »niederländische Kräuter, Beete und Irrgärten« anzulegen habe.[8] Außerdem entsteht ein verzweigtes künstliches Grabensystem, über das die Wiesen und Felder entwässert werden. Doch kann man die Gräben auch für fröhliche Kahnpartien nutzen: Ein aus Dänemark stammender Bootsmann pflegt die Boote und »Lustschiffe« und stakt bei Bedarf die kurfürstliche Gesellschaft durch die Gewässer.

Nutzen und Ergötzen haben in der Renaissance das »ora et labora«, das »Beten und Arbeiten«, im mittelalterlichen Garten abgelöst. Die Bedeutung der Gärten hat sich gewandelt. Man schaut auf die Niederlande, die mit ihren Handelsschiffen fremde Kontinente ansteuern und exotische Pflanzen nach Europa bringen, die in den Gärten in geometrisch geformten Beeten ausgestellt werden. Bürgerlicher Reichtum verleiht der Gartenkunst in Holland kräftigen Auftrieb. Prächtig ausgestattet sind die Lustgärten in Stadt und Land. Dort versteht man etwas vom Gartenbau, während Kursachsen in dieser Hinsicht noch unterentwickelt ist. Deshalb fehlt es auch an qualifiziertem Personal, so daß Anna ihre Gärtner im Ausland rekrutieren muß.

Neben Klodt aus Antwerpen arbeitet ein französischer Gärtner am Hof; nach dessen Tod kommt ein weiterer Niederländer, der aber, so beklagt Anna, »nicht viel verstehe, besonders mit den welschen Bäumen und Kräutern nicht umzugehen wisse«[9]. Im Heiligen Römischen Reich Deutscher Nation gelten die Reichsstädte Nürnberg, Augsburg und Frankfurt am Main als besonders fortschrittlich im Gartenbau, denn durch die intensiven Handelsverbindungen süddeutscher Kaufleute nach Italien haben die neuen Ideen der Renaissancekunst die bürgerlichen Kreise schon bald erreicht. Auch die Zitrusgewächse und andere mediterrane Kostbarkeiten sind schon über die Alpen gekommen. Man kann sagen, daß die wohlhabenden Patrizier – Kaufleute, Apotheker und Ärzte – mit ihren Hausgärten eine Avantgarde der Gartenkultur bilden.

Einige dieser süddeutschen Gärten kennt Anna durch ihre Reisen vermutlich aus eigener Anschauung, und schließlich wendet sie sich an den Bürger Martin Pfintzing, der vor den Toren Nürnbergs einen vielgelobten Garten unterhält. Sie bittet ihn dringend um die Empfehlung eines fähigen Gärtners, weil sie »Bedenken trage, noch ferner ihre Gärten einigen Niederländern und Franzosen anzuvertrauen, sondern dieselben hierfür mit Deutschen Gärtnern und Arbeitern zu bestellen gedenke«.[10]

Drei Monate später tritt der Nürnberger Georg Winger seinen Dienst als Hofgärtner an. In den Dresdner Schloßgärten und im Ostra-Vorwerk soll er die Küchengärten pflegen sowie »Baum, Weinstock, Kräutter und alles gewächses mit allem Vleiß wartten«[11]. Es entwickelt sich eine gedeihliche Zusammenarbeit: Winger sei ausgesprochen fleißig, meldet die Kurfürstin an Pfintzing und verlangt gleich einen zusätzlichen Gartenknecht aus Nürnberg. Dieses Mal dauert es etwas länger, aber schließlich kommt Adam Wolff nach Sachsen, der hauptamtlich im Vorwerk Ostra wohnen, junge Bäume aufziehen und die Obstbäume pflegen soll. Auch mit ihm hat Anna einen guten Griff getan, denn er steigt in fünf Jahren zum Obergärtner auf. Winger übrigens arbeitet nach zehn Jahren immer noch in Annas Gärten, und als Belohnung für seine treuen Dienste erhält er ein neues Gewand.

Der Bedarf an Gartenpersonal wächst ständig, und fränkische Gärtner bleiben in Dresden als zuverlässige Arbeitskräfte heiß begehrt, zumal sie wertvolles Fachwissen nach Sachsen bringen. Kein Wunder, daß Anna eifersüchtig über neue Bewerber wacht. Als sich beispielsweise ein gewisser Georg Schneider aus Bamberg in Dresden vorstellen will, erteilt sie die Anordnung, daß der Mann heimlich und nicht als Gärtner zu erkennen durch die Dresdner Anlagen geführt und »examiniert« werde, aus der Sorge heraus, »sonst möchte er verführt und abspenstig gemacht werden«.[12]

Zum Nutzen und zur Zierde

Ein Hofgärtner muß vielseitig sein, denn Nutz- und Ziergärten existieren nebeneinander. Obst, Gemüse und Kräuter für Küche und Apotheke fallen genauso in seinen Aufgabenbereich wie Pomeranzen, Tulpen und Lilien. Im meistgelesenen deutschen Hausvaterbuch der Nachreformationszeit denkt der Autor, Jakob Cöler (1537–1612), unter anderem über den idealen Garten nach, der Zierde und Nutzen vereinen soll.[13] Um dem Ganzen eine vernünftige Ordnung zu geben, schlägt Cöler vier Gartenteile vor: Baum- oder Obstgarten, Blumengarten, Kräutergarten und Gemüsegarten. Die Beete sind mit Brettern eingefaßt, damit die gute Erde nicht weggeschwemmt wird, und die »genge«, das sind die Gänge zwischen den Gartenteilen, werden an den Seiten von Latten- oder Weidengeflecht begrenzt, an denen Wein oder andere Kletterpflanzen ranken.

Trotz mancher Ähnlichkeiten mit den Klostergärten des Mittelalters sind die »Lustgärten« im 16. Jahrhundert »dem ehrbaren Ver-

gnügen geweiht«. Blumen und wohlriechende Kräuter seien dazu
da, »die Augen zu erfreuen, die Nasen zu erfrischen, den Geist
zu erneuern«, schreibt 1518 der Humanist Erasmus von Rotterdam
(1466 [oder 1469] – 1536).[14] »Lust« bedeutet in diesem Zusammen-
hang immer auch ein intellektuelles Vergnügen, und in diesem
Sinne rät Cöler seinen frommen Lesern ausdrücklich, sich die Fürstengärten anzusehen.

Dort könne der Bürger nicht nur viel über den Gartenbau lernen, wenn er das Gespräch mit den Gärtnern suche; dort fände
er auch nachahmenswerte Gartenkunst. So empfiehlt er beispielsweise für die Mitte des Gartens ein »Lusthäuschen«, in dem man
sitzen, die Mahlzeiten einnehmen oder sich bei Regen unterstel-
len kann. Einen solchen Pavillon gibt es wohl auch im »churfürst-
lichen Garten« zu Dresden. Den ersten Entwurf hat der sparsame
August 1577 als zu aufwendig abgelehnt, vor allem die Steinmetz-
arbeiten seien ihm zu kostspielig, läßt er den Architekten wissen.
Ganz schlicht solle das Gebäude werden, ohne Kunst »nach der
Dorica oder Jonica«, also ohne dorische und ionische Säulen.[15] Wie
diese protestantisch strenge Version des Lusthäuschens letztendlich
ausgesehen hat, wissen wir leider nicht. Auch vom berankten Irrgarten hören wir nur, daß er 1773 erneuert werden muß, weil die
Holzgestelle verrottet sind.[16]

Welche Vielfalt und Abwechslung sich gerade in den feudalen
Gärten hinter dem einfachen geradlinigen Grundmuster verbirgt,
verrät das Bewerbungsschreiben des Gärtners Benedict Factor,
der sich damit 1579 um die Stelle des Hofgärtners in Dresden be-
wirbt. Er traue sich zu, heißt es da, »schöne Bäume zu ziehen oder
zu warten, die nicht brandig oder wurmig werden«; gleichzeitig
könne er außergewöhnliche Lustgärten anlegen, »die viel Kurz-
weil und Nutzen mit sich bringen«. Alle »schönen Blümlein«, die
er zur Zierde pflanze, seien »in der Arznei zu gebrauchen, ein Theil
zu Oel, eines Theiles zu Säften, ein Theil zu Wasser, ein Theil zu
Präparation und Confect zu gebrauchen«.[17]

Die Pflanzen aber sollen nicht wie die Heilkräuter im Klostergarten in Reih und Glied stehen, sondern »weiter getraue ich mich
zu versehen und zu ziehen schöne Buchstaben, Wappen, Sonnen-

Frühjahrsarbeiten in einem Schloßgarten,
1. Hälfte des 16. Jahrhunderts

uhren mit Krautwerk zu machen mit Farben ineinander gemischt
und gezieret«. Neben diesen französisch beeinflußten Parterres gehören auch Formschnittfiguren und »seltsame Irrgärten« zu seinem
Repertoire; er kann Flechtwerk für die Gänge herstellen, traut sich
zu, »in die Lustgärten die Wasserkunst zu führen mit springenden
Bornen«. Obstbäume und Blumen, Hecken und kunstvolle Beete,
Laubengänge, zu Figuren geschnittene Grünpflanzen, Irrgärten
und Brunnen – indem Factor seine Talente anpreist, offenbart er
die Grundausstattung eines fürstlichen Gartens. Zu guter Letzt
empfiehlt sich der Gärtner auch noch als geschickt im Umgang
mit noch unbekannten Gewächsen und als erfolgreicher Pflanzen-

züchter: Er wisse »etliche Blümelein, die einfach sind, gefüllt zu machen, sonst viel andere Kunststücke ins Werk zu machen, die noch nicht in diesem Lande sind«.[18]

Pflanzen sind die große Leidenschaft der Zeit. Jeden Tag tauchen irgendwo unbekannte Blumen auf; man hört von Schiffen, die aus fernen Ländern ganz sonderbare Gewächse mitbringen. Große Herbarien entstehen, Wissenschaftler sammeln, sortieren, klassifizieren und registrieren. Wohlhabende Gartenbesitzer kaufen die exotischen Pflanzen, tauschen untereinander, pflanzen sie in Töpfe und stellen sie an exponierten Plätzen in ihren Gärten aus. In Sachsen führt das wissenschaftliche Interesse an den fremdländischen Pflanzen 1580 zur Anlage des ersten deutschen Botanischen Gartens in Leipzig. Auch Kurfürstin Anna ist vom botanischen Virus infiziert, und die akribisch geführten Kataloge ihrer Pflanzenbestände zeigen, wie sehr auch sie der Sammelleidenschaft verfallen ist.

Die unbändige Pflanzenlust

»Ich bin berichtet, daß meine liebe Churfürstin (denn so nenne ich sie und mein Churfürst muß darumb nicht eifern) Lust haben zu allerlei fremden Samen und Gartenwerk, nun hab ich deren aus India, Hispania und anderen Orten bekommen«[19] – so das charmant-kokette Begleitschreiben des kurfürstlichen Rates Abraham von Bock, als er Anna verschiedene Proben übersendet. Wie von diesem erhält die Landesherrin vielerlei Gartengeschenke, denn die Leidenschaft der Landesmutter für botanische Raritäten, für edles Obst und schmackhaftes Gemüse ist weithin bekannt.

Aus einzelnen Jahren sind noch genaue Verzeichnisse vorhanden, wer welche Pflanzen oder Sämereien nach Dresden geschickt hat. Zwar überwiegen die Gemüse-, Würz- und Heilpflanzen, doch auch Annas Liebe zu schönen und seltenen Blumen hat sich herumgesprochen. So schickt ihr eine Wiener Freifrau türkische Zwiebeln, »welche die schönsten Blumen tragen und ganz wohl schmecken«. Gemeint sind die duftenden Hyazinthen. Außerdem

schickt sie die Samen »großer Marillen«, also eines Aprikosen-
baums, der besonders große Früchte trägt. Ein Botschafter der
Gräfin von Solms bringt einen Wurzelstock gefüllter Päonien. Die
betagte Gräfin von Mansfeld sendet einen »Rosmarinstrauch nach
Art einer Gans formiert und eine dergleichen nach Art eines Wa-
gens ohne Räder«. Andere schicken Lavendel und Veilchen, empfindlichen Lorbeer und Myrten, die in Töpfe gepflanzt werden,
»Muscatell«-Rosen oder Feigen.[20]

Angesichts der vielen frostempfindlichen Schönheiten, die beispielsweise von Kaiser Rudolf II. (1552–1612) aus seinen Prager
Gärten als Geschenke nach Dresden kommen, beginnt man mit
dem Bau von schützenden Anlagen zur Überwinterung. 1582 ergeht der Befehl, im Schloßgarten ein Haus über die eingepflanz-
ten Feigen zu bauen. Dabei handelt es sich wahrscheinlich um ein
im Sommer abschlagbares hölzernes Überwinterungsquartier. So
groß war das Interesse an einer solchen Vorrichtung, daß der Kurfürst von Brandenburg bat, ihm ein »aus Holz geschnitztes Muster
von den Treibgärten« zu schicken; wenig später verlangt er sogar,
ihm zusätzlich einen Zimmermann zu überstellen, der nach dem
Modell ein solches Pflanzenhaus bauen könne.[21]

Anna unterhält ein umfangreiches Netzwerk von weiblichen
Gartenenthusiasten. Ob Herzogin, Gräfin, Gutsherrin oder Äbtissin – man tauscht Erfahrungen aus und Pflanzen; hin und her
gehen die Briefe, die die Pflanzengeschenke begleiten. Anna ist
eine fleißige Schreiberin: 16000 Briefe und Briefkopien füllen
22 Foliobände[22], die eingehende Post wird in 69 Bänden erfaßt. Ist
vom Garten die Rede, geht es kaum um die Ästhetik der Anlagen,
immer ist von den Pflanzen die Rede. So packt Anna, als sie an
die Frau des Dr. Kleine »2 Stock Spickantenkraut« *(Lavandula latifolia)* sendet, 25 Rehgeweihe dazu und gibt folgende Anweisung:
»Sammt der Wurzel an einen schattigen Ort pflanzen und darunter
einige Rehgehörne legen, feine lockere Erde darum schütten und
oft begießen lassen.«[23] Die Korrespondenz der Frauen ist gespickt
mit solchen praktischen Tips, Pflanz- und Pflegehinweisen oder
mit Erläuterungen zur Verwendung eines Gewächses in Haus und
Hof. Forscherinnen sprechen heute von den »female bridges«, über

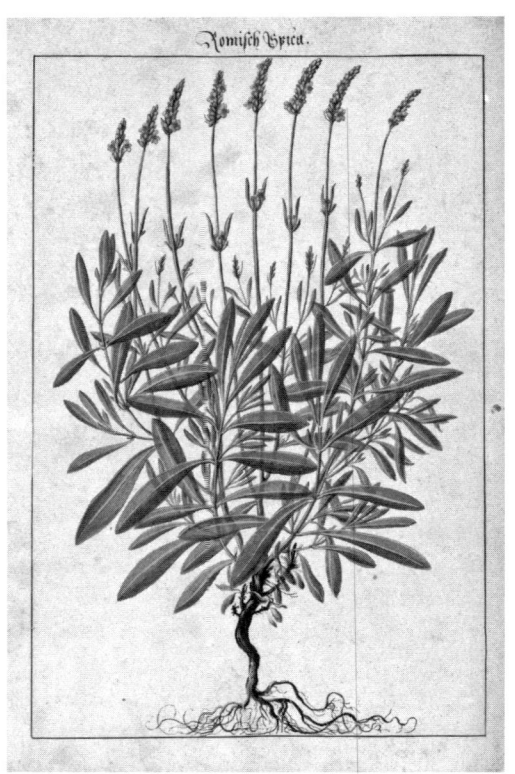

»Römisch Spica«, eine Lavendelart (Lavendula latifolia),
in Kentmanns Kräuterbuch

die die Gartenpionierinnen des 16. Jahrhunderts ihr durch Erfahrung gewonnenes gärtnerisches Wissen verbreiten.[24]

Anna kann sich rühmen, im Umkreis des Hofes zwei hervorragende Pflanzenkenner zu haben. Die beiden botanisch umfas-
send gebildeten Gartenbesitzer werden sogar von Konrad Gesner
(1516–1565) in seinem berühmten Buch *Horti Germaniae (Deutsche
Gärten)* erwähnt. Mit ihnen steht Anna direkt in Verbindung. So
schickt der Meißner Arzt Dr. Christoph Leuschner (1521–1574) seiner Landesherrin 1568 »zur Anrichtung eines Lustgartens etliche

*»Tulipa Turcia« frühe Tulpenabbildung
in Kentmanns Kräuterbuch*

Kräuter und Blumen aus seinem Gärtlein in Meißen, wie er solche
mit Hülfe guter Freunde zusammengebracht, welche dieser Lande
etwas seltsam [rar] sind«. Außerdem verspricht er, Anna zukom-
men zu lassen, »was er ferner von seltsamen, schönen und fremden
Blumen, Kräutern, Samen und Gewächsen empfangen werde«.[25]
    Den anderen, den Torgauer Apotheker Joachim Kreich (gest.
1575), nennt Anna »den befahrensten Gärtner in diesen Landen«.
Großzügig überläßt er ihr, als sie »ein Lustgärtlein hinter ihrem
Wohngemach auf dem Schloß zu Dresden anrichten ließ, schöne

Gewächse, die er in seinem Garten gezeugt«.[26] Welches rares Pflanzensortiment Kreich in seinem botanischen Garten gesammelt hat, wissen wir aus Gesners Gartenbuch. Er findet dort den heimischen Frauenschuh, den außer Kreich nur noch zwei andere Pflanzenfreunde besitzen; außerdem ist der Torgauer Gelehrte einer von nur vier Tomatenbesitzern in Deutschland. Darüber hinaus führt Gesner zahlreiche Pflanzen auf, die es im deutschsprachigen Raum nur im Torgauer Apothekergarten gibt: ein *Lilium carniolicum*, den Europäischen Hundszahn *(Erythronium dens-canis)*, die Hyazinthe *(Hyacinthus orientalis)*, verschiedene Efeuarten sowie den Muskatellersalbei *(Salvia sclarea)*.[27]

Diese Fülle an seltenen und exotischen Pflanzen im Apothekergarten zu Torgau bringt das Kurfürstenpaar auf die Idee, eines dieser gelehrten Kräuterbücher in Auftrag zu geben, wie sie damals so populär sind. Allein in Deutschland erscheinen zwischen 1530 und 1600 mehr als ein Dutzend dieser wissenschaftlichen Pflanzenwerke! Die Namen der berühmten Verfasser machen unter Gebildeten die Runde: Otto Brunfels (um 1488–1534), Hieronymus Bock (1498–1554), Pietro Andrea Mattioli (1500–1577) und Leonhard Fuchs (1501–1566) – um nur einige zu nennen. Infolge der Reformation sind ihre Werke bewußt in Deutsch verfaßt, denn, so heißt es auf den ersten Seiten des *New Kreüterbuch* von Fuchs, das Buch beabsichtige, »dem gemeinen mann zu der erkantnuß der kreüter nützlich und fueglich zu sein«.[28]

Auch Anna, die nie Latein gelernt hat, kann diese »volksbildenden« Werke lesen, die allesamt unter den zirka 1700 Bänden der kurfürstlichen Bibliothek an herausragender Stelle stehen. Doch hat das Herrscherpaar den Ehrgeiz, seine Gelehrsamkeit durch ein eigenes sächsisches Pflanzenwerk zur Schau zu stellen: Der Torgauer Stadtphysikus Dr. Johannes Kentmann (1518–1574) soll ein Pflanzenbuch zusammenstellen[29], das auf der Sammlung seines Freundes Kreich basiert. 1563 ist das umfangreiche Kräuterbuch Kentmanns fertig. Darin finden sich sechshundert großformatige Pflanzenporträts von David Redtel (gest. 1591), die »so lebhaft und natürlich gemahlet sind, daß man, so zu reden, danach greifen möchte«[30]. Das Werk wird nie gedruckt, sondern bleibt als Einzelexemplar in der kurfürstlichen »Liberey« und liegt heute gut erhalten im Tresor der Sächsischen Landesbibliothek, der Staats- und Universitätsbibliothek Dresden.

»Mit den Augen impfen«

Weitverbreitet dagegen ist das *Künstliche Obst- und Gartenbüchlein* von 1571, in dem der Landesherr seine persönlichen Erfahrungen bei der Obstzucht schriftlich niedergelegt hat. August I. ist mit Leidenschaft Pomologe, und er betreibt die Obstzucht in großem Maßstab. In seinem Ratgeberbüchlein führt er die für jeden Monat notwendigen Gartenarbeiten auf und nennt »gar gute Baumsalben« von Meister Georg, dem Gärtner.[31] In drei Auflagen wird das Wissen des »Landesvaters« unters Volk gebracht, der sich zum Ziel gesetzt hat, die Obstkultur im Lande und damit auch die Ernährung seiner Untertanen zu verbessern.

August von Sachsen legt große Baumschulen an, läßt beispielsweise in Stolpen in einem Jahr fast 10000 Obstbäume setzen – aus Nürnberg kommen 4000, in Sachsen selbst sind 5500 gepfropfte junge Bäume gezogen worden. Seine Amtsleute beauftragt der Kurfürst, wilde Obstbäume in ihrem Revier sorgfältig auszugraben und nach Stolpen zu schicken. Höchstpersönlich legt August Hand an, wenn es um das Veredeln geht. Unermüdlich propagiert er die Ertragssteigerung durch die Sortenverbesserung. Auf inländischen Reisen hat er immer ein Säckchen mit Obstkernen, seine Pfropfwerkzeuge und sein Okuliermesser im Gepäck. An geeigneten Orten versenkt er die Samen, schneidet Reiser oder veredelt Obstbäume, vielfach vor Publikum, um den Menschen zu zeigen, wie es geht. Mit der gleichen pädagogischen Absicht läßt August einen »ausführlichen Bericht, wie man mit den Augen impfen soll, *modus inoculandi*«, anfertigen und verbreiten.

Auf phantasievolle Weise fördert der »Landesvater« den Obstanbau: So muß jedes Hochzeitspaar zwei Obstbäume pflanzen, die der Hof zur Verfügung stellt. Diese Idee greift zum Beispiel der schon zitierte Jakob Cöler in seinem vielgelesenen Hausvaterbuch auf und empfiehlt sie allen Fürsten zur Nachahmung.[32] Außerdem bemüht sich August erfolgreich, das für seine Baumschulen notwendige Saatgut zu beschaffen: In einem Jahr erhält jeder Untertan, der ein Maß Kirschkerne abliefert, im Tausch die gleiche Menge Korn dafür. Auf diese Weise gehen 1577 so viele Kirsch- und Aprikosenkerne ein, daß zur Aufbewahrung ein besonderes Gewölbe freigemacht werden muß. Der Hofgärtner erhält den Schlüssel mit der ausdrücklichen Anweisung, »daß er sonst niemand hereinlasse«.[33] Im selben Jahr werden in den Gärten der Annaburg 26 Scheffel Haselnüsse gesteckt, 15 Scheffel Kirsch- und 14 Scheffel Apfelkerne. Ein Jahr später kommen 30 000 Bäumchen an, die der Hofgärtner Winger mit Hilfe von nur fünf Knechten pflanzen muß. Ein Inventurverzeichnis aus den neunziger Jahren zählt in den zur Annaburg gehörenden Gärten 266 850 Bäume.[34]

Anna fällt die Aufgabe zu, über ihr weitverzweigtes Netzwerk neue, edle Obstsorten herbeizuschaffen. Da er wisse, daß die Kurfürstin »an dergleichen Gärtnerei, nicht weniger als der Churfürst selbst, besondere Freude und Lust habe«,[35] schickt Erzherzog Ferdinand aus Innsbruck Mandel-, Pomeranzen-, Margranten-, Aprikosen- und andere junge Bäume. Anerkennung für Annas grünen Daumen kommt sogar vom Kaiser. Er schickt seinen Prager Hofgärtner Anthony Melohn mit zahlreichen mediterranen Kostbarkeiten im Gepäck nach Dresden. Außerdem kommen aus Prag »etliche Kirschen und Weichsel« und aus Wien zwei Wagen mit »Paumken« (Bäumen) der besten ungarischen Früchte.[36]

Annas Obstgärten liegen in der Annaburg, im Ostra-Vorwerk und im »Zwingergärtlein«. Hier vor allem kultiviert sie die besseren Sorten für die fürstliche Tafel. Die passionierte Gärtnerin ist durchaus nicht abgeneigt zu experimentieren und Besonderes auszuprobieren. So hat sie Weinstöcke in ihrem Garten, »darauf Beeren, welche keine Kerne haben«,[37] wachsen. Außerdem bemüht sie sich, die Mispel *(Mespilus)* in Sachsen einzuführen und zu kultivieren, eine säuerliche Frucht, die erst genießbar wird, wenn sie leichten Frost bekommen hat. Die Setzlinge läßt Anna aus allen Teilen des Reiches kommen, aus Mecklenburg bezieht sie zum Beispiel Reiser einer Sorte mit besonders großen Früchten, die sie auf Birn-

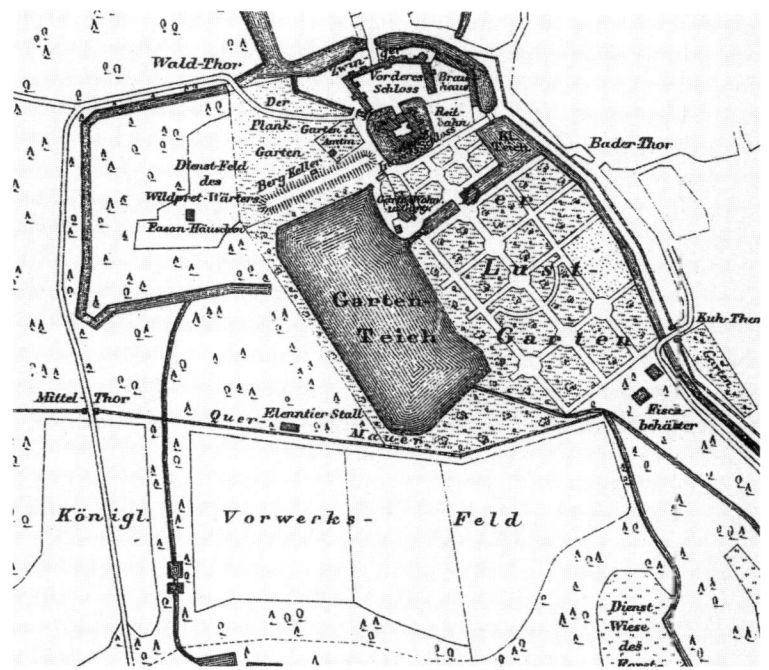

Schloß Annaburg mit Garten, Kartenausschnitt,
Anfang des 18. Jahrhunderts

bäume pfropft. Groß ist die Freude, als die Mispeln im Dresdner
Schloßgarten 1581 zum ersten Mal so reichlich tragen, daß Anna
sie zentnerweise als Geschenke verteilen kann.

Als gute Hauswirtschafterin ist Anna auch eine Meisterin im
Einmachen von Früchten. Namentlich für ihre Quitten wird sie
gepriesen. Nur das Beste kommt auf die fürstliche Tafel. Aus dem
Süden bezieht sie kandierte Früchte, Pfirsiche, südliche Pflaumen,
Granatäpfel und Datteln. Bei Trinkgelagen werden ihre Beeren-
weine kredenzt, die, mit Honig und Kräutern versetzt, den Ge-
nießern nicht selten einen ordentlichen Kater eingebracht haben.
Überschüsse der eigenen Ernte, die am Hof nicht verzehrt werden,
verschenkt Anna an Verwandte oder befreundete Höfe. Die Reste,

vor allem der einfachen Früchte, werden auf den Märkten verkauft, was ihr den Spitznamen »die Äpfel- und Birnenfrau« einträgt.[38]

Von Porzelain, Spicka und Rebundicen

Annas ökonomisches und organisatorisches Talent ist offensichtlich, und ungeachtet der Spötter bestimmt August seine Gemahlin offiziell zur Verwalterin von etwa siebzig Gutsbetrieben.[39] Vermutlich 1578 überträgt er ihr »jährliche Nutzung und Einkommen« sämtlicher sogenannter Vorwerke, während sie im Gegenzug »die Bestellung derselben auf sich genommen« hat.[40] Intensiv kümmert sie sich um die Milchwirtschaft und die Vermehrung des Schlachtviehs im Land. Von ihren großen Erfolgen in der Rinder- und Schweinemast hört sogar der Kaiser, der sich neugierig nach ihrer »geheimen Kunst, wie man das Vieh feist mache«, erkundigt.[41]

Natürlich steht der Landesherrin ein Heer von Arbeitskräften zur Verfügung – Mägde, Knechte, Käsemütter, Gärtner und Verwalter, die sie sorgfältig aussucht und weiterbildet. Um die Standards in der Landwirtschaft zu heben, ist die Gutsherrin bestrebt, ihr Wissen unters Volk zu bringen. So entsteht um 1570 in Annas Umgebung die erste deutschsprachige Agrarlehre, die anonyme Handschrift *Haushaltung in den Vorwerken*.[42] Anna setzt auf das Können und den Lerneifer von Frauen und Mädchen. Sie werden in Handarbeiten unterwiesen, Köchinnen und Mägde aus der Käsezubereitung werden an andere Höfe geschickt, um Neues zu erlernen; Anna setzt sich für die Ausbildung höherer Töchter ein, sie ruft eine Hebammenschule ins Leben, und darüber hinaus versucht die »Landesmutter«, junge Frauen gut zu verheiraten. Sie gewährt ihnen eine bescheidene Aussteuer, und zur Hochzeitsfeier trägt sie ein Faß Wein oder ein Stück Wild bei.

Im Geschäftsleben aber endet Annas Großzügigkeit, sie ist vielmehr als gewitzte Geschäftsfrau bekannt. Steigende Erlöse aus den Produkten des Zwingergartens und des Ostra-Vorwerks sprechen dafür, daß es die Gutsherrin sehr wohl versteht, Preisver-

Titelblatt der ersten deutschen Agrarlehre,
Handschrift aus Dresden, um 1570

handlungen zu ihrem Vorteil zu führen. Neben Gemüse, Obst,
Eiern, Käse und Milch erwirtschaftet sie eine erkleckliche Summe
mit dem Landwein, »welcher in meiner gnädigen Frauen Garten
erwachsen«.[43]

Das Sortiment ihrer Kräuter und Gemüse ist äußerst vielfältig und sorgt auch im vegetabilen Bereich für Abwechslung in
der Küche. So stehen zahlreiche Salatsorten in den Beeten. Endivien, Zichorien, und ausdrücklich erwähnt wird »Porzelain«, eine
Pflanze, die aussieht »wie die Blättlein von einem Buchsbaum«.[44]
Gemeint ist Portulak *(Portulaca sativa)*, der von oben aussieht wie
ein vierblättriges Kleeblatt. Schon drei Wochen nach der Aussaat kann man die zarten Blättchen als Salat ernten, vorausgesetzt,
die Temperatur fällt nicht unter zehn Grad minus. Dann nämlich
würde das kälteempfindliche Pflänzchen absterben.[45]

Als Anna hört, daß in Leipzig junges Gemüse zeitiger im Frühjahr geerntet wird als in Dresden, schickt sie einen ihrer Gärtner,

Kohlernte, Ende des 14. Jahrhunderts

der sich dort umsehen und hinter das Geheimnis des Frühgemüses kommen soll.

Für den Winter wird felderweise Kohl angebaut, der sich einlegen und als Sauerkraut konservieren läßt. Dieser »Kaps« ist auch an anderen Höfen sehr beliebt und wird in großen Fässern verschickt. Als Gegengabe erhält die sächsische Gärtnerin Teltower Rübchen aus Brandenburg und Bortfeldische Rübchen aus Braunschweig. Was in Sachsen nicht wächst, wird importiert, um das Gemüseangebot bei Tisch zu vergrößern. So kommen die Artischocken, die August besonders gern mag, aus Bayern.

Nicht alle Pflanzen aus Annas Gemüse- und Kräuterbeeten sind leicht zu identifizieren. Einige Namen geben Rätsel auf, und so mancher Forscher hat sich den Kopf darüber zerbrochen. Was ist »Spicka«, »Spikantenkraut« oder »Spicanardi«? Botaniker haben das Gewächs inzwischen eindeutig als eine Lavendelart *(Lavendula latifolia)* identifiziert. Doch es bleiben Fragen.

Was zum Beispiel sind Rebundicenwurzeln: Ist es Rhapontica? Und was ist R(h)apontica? Der volkstümliche Name für die Nachtkerze *(Oenothera biennis)*? Oder verbirgt sich dahinter der Pontische Rhabarber *(Rheum rhaponticum)*, wie ein Pflanzenkenner aus Annaburg glaubt? Eine andere Lesart deutet Rapontica als Rapunzel, ein Name, der sich aus dem Lateinischen »rapunculus«, »kleine Wurzel«, ableitet? Rapunzel nennen wir heute den Feldsalat *(Vallerianella)*, doch Annas »Rebundicenwurzel« meint offenbar die Rapunzel-Glockenblume *(Campanula rapunculus)*, deren Wurzel – im Gegensatz zum Feldsalat – fingerdick und wie ein kleiner Rettich eßbar ist.[46] Wenngleich lange unklar war, was genau die rätselhafte »Rebundicenwurzel« ist, so wissen wir doch, wie wir sie pflanzen sollen: »Die muß man in eine Erde setzen, die nicht gar zu feucht ist, doch in gute Erden an einem windstillen Ort, der nicht viel Sonne hat.«[47]

Anna macht es offenbar Spaß zu experimentieren, aber längst nicht alle Experimente wollen gelingen. Tabaksamen zum Beispiel. Immer wieder versucht Anna, neue Saat beziehungsweise Pflänzchen zu bekommen, doch nie hören wir von einer Ernte oder der medizinischen Verwendung des Krautes, auch wenn der Landgraf Wilhelm von Kassel ihr zwecks erfolgreicher Vermehrung eine männliche und eine weibliche Pflanze zuschickt, »das Männlein mit den schmalen Blättern und das Weiblein mit den breiten Blättern«.[48]

Wenn es um die Beschaffung und Kultivierung noch unbekannter Pflanzen geht, scheut Anna keine Mühen, um herauszufinden, wie man sie behandeln muß. So will sie wissen, wie man Wacholderbeeren sät und wie man den Boden vorbereiten muß. Leider ist der Spezialist in Speyer gestorben, deshalb korrespondiert sie mit dem Erzbischof, der schließlich die gewünschte Anleitung liefern kann. Danach läßt Anna in Augustusburg zehn Scheffel Wacholderbeeren aussäen, »um dort ein Wacholdergesträuch zu erzeugen«[49], dessen Früchte die Apothekerin Anna von Sachsen in Mengen für die Herstellung ihrer berühmten »aquae vitae« braucht.

Medizin, Alchimie und Astrologie – auch für die Wissenschaft findet die Landesherrin noch Zeit. In ihren Labors stellt sie eigenhändig Arzneien her, und die *Neue deutsche Biographie* nennt Anna von Sachsen die »erste Apothekerin Deutschlands«. Als fromme und verantwortungsbewußte »Landesmutter« versorgt sie ihre Untertanen ab 1581 in der Dresdner Hofapotheke unentgeltlich mit ärztlichem Rat und den entsprechenden Heilmitteln. Wo sollten die armen Leute denn sonst hingehen, nachdem die Klöster im Zuge der Reformation ihre Pforten geschlossen hatten?[50]

Wie bei den Mönchen ist das »Regnum vegetabile«, das Pflanzenreich, immer noch die wichtigste Grundlage der Arzneimittelherstellung. Neu hinzugekommen ist die naturwissenschaftliche Neugier, mit der auch Astrologie und Alchimie für die Pflanzenkunde bemüht werden. Insbesondere die Heilkraft der Pflanzen wird mit den Planeten und geheimen Zauberkräften der Elemente in Verbindung gebracht. Annas eifriger Berater auf diesem Gebiet ist Dr. Paul Luther, Sohn des Reformators und einer der kurfürstlichen Leibärzte.

In Annaburg unterhält sie ein geräumiges Laboratorium und das leistungsfähigste ihrer Destillierhäuser. Die Anlage mißt »200 Schritt im Geviert«[51] und ist mit Wall und Wassergraben umgeben. An vier großen Öfen wird hier gearbeitet. Eins der Häuser soll so groß wie eine Kirche gewesen sein, mit einer freitragenden Gewölbedecke und vielen Schornsteinen, berichtet ein Augenzeuge, der das Gelände nach dem Dreißigjährigen Krieg besucht hat: »Im Garten ist noch eines, auch etwa von 16 Schornsteinen, welches mit Pfeilern und sehr kostbar aufgebauet gewesen, darinnen die Öfen in der Gestalt von großen Pferden in Lebensgröße gestanden, item Löwen, Affen und ein großmächtiger Adler mit vergüldeten Flügeln, darinnen eine Kapelle gewesen.«[52]

In weitläufigen Gewölben werden die unterschiedlichsten Ingredienzen in großen Mengen aufbewahrt. Viele Blüten, Blätter, Früchte und Wurzeln stammen aus den kurfürstlichen Gärten, während die Wildpflanzen von »Kräuterweibern« und Pflanzen-

Das große Laboratorium der Berliner Schloß- und Hofapotheke;
Federzeichnung, um 1750

sammlerinnen aus den Wäldern und Flußauen herbeigeschleppt
werden. Alle erdenklichen Pflanzen werden getrocknet, gepreßt
und gestoßen. In wertvollen Glasgefäßen werden Flüssigkeiten erhitzt, verdampft und wieder kondensiert, wobei das Destillieren
als wichtigste Technik gilt, um die nutzlose Materie einer Pflanze
von ihrer heilenden Essenz zu trennen. Aus den Essenzen werden
Salben und Heilpflaster gerührt, Liköre aufgesetzt und Sirupe ge-
kocht; Sirup, mit gestoßenem Pulver vermengt, ergibt Latwerge:
zum Beispiel Magenlatwerge aus Seelilienwurzeln oder Nüssen;
Latwerge aus Rosen, Hagebutten, Quitten oder Holunderbeeren;
und Latwerge gegen den Kater, »wenn sich einer etwas mit einem
harten übermäßigen Trunk beladen und dann unlustig wird«[53].
Daneben entstehen Öle aus Königskerze oder Muskatnuß; Nel-
ken- und Lavendelblütenzucker – das Angebot der Naturmedizin
scheint unerschöpflich.

Als Allheilmittel aber gelten die gebrannten Wasser, die »aquae
vitae«. Ein Branntwein aus Blüten, Blättern und Stengeln der Akelei sei »sonderlich gut für die Krankheit des Herzens oder da der

Mensch ohnmächtig oder schwach ist«.[54] Auch die Apothekerin selbst trinkt gern ein Schlückchen von ihrem Aquavit zur Stärkung und hat dafür ein zierliches, aus einer Muschel bestehendes Becherchen in ihrem Schreibtisch stehen. Seit 1556 kümmert Anna sich höchstpersönlich um die Herstellung dieser Spirituosen, und sie wird berühmt für ihre als wahres Lebenselixier geltende Arznei.

Die Rezepte verrät sie außer ihrer Tochter niemandem – da hilft auch kein Bitten. Die Nachfrage nach dem Weingeist aus der Annaburg steigt ständig, und manchmal wächst ihr die Arbeit über den Kopf. So klagt sie einmal ihrer Tochter, »daß wir uns nunmehr in unserem angehenden Alter etwas verdrossen machen, sind auch mit den Hin- und Wiederreisen, Gastereien und anderen Geschäften dermaßen überladen, daß wir das aquae vitae nun in zwei Jahren nicht viel gemacht«.[55] Erst in ihren letzten Lebensjahren überläßt sie die Branntweinherstellung dem Hofapotheker und den »Wasserbrennern«, wobei sie dazu auch Frauen beschäftigt und so mittellosen Witwen zu einem Einkommen verhilft.

Freigebig verschenkt sie den Branntwein in kleinen Glasfläschchen: »Das größte Lager ihres Aquavits hatte die Kurfürstin in Annaburg. Alljährlich zu Neujahr öffnete sie nach hergebrachter Sitte ihre Vorratskeller und versendete viele hundert von Flaschen weißen und gelben Aquavits.«[56] Häufig liefert sie die Anweisung, wie die Medizin einzunehmen sei, gleich mit: »Man nimmt die Brosamen von altbackenen Semmeln klein gerieben, thut dazu so viel gestoßenen Zuckerkant oder sonst reinen Zucker, als der Semmel sind, mischet es durcheinander und feuchtet dann die Semmelkrume mit dem aqua vitae an und gebraucht es Abends und Morgens, wenn es die Noth erfordert ungefährlich einer wälsche Nuß groß auf einmal.«[57] Nur die Behältnisse erbittet die sparsame Hausfrau zurück, da Glas rar und teuer ist.

Kosmetische Produkte aus ihrem Laboratorium sind Seife und eine »wohlriechende Handsalbe«, Zahnseife und Zahnpulver. Großer Beliebtheit erfreuen sich die Duftwässer. Als Körperpflegemittel bringen die »aquae aromaticae« eine angenehme Duftnote in einen Alltag voll übler Gerüche. Die kostbarsten Duftsubstanzen liefern die Blüten und Früchte der Zitrusbäume; von gro-

Kurfürstin Anna von Sachsen mit einer Rose

ßer Bedeutung sind auch Veilchen und Maiglöckchen. So ergeht
zu Beginn jedes Frühjahrs an mehrere Ämter die Order, sie sollen Veilchen und Maiglöckchen, »deren die Kurfürstin in großer
Menge zur Arznei bedürfe, so viel sie bekommen können, um
leidliche Bezahlung verschaffen und frisch in Handkörben ver-
wahrt, in das Destillierhaus nach Dresden zu schicken, auch dafür
sorgen, daß sie sonst nirgends hin verkauft würden«. [58]

Darüber hinaus aber gelten Duftaromen als medizinisch wirk-
sam. So tragen vornehme Leute als Schutz vor Krankheiten silberne Duftkapseln am Gürtel, und bricht eine Epidemie aus,
werden die Zimmer gegen die Ansteckungsgefahr ausgeräuchert.
Gegen die Pest, die Sachsen in jenen Jahren häufig heimsucht, ist
allerdings kein Kraut gewachsen, und immer wieder fallen Hunderte den unheimlichen Epidemien zum Opfer.

Wenngleich Anna auf dem Gebiet der Medizin Autodidaktin ist, steht sie in dem Ruf, es zu beachtlichem Können gebracht zu haben. Dabei ist sie immer auch auf die Erfahrungen anderer angewiesen. Eifrig sammelt sie Rezepturen, läßt sich aber auch von Leuten aus dem Volk beraten und lehnt weder volkstümlichen Aberglauben noch alchimistisches Geheimwissen ab. Das ist nicht ungefährlich in einer Zeit, in der Frauen leicht in den Verdacht der Hexerei geraten und dafür mit ihrem Leben bezahlen. Nicht einmal drei Monate vor Annas Tod wird eine gewisse Helene Wiedemann vor einem Dresdner Stadttor wegen Zauberei auf dem Scheiterhaufen verbrannt, nachdem sie unter der Folter gestanden hatte, die Zauberkunst von einem Mönch gelernt zu haben.[59]

Eine Kurfürstin ist jedoch aufgrund ihrer Machtstellung vor den Konsequenzen solcher Anwürfe geschützt. Sterben aber muß auch sie. Anna kränkelt schon eine Weile, als sie am 1. Oktober 1585 gegen sieben Uhr abends sanft entschläft; es heißt, sie sei »endlich fast in sich selbst verloschen«.[60] Gegen ihren ausdrücklichen Wunsch wird sie beinahe vier Wochen lang unter der Kanzel der schwarz ausgeschlagenen Hofkirche aufgebahrt, und Scharen von Menschen pilgern nach Dresden, um am Sarg Abschied von ihrer »Landesmutter« zu nehmen.

Danach ist die einflußreiche und auf vielen Gebieten aktive Renaissancefürstin mehr als dreihundert Jahre fast völlig aus der Geschichtsschreibung verschwunden. Allenfalls in der Nebenrolle der Gattin des Kurfürsten August I. taucht sie auf. Nur zwei Autoren haben sich überhaupt ihrer Biographie angenommen, und das ist auch schon wieder hundert Jahre her. Die kluge, außerordentlich tüchtige und vielseitig talentierte »Hausmutter«, die Gutsherrin, Gärtnerin und Apothekerin ist nahezu unsichtbar geworden. Es bedurfte erst einiger feministisch inspirierter Forscherinnen unserer Tage, die im Rahmen der historischen Frauenforschung den Spuren der Agrarpionierin Anna von Sachsen nachspüren.[61] Um so erstaunlicher ist, daß die dänische Königstochter und sächsische Kurfürstin 420 Jahre nach ihrem Tod den Menschen zumindest in Sachsen immer noch als »Mutter Anna« im Gedächtnis ist.

»Ich werde mich mit der Kunst
der Botanik beschäftigen«

Der Garten der
Kaiserin Joséphine

»La Malmaison« – welch ein düsterer Name für einen Sommer-
sitz an der Seine! Verkündet er Unheil, deutet er Sittenlosigkeit
an? »Das schlechte Haus«? Woher der Name kommt, weiß niemand genau, 1244 taucht er das erste Mal auf. Die einen sagen, er
erinnere an die Wikinger, die im 9. Jahrhundert in der Gegend
alles zerstört hätten; andere behaupten, dort habe im Mittelalter
ein Heim für Aussätzige gestanden, nach dem das Haus benannt
worden sei. [1]

Wie dem auch sei, für Joséphine (1763–1814) ist Malmaison
kein »schlechtes Haus«. Die Gattin Napoléon Bonapartes fühlt sich
hier wohl und zieht das kleine Schlößchen allen anderen Residenzen vor. Sie mag, daß das Leben hier privater und legerer ist als
in den Tuilerien; hier verlebt sie glückliche Tage mit Napoleon
(1769–1821), und nach der erzwungenen Scheidung vom Kaiser
der Franzosen bedeutet ihr Malmaison erst recht sehr viel: Es ist
ihr Zuhause, ihre Residenz und ihr Refugium.

An dem großen schmiedeeisernen Tor treten wir aus der schattigen Platanenallee, und unsere Augen müssen sich erst wieder an
die Helligkeit dieses strahlenden Hochsommertages gewöhnen.
Am Ende einer rabattengesäumten Auffahrt liegt das Schlößchen

Malmaison im Sonnenlicht – wie im Bilderbuch, als sei die Zeit stehengeblieben! Einladend leuchten die Beete entlang des Weges im warmen Orangeton der Dahlien, dazwischen das intensive Rot der Kardinalslobelien *(Lobelia cardinalis)*. Das dunkle Blau des Salbeis und der Vanilleblume *(Heliotropium arborescens)* dämpft die Farbigkeit. Vereinzelt duftet noch eine Rose an üppigem Strauch.

Der Ehrenhof vor dem schlichten Bau sieht noch ganz so aus wie vor zweihundert Jahren. Damals hat der Maler Auguste Garnerey (1785–1824) die schönsten Ansichten von Malmaison und dem dazugehörigen Park angefertigt. Hochstämmige, kugelförmig beschnittene Orangenbäume in blauen Holzkübeln rahmen damals wie heute den Ehrenhof ein.

Durch einen zeltartigen Vorbau gelangt der Besucher ins Zentrum des Hauses: eine perfekt klassizistische Empfangshalle mit Säulen und einem schwarzweißen Marmorboden; große, hohe Fenster und eine Flügeltür, die in den Park führt. Dort steht man dann zwischen zwei Obelisken und schaut auf eine leicht ansteigende Wiese, durch die sich ein Wasserlauf schlängelt. Früher hat hier die kaiserliche Familie an den Wochenenden ausgelassen Fangen gespielt, hier hat Napoleon häufig sein Kabinett zusammengetrommelt, und wenn jenseits des Wasserlaufs die Kühe grasten, war das ländliche Idyll perfekt.

Doch wo ist die Weite der leicht geschwungenen Grünflächen geblieben? Der Blick auf die bewaldeten Hügel am anderen Ufer der Seine? Die Sichtachsen zum Großen Gewächshaus, zum Liebestempel oder zum Aquädukt von Marly? Kaum etwas von der Großzügigkeit des Landschaftsparks ist übriggeblieben. Wir stehen in einem amputierten Garten, und es fällt schwer, sich in die ländliche Atmosphäre und die heiter-gelassene Stimmung dieser romantischen Sommerresidenz zu versetzen, die der Künstler Garnerey im Auftrag der Kaiserin zwischen 1810 und 1820 so wunderbar eingefangen hat.

Es braucht viel Phantasie, um sich vorzustellen, wie Joséphine in eleganter Garderobe, einen ihrer geliebten Kaschmirschals um die Schultern gelegt, mit ihren Hofdamen plaudernd den Weg zur Meierei oder den Gewächshäusern einschlägt. Aus der Halle tre-

Kaiserin Joséphine in Malmaison;
Gemälde von Pierre-Paul Prud'hon, 1805

tend, müßte sie sich nach rechts wenden und an einer üppig be-
pflanzten Rabatte vorbeischlendern. Sie riecht an den Blumen,
sie bewundert die Farben der Stockrosen und die schwarz-roten
Blütenblätter der Samtrose, in deren Mitte die gelben Staubgefäße
einen lebhaften Kontrast bilden (»Rosier de Van-Eeden«, heute
»Tuscany«). Fremdartige Schätze wachsen hier: Pflanzen aus fer-

nen Ländern, von denen man damals noch nicht einmal weiß, ob sie Frankreichs Klima auf Dauer mögen.

Kurz darauf verweilt die Hausherrin unter der Libanonzeder *(Cedrus libani)*, die sie 1800 zusammen mit Napoleon gepflanzt hat, um an seinen Sieg über die Österreicher bei Marengo zu erinnern. Diese »Marengo-Zeder« steht immer noch – ein prächtiges Exemplar mit mächtigen, breit ausladenden Ästen. Ein paar Schritte noch, dann endet der Weg heutzutage vor einem verschlossenen Tor. Überall in diesem geschrumpften Park enden Wege an hohen Mauern und Zäunen, der »Liebestempel« steht sogar auf dem Grundstück eines Nachbarn. Nur wer sich in die Büsche schlägt, erspäht ihn durch einen Zaun auf der anderen Seite einer Straße. Wie spektakulär der Garten der Kaiserin einmal war, kann man nur ahnen. Die ausladende Zeder und der daneben wachsende Tulpenbaum *(Liriodendron tulipifera)* geben einen kleinen Eindruck von der verflossenen Gartenpracht des Anwesens, das Joséphine 1799 als ländliches Wochenenddomizil für sich, ihre beiden Teenagerkinder aus erster Ehe und General Napoléon Bonaparte erworben hat. Mit ihm ist sie zu diesem Zeitpunkt drei Jahre verheiratet.

Bescheidene Anfänge

Ihre Trauung war alles andere als ein Glanzstück: von Festlichkeit keine Spur, eine eher schäbige, provisorische Zeremonie, die kaum länger als ein paar Minuten dauerte. Der Spielort: das Bürgermeisteramt im 2. Bezirk von Paris – ein karg möbliertes Zimmer im zweiten Stock eines ehemaligen »Hotels«. Eine Kerze beleuchtet die Szene nur spärlich. Die Stimmung ist nicht gerade freudig, Spannung liegt in der Luft: Der Bräutigam ist überfällig. Die Braut, Witwe und nicht mehr ganz jung, sieht nicht gerade strahlend glücklich aus. Sie hat ihren Exgeliebten mitgebracht, der sie zu dieser neuen Ehe überredet hat. Irgendwann wird der Bürgermeister ungeduldig und will nicht länger warten. Er geht. Eine Hilfskraft soll die Formalitäten erledigen. Ob der Mann überhaupt eine Trauung durchführen darf, bleibt offen.

Warum soll sie diesen verliebten kleinen Korsen überhaupt heiraten? Was kann er ihr und ihren Kindern denn bieten? Die junge Frau ist skeptisch, denn sie ist schon einmal verheiratet worden. Mit fünfzehn Jahren hat sie ihre Heimat Martinique verlassen, um in Paris eine arrangierte Ehe mit dem Vicomte Alexandre de Beauharnais (1760–1794) einzugehen. Das war zwar ein gesellschaftlicher Aufstieg, aber die Ehe war ein Flop. Das möchte sie eigentlich nicht noch einmal erleben.

Seit acht Uhr wartet die Hochzeitsgesellschaft nun schon auf den Bräutigam. Jetzt ist es zehn. Endlich stürmt der Mann in Uniform herein. Doch die Geburtsurkunden fehlen – es war zu schwierig, sie aus Korsika und Martinique zu beschaffen. Das gibt den Brautleuten Gelegenheit, bei den Altersangaben zu schwindeln – er macht sich zwei Jahre älter, sie vier Jahre jünger, so sind beide achtundzwanzig. Der Hilfsbeamte beglaubigt das, stellt die vorgeschriebenen Fragen, und schon ist es vorbei: General Napoléon Bonaparte und Madame de Beauharnais, geborene Marie-Josèphe Rose Tascher de la Pagerie, sind dem Gesetz nach am 9. März 1796 Mann und Frau geworden!

Kein Empfang, kein Fest, kein Tanz, kein Galadiner! Nur eine Hochzeitsnacht, in der – so will es wenigstens die hundertmal erzählte Anekdote – Fortuné, der Hund von Madame, den frischgebackenen Ehemann ins Bein beißt, um ihm den Platz in Frauchens Bett streitig zu machen. Die Flitterwochen dauern genau sechsunddreißig Stunden, dann verläßt der General Paris, um in Italien das Kommando über die französische Armee zu übernehmen. Während Napoleon in Italien von Schlacht zu Schlacht und von Sieg zu Sieg reitet, findet er zwischendurch aber immer Zeit, glühende Liebesbriefe an seine Frau zu schreiben – Briefe voller Leidenschaft, Zärtlichkeit und Erotik. Doch sie bleiben fast gänzlich unbeantwortet, denn die Vergötterte führt ihr Leben weiter, als habe keine Trauung stattgefunden.

Es ist eine wilde Zeit in Paris: Der Revolutionsführer Robespierre ist tot. In den Straßen herrschen Chaos, Angst und Gewalt. Das Geld verliert jeden Tag mehr an Wert, und die Not ist erschreckend. Andere profitieren, machen Geschäfte, legale und illegale. Man pokert um die politische Macht, häuft Vermögen an und gibt sie mit vollen Händen wieder aus. Es wird getrunken und geliebt, während man abends tanzt und tanzt und tanzt! Gierig und lebenshungrig stürzen sich die Überlebenden der Revolution ins Vergnügen, um deren Schrecken zu vergessen.

Auch Joséphine will vergessen. Dreieinhalb Monate saß sie in »Les Carmes«, einem der berüchtigtsten Revolutionskerker, und hat jeden Tag aufs neue um ihr Leben gezittert. Ihr Mann wird guillotiniert, und auch ihr droht die Hinrichtung. Für sie gerade noch rechtzeitig wird Robespierre gestürzt – sie kommt frei, und auch Eugène und Hortense, ihre beiden Kinder aus erster Ehe, sind in Sicherheit. Aber wie soll es weitergehen? Für den Moment lebt sie auf Kredit, doch wovon soll die Witwe mit zwei Kindern in Zukunft leben?

Die attraktive Joséphine setzt ihren ganzen Charme ein, klug nutzt sie ihre alten Verbindungen zu Vertretern des Ancien régime, knüpft aber gleichzeitig Kontakte zu den Reichen und Mächtigen der neuen Zeit. Kaum ein Tanzvergnügen, auf dem man diese verführerische Frau mit den Bernsteinaugen und dem kastanienbraunen Haar nicht trifft. Sie mag es, bewundert zu werden. Lächelnd und stets mit erhobenem Kopf bewegt sie sich auf jedem Parkett. In tief dekolletierten, hauchdünnen, ja fast durchsichtigen Kleidern tanzt sie von Ball zu Ball. Dabei spart sie nicht mit ihren Reizen und hat auch nichts gegen ein Liebesabenteuer einzuwenden. Ihren verliebten Gemahl findet sie mehr »drôle« als anziehend, seine leidenschaftlichen Briefe gibt sie in Gesellschaft zum besten, und ständig erfindet sie neue Ausreden, um dem General nicht nach Italien folgen zu müssen. Warum sollte sie das amüsante Paris verlassen, wo sie von seinem wachsenden Ruhm als Kriegsheld profitiert?

Madame Bonaparte ist sehr beliebt, man mag ihre charmant-liebenswürdige Art, und die Männer sind hingerissen, wenn sie mit ihrer kreolisch dunklen Stimme und dem melodisch singenden Tonfall das Wort an sie richtet, um sich dann mit langsamen, weichen Bewegungen und wiegendem Gang wieder zu entfernen. Zu Hause in der Karibik wurde sie »die hübsche Kreolin« genannt, und als älteste Tochter eines Zuckerrohrpflanzers wuchs sie auf wie eine verwöhnte Prinzessin. Sklaven erfüllten ihr jeden Wunsch. »Ich rannte, ich sprang, ich tanzte von morgens bis abends«,[2] erinnert sich Joséphine später an ihre freie und unbeschwerte Kindheit auf der Plantage − eine Welt von Luxus und Müßiggang auf der einen Seite, Armut und brutaler Unterdrückung auf der anderen; eine Welt voller Sinnlichkeit und nächtlicher Geheimnisse, voller Musik und aufregender Geschichten, voller Opulenz und glänzender Farbigkeit. Diese karibische Welt und das dortige Lebensgefühl, das eher die Sinne als den Intellekt anspricht, haben die schöne Joséphine, die alle bezaubert, zweifellos geprägt.

Auch ihr einziger eklatanter Schönheitsfehler ist eine Reminiszenz an ihre Kindheit. Häßlich braune Zähne zeugen von den süßen Verführungen einer Zuckerrohrplantage: heute an einem Stück Zuckerrohr lutschen, morgen an Saft, Sirup oder Melasse naschen und täglich Speisen und Getränke auf dem Tisch, die löffelweise mit dem braunen Zucker gesüßt sind. Doch die »hübsche Kreolin« weiß das Manko gut zu kaschieren: Sie lächelt ihr betörendes Lächeln, ohne die Zähne zu zeigen.

»La Malmaison«

Als Joséphine »La Malmaison« 1799 kauft, ist sie sechsunddreißig Jahre alt, und ihr Mann kämpft wieder einmal gegen die Engländer. Dieses Mal in Ägypten. Sie weiß, das Anwesen gefällt ihm, denn sie haben es schon einmal gemeinsam besichtigt, doch da war es Napoleon zu teuer gewesen. Joséphine hatte sich schon Jahre zuvor in den alten Besitz an der Seine verliebt. Damals war sie noch die Vicomtesse de Beauharnais und hatte verängstigt Paris verlassen, um sich auf dem Land vor den blutrünstigen Auswüchsen der Revolution in Sicherheit zu bringen. In Croissy-sur-Seine mietete sie ein Landhaus mit einem wunderschönen Garten. Wenn sie dort auf der schmalen Terrasse stand, blickte sie auf die bewaldeten Hügel der Ortschaft Rueil auf der anderen Seite des Flusses. Dort sah sie den verlassenen Herrensitz, der still und scheinbar unberührt von den politischen Turbulenzen in einer sanften Hügellandschaft zwischen alten Bäumen lag.

Schon damals hätte sie »La Malmaison« gerne besessen, doch das war angesichts ihrer finanziellen Möglichkeiten ein unerfüllbarer Traum. Jetzt aber, als Bürgerin Bonaparte, als Gattin des gefeierten, siegreichen Generals Bonaparte, nimmt sie Verhandlungen mit dem verarmten adeligen Besitzer auf. Bezahlen kann Joséphine den Kaufpreis von rund 300 000 Francs (inklusive 40 000 Francs für das Mobiliar) immer noch nicht. Sogar die Anzahlung von 15 000 Francs muß sie sich leihen. Doch sie ist kreditwürdig geworden: Unter der Bedingung, daß er seinen Posten behalten darf, leiht der frühere Verwalter der vernachlässigten Residenz ihr das Geld.

Das Haus, der Park – alles ist ziemlich heruntergekommen, doch Joséphine erkennt die Entwicklungsmöglichkeiten. Der Park ist im 17. Jahrhundert als Ergänzung eines stattlichen Hauses entstanden, war »komplett von Mauern begrenzt und in zwei Flächen geteilt durch einen Bach, der ohne Unterbrechung rinnt, selbst in der größten Hitze, und dieser Fluß teilt den verwendbaren Bereich, von dem ein Teil mit Apfel- und Birnbäumen bepflanzt ist«.[3] Der ländliche Charakter des Anwesens und damit das Versprechen von sommerlicher Erholung und reicher Ernte im Herbst bleiben auch im 18. Jahrhundert erhalten, doch wird jetzt das Nützliche mit dem Schönen verbunden. Vor dem Herrenhaus entsteht ein Garten im französischen Stil, mit kunstvollen Beeten, in Kübel gepflanzten Orangenbäumchen und zu Pyramiden geschnittenen Eiben.

Hinter dem Haus aber ist der letzte Besitzer, Jacques Jean Le Couteulx du Molay, mutiger gewesen: Hier hat er sich dem damals modernen Trend der Gartenkultur geöffnet und »einen Garten in englischem Stil von großer Schönheit anlegen lassen, wo man eine bemerkenswerte Menge an sehr seltenen und fremdländischen Bäumen und Pflanzen sieht«[4].

Immer noch prägt der Bach die Gartenansicht, zumal er durch zwei üppig bepflanzte kleine Inseln verschönert wird. Weiterhin gibt es einen Obst- und Gemüsegarten, aber auch eine Orangerie für frostempfindliche Zierpflanzen. Zahlreiche gußeiserne und

Gartenansicht von Malmaison; Aquarell von Auguste Garnerey

Fayencevasen schmücken den Park. Ein achteckiger, innen runder, in die Erde eingelassener Pavillon entsteht sowie ein mehr als sieben Meter hoher Turm, dessen obere Terrasse als Belvedere dient.

Die ehemalige Vicomtesse und jetzige Bürgerin Bonaparte übernimmt also ein Anwesen, das das Alte mit dem Neuen verbindet. Auch gibt es noch zahlreiche Stallgebäude, als Joséphine das Gut erwirbt, und sie wird Herrin über einen Esel, sechs Pferde, zwei Stiere, zehn Kühe, eine Färse, sechsundsiebzig Schafe, zweihundert Hühner, acht Gänse, zehn Enten, zwölf Truthähne und achtzig Tauben.

Szenen einer Ehe

Da Joséphine das Haus samt Mobiliar gekauft hat, kann sie gleich einziehen – zusammen mit ihrem jugendlichen Geliebten Hippolyte Charles (1773–1837). Mit ihm geht die neue Besitzerin auf Entdeckungsreisen in den Wiesen, Wäldern und Weingärten. Nur wenn Gäste kommen, verschwindet ihr Begleiter. »Seit ich auf dem Land lebe«, schreibt sie an ihren Exgeliebten Paul Barras (1755–1828), »bin ich so menschenscheu geworden, daß die Gesellschaft mir angst macht.«[5]

Trotz aller Geheimnistuerei verbreitet sich in der Pariser Gerüchteküche schnell die Nachricht, daß Bonapartes Frau nur ein paar Meilen von der Hauptstadt entfernt mit ihrem Geliebten zusammenwohnt, während ihr Mann in Ägypten sein Leben riskiert. Napoleons Familie frohlockt: Ehebruch – endlich ein nachweisbarer Fehltritt der verhaßten Joséphine! Obendrein wird gemunkelt, daß sie und Charles in dunkle Geschäfte verwickelt seien. Welch eine Chance, die ungeliebte Schwiegertochter beziehungsweise Schwägerin endlich loszuwerden.

Dann ist Napoleon plötzlich zurück. Die Nachricht, daß der Held in Fréjus gelandet ist, verbreitet sich in Paris wie ein Lauffeuer. Hastig bricht Joséphine auf, um ihrem Mann entgegenzueilen. Sie will ihn treffen, bevor er in die Fänge seines Familienclans gerät, denn sie weiß, daß der alles daransetzen wird, Napoleon zur Scheidung zu bewegen. Dummerweise nimmt Napoleon eine andere Route gen Paris als die, auf der seine Frau ihm entgegenhastet. Sie verpassen sich.

Als Joséphine drei Tage später müde und erschöpft wieder zu Hause ankommt, ahnt sie ihre Niederlage, denn die Tür zu Napoleons Zimmer bleibt ihr verschlossen. Sie weint und fleht, bittet und bettelt. Umsonst. Nichts kann ihn bewegen, die untreue Gemahlin einzulassen. Erst als Hortense und Eugène, ihre beiden von Napoleon innig geliebten Kinder, in das Wehklagen einstimmen, läßt der General sich erweichen. Es soll morgens um vier gewesen sein, als er endlich die Tür öffnet. Am Morgen darauf findet man Mann und Frau sichtlich versöhnt »in einer unmißverständlichen Situation«[6] in ihrem Ehebett.

Szenen einer Ehe! Diese ist als Wendepunkt in einer legendären Ehe tausendmal kolportiert worden. Egal, ob mit Sympathie für die eine oder andere Seite ausgeschmückt – wichtig ist allein das eindeutige Ergebnis: Diesen Machtkampf hat Napoleon für sich entschieden. Joséphine ist die Unterlegene. Nie mehr kommt diese Krise zwischen den beiden zur Sprache. Doch Joséphine hat ihre Lektion gelernt: Ihre Tränen haben keine unfehlbare Wirkung mehr. Daß Napoleon sich scheiden lassen könnte, ist zumindest in den Bereich des Möglichen gerückt, und will sie ihn halten, sind Unterwerfung, absolute Treue und Verläßlichkeit von nun an oberstes Gebot.

Ein Wochenendhaus à la Joséphine

Kaum ist die erste Rate für »La Malmaison« bezahlt, beginnt Joséphine mit der Umgestaltung von Haus und Park. Sie ist entschlossen, ihren Geschmack gegen den pompösen Protz der neureichen Bourgeoisie durchzusetzen. Über Geldmangel braucht sie neuerdings nicht mehr zu klagen, denn Napoleon hat sich Ende 1799, unmittelbar nach seiner Rückkehr aus Ägypten, mit viel taktischem Geschick, List und Tücke an die Spitze des Staates geputscht, wobei Joséphine ihren Mann bei diesem Tauziehen um die Macht äußerst klug unterstützt hat. Als Erster Konsul, das heißt de facto als Staatsoberhaupt, hat Napoleon nicht nur ein beträchtliches Einkommen, sondern verfügt auch über ein bestens ausgestattetes Spesenkonto.

Aus der Bürgerin Bonaparte ist die Konsulin, die Frau des Staatsoberhaupts, geworden, die den ihr zustehenden luxuriösen Lebensstil gern annimmt. In Malmaison werden Stallungen gebaut, Unterkünfte für das Personal, zwei Pavillons für die Garde des Ersten Konsuls, der beabsichtigt, hier die Wochenenden »en famille« zu verbringen – ganz privat, ohne pompöse Zeremonien und lästige Etikette. Und Napoleons langjähriger Sekretär Louis Antoine Fauvelet de Bourrienne (1769–1834) bestätigt, »nirgendwo außer auf dem Schlachtfeld habe ich Napoleon glücklicher gesehen als in Malmaison«[7].

Für die Ausgestaltung der Innenräume engagieren die Bonapartes die berühmtesten Dekorateure, die das Schloß prächtig und

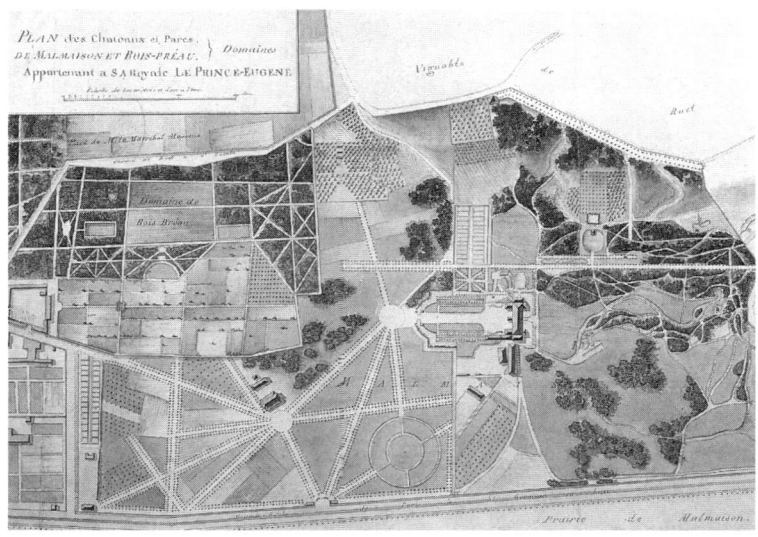

Gartenplan von Schloß Malmaison und Bois-Préau

phantasievoll ausstatten: hier ein Hauch Ägypten, dort eine römi-
sche oder griechische Reminiszenz; die Wände mit Seidenbahnen
geschmückt oder grazil bemalt – jeder Raum in einem anderen
Farbton. Der Eingang erhält einen zeltartigen Pavillon, der sich bis
heute zur Empfangshalle hin öffnet; rechts betritt man das grüne
Billardzimmer, den goldenen Salon und die Galerie mit den knall-
rot gepolsterten Möbeln, die gleichzeitig als Musikzimmer dient;
links der lichtdurchflutete Speisesaal mit acht pompejischen Tän-
zerinnen an den Wänden und Napoleons vielbewunderte Bibliothek mit etwa viertausendfünfhundert Büchern. Die Schlafsuiten
des Paares liegen im ersten Stock.

Joséphine setzt alles daran, den Besitz rund um Malmaison zu
erweitern: Sie kauft Schlösser, Bauernhöfe und die dazugehörigen Ländereien; schließlich gehören ihr Wälder, Teiche, Sümpfe
und Quellen. Napoleon drängt seine Frau zwar häufig zur Mäßi-
gung, doch macht er immer wieder gute Miene zum teuren Spiel:
»Das Schloß ist keine 120000 Francs wert«, mahnt er die sorglose

186

Verschwenderin einmal, um dann gleich einzulenken, »aber ich lasse dich machen, weil dir das Spaß macht; aber einmal gekauft, laß es nicht abreißen, um an diese Stelle ein paar Felsen hinzusetzen.«[8] Diese ironische Anspielung Napoleons, Jahre nachdem Joséphine Malmaison und die anderen Besitzungen erworben hat, läßt ahnen, mit welcher Gründlichkeit die Hausherrin die Umgestaltung betreibt.

Zwei junge Architekten, Pierre Fontaine (1762–1853) und Charles Percier (1764–1838), sind mit der Verschönerung des Parks beauftragt. »Madame Bonaparte zeigt größtes Interesse an der fortschreitenden Arbeit und verlangt ständig neue Verbesserungen«, stöhnt Percier ein Jahr nach Umbaubeginn. »Sie möchte, daß wir an den Zierteich, an die Gewächshäuser, ja, an alles und jedes denken, was ein Anwesen, das sie als ihr persönliches Zuhause betrachtet, verschönern kann.«[9]

Für Malmaison und den dazugehörigen Park entwickelt die Konsulin ihre eigenen Visionen und weiß sie gegen alle Widerstände durchzusetzen. Auch gegen ihre Architekten, die genervt reagieren: »In einem fort werden die Projekte wieder verworfen«, empört sich Fontaine, »weil sie immer wieder einen neuen Wunsch ausdrückt und wir sie nicht dazu bewegen können, einen festen Entschluß zu fassen, der es ihr erlauben würde, ihre Ziele in die Tat umzusetzen.«[10]

Ein »Parc anglais«

Darüber hinaus gibt es grundsätzliche Meinungsverschiedenheiten: Fontaine ist ein Anhänger des formalen französischen Gartens. Er liebt Formschnitthecken, Parterres und Broderiebeete. Dabei weiß er Napoleon auf seiner Seite, doch auch gegen ihn setzt Joséphine ihre Vorstellung von einem Landschaftspark im englischen Stil durch. Ganz so, wie es Jean-Jacques Rousseau in seinem damals populären Roman *Julie ou La Nouvelle Héloïse* beschrieb, möchte sie einen Garten, der dem Prinzip der Natürlichkeit gehorcht. Anstelle eines geometrischen Arrangements aus zurechtgestutzten Gewächsen schwebt ihr ein Park vor, in dem Büsche und Bäume in einer möglichst natürlichen Ordnung gepflanzt sind.

Außerdem soll das Betrachten des Gartens angenehme Gefühle hervorrufen. Mit solch romantischem Ansinnen kann Fontaine nichts anfangen: »Von Gliederung und Regelmäßigkeit in bezug auf Gärten zu sprechen war Gotteslästerung«, lautet sein sarkastischer Kommentar: »Man wollte Gruppen, Wirkungen, Gegensätze und vor allem Stimmungen. Ich habe mir manchmal unsere Unzulänglichkeit über die Geheimnisse einer Kunst eingestanden, die wir nur aus Rücksichtnahme nicht wagten, Scharlatanerie zu nennen.«[11]

Fontaine muß gehen, auch mit seinen unmittelbaren Nachfolgern kommt Joséphine nicht zurecht. Erst Louis-Martin Berthault (1770–1823) versteht die kapriziöse Hausherrin zu nehmen und bleibt bis zu ihrem Tod ihr oberster Architekt und Gartengestalter. Unter ihm entwickelt sich der Garten von Malmaison nach Joséphines Vorstellungen zu einem romantischen Park: Zwischen natürlich wirkenden Baumgruppen auf sanft geschwungenen Rasenflächen führen Sichtachsen den Blick weit in die Landschaft hinein – zum Beispiel bis zum Aquädukt von Marly, über den die Gärten von Versailles mit Wasser versorgt werden. Wenn Gäste sich nach dem Bauwerk in der Ferne erkundigen, scherzt Joséphine gern: »Oh, das ist nur eine kleine hübsche Sache, die Ludwig XIV. für mich bauen ließ.«[12]

Überall im Park fließt Wasser: Wasser wird gestaut, plätschert in Kaskaden herab, ein Teich und ein Bach »à l'anglaise«, den man auf hölzernen oder steinernen Brücken überquert. »Nichts war frischer, grüner, waldiger als der Park von Malmaison«, schwärmt Laure Junot (1784–1838) aus Joséphines Gefolge.[13] Massige Rhododendren begleiten den Bach, elegant zieht ein Schwanenpaar seine Bahnen, und in den Bäumen hängen Käfige, in denen Scharen bunter Vögel aus aller Herren Länder singen, pfeifen oder auch geräuschvoll kreischen.

Wenn Joséphine durch den Park schlendert, begegnet sie unter Umständen einer Herde afrikanischer Gazellen, oder die lang-

Der romantische »Parc anglais«; Aquarell von Auguste Garnerey

halsigen Strauße kreuzen ihren Weg; ganz vernarrt ist sie in die chinesischen Goldfasane; peruanische Lamas grasen neben schottischen Ponys, dazwischen ein zahmes Zebra, das sich sogar reiten läßt. »Der Park von Malmaison ist verschönert durch eine Menge fremdländischer Tiere von den schönsten Rassen«, berichtet ein Besucher. »Statt sie in einer Menagerie zu vereinen oder in einem engen, abgeschlossenen Bereich, laufen sie kreuz und quer an jenen Stellen herum, die ihnen am besten zusagen.«[14]

Für den See am südöstlichen Ende des Parks bestellt Joséphine – ganz wie es im Ancien régime Mode war – eine kleine Flotte von zehn Booten, und schon bald gehört eine Bootsfahrt zu den Lieblingsvergnügungen der Damen. Wer zu Fuß auf den gewundenen Wegen auf Entdeckung geht, trifft auf Herkules und Diana, etruskische Vasen oder marmorne Obelisken und einen Liebestempel mit Säulenhalle und Amorstatue.

Gleichzeitig ist der Park von Malmaison eine »ornamental farm«, wie die Engländer es nennen, denn wie Marie Antoinette

(1755–1793) im Petit Trianon läßt Joséphine in Malmaison einen »Hameau«, ein Dörfchen, anlegen; wie die Königin ihrer Jugendzeit betreibt Joséphine eine Schäferei, ist dabei aber anders als Marie Antoinette auf den Ertrag bedacht. Die anfänglich einhunderteinunddreißig Merinoschafe bekommt sie vom spanischen König geschenkt, und da diese Tiere doppelt soviel Wolle wie französische Rassen geben, wird die Herde auf mehr als zweitausend Schafe aufgestockt und entwickelt sich zu einer erheblichen Einnahmequelle des Gutes.

Die dazugehörenden zehn Schweizer Kühe sind ein Geschenk des Kantons Bern. Hirten und Melker tragen Schweizer Trachten, und die Milch wird in einer Meierei verarbeitet. Sie liegt an Joséphines Lieblingsroute zu einem hübschen Jagdpavillon, und wenn sie an warmen Tagen nachmittags mit der Kalesche ausfährt, freut sie sich schon darauf, den Wagen anhalten zu lassen, um beim Melken zuzusehen und mit Genuß an der noch warmen Milch zu nippen. »Der Kuhstall in La Malmaison war eine wirklich sehr schöne Sache und bemerkenswert gut instandgehalten«, berichtet rückblickend Mademoiselle Marie-Jeanne Avrillon (1774–1853), die Kammerfrau und Vertraute von Joséphine: »Er lieferte die Sahne, die Ihre Majestät jeden Morgen zu ihrem Kaffee nahm. Nirgendwo gab es so gute, frische Butter wie in La Malmaison; sie war das Produkt von schweizerischen Kühen, und man macht sie jeden Morgen. Joséphine ging sehr oft, um nach dem Kuhstall und dem Schafstall zu sehen, und wenn sie Personen empfing, die das erste Mal die Ehre hatten, bei ihr vorgelassen zu werden, war es fast immer die Richtung, die sie ihnen vorschlug zu nehmen.«[15]

Wochenenden im Park

Joséphine genießt die unbeschwerten Tage auf dem Land in vollen Zügen, und »Napoleon freute sich immer auf seine Wochenenden in Malmaison, wie ein Schuljunge sich auf seine Ferien freut«, schreibt sein Sekretär Bourrienne.[16] Das Leben dort ist familiär

Die Hirten Jacob, Christophe und Magdelaine tragen Schweizer Tracht;
Aquarell von Auguste Garnerey

und heiter, die Stimmung ist entspannt, und das Paar verbringt
dort glückliche Tage. Joséphines zwei Kinder im Teenageralter
tragen viel zur jugendlichen Lebendigkeit des Landlebens bei. »Es
war nicht schwer, Unterhaltung zu finden«, erklärt Hortense im
Rückblick, »Spaziergänge, Picknicke am See, Kartenspiele, all dies
war bezaubernd.«[17]

Tagsüber ist Joséphine gern an der frischen Luft: Spaziergänge,
sommerliche Ruderpartien auf der »rivière anglaise« und Ausflüge
in der kleinen Kalesche. Fährt sie mit ihren Damen aus, so sitzt Joséphine im ersten Wagen unter einem Schirm, um ihre Haut vor
der Sonne zu schützen. Will Napoleon mit ihr allein sein, lenkt *er*
den Wagen, oder er reitet hoch zu Roß neben ihr her. Fast könnte
man meinen, sie seien ein frischverliebtes Paar.

Auf dem Rasen hinter dem Haus trifft sich der kleine Hofstaat
bei schönem Wetter zu ausgelassenen Spielen: Bockspringen und
Blindekuh – da macht auch Napoleon gern mit, doch er kann nicht

verlieren. Er mogelt, lugt unter der Augenbinde hervor, beim Fangen läuft er behende wie ein Hase kreuz und quer, stupst unsanft die Damen und rennt die Herren sogar um. Leidenschaftlich gern hält der Erste Konsul sich draußen auf, da seien seine Ideen »luftiger und weiter«, meint er einmal. Er verbindet sein Arbeitszimmer durch eine Brücke mit einem eigenen kleinen Garten; von dort erreicht er durch eine Lindenallee seinen »Pavillon der Freiheit«, den er als Arbeitszimmer eingerichtet hat.

Von Zeit zu Zeit versammelt er seine Berater wie zu einem Picknick auf dem Rasen und bringt einige Herren damit in Verlegenheit: »Ich kam in Malmaison an«, berichtet sein Innenminister Charles-Maurice de Talleyrand (1754–1838), »und wissen Sie, was ich tat und wo der Erste Konsul sein Arbeitszimmer hat? Auf einer der Rasenflächen. Alle saßen im Gras. Ihm macht das natürlich nichts aus, er ist schließlich an Feldlager gewöhnt und trägt Stiefel und lederne Hosen. Aber ich! In Seidenhosen und Seidenstrümpfen auf dem Rasen sitzen! Können Sie sich das vorstellen? Ich bin nun einmal ein Krüppel mit Rheuma in den Knochen. Was für ein Mann! Er glaubt sich immer in seinem Biwak!«[18]

Häufig wird abends die opulente Tafel im Park gedeckt. Ab und zu nimmt sogar eine wohlerzogene Orang-Utan-Dame in weißer Baumwollbluse mit am Eßtisch Platz, um sittsam an weißen Rüben, ihrer Lieblingsspeise, zu knabbern. »Nach dem Essen«, erinnert sich Hortense, »nahm der Erste Konsul immer den Arm meiner Mutter, um sie fort von den anderen auf einen langen Spaziergang durch den Park zu führen.«[19] Später am Abend wird Tric-Trac gespielt, eine französische Variante des Backgammon, oder man greift zu den Karten, wobei Joséphine am liebsten »Siebzehnundvier« spielt.

Es kann aber auch sein, daß man sich nach dem Diner in der Galerie versammelt, wo Joséphine ein Stück auf der Harfe spielt, oder daß man sich im Haus zu fröhlichen Scharaden oder einer Theateraufführung trifft, in der die Bonapartes als Schauspieler mitwirken. Danach, so erinnert sich eine Teilnehmerin, versammeln sich Zuschauer und Künstler im Erdgeschoß, »alle bekamen jede erdenkliche Auswahl an Erfrischungen gereicht, und Joséphine machte die Honneurs, stellte alle mit ihrer üblichen Liebenswürdigkeit einander vor, so daß jeder den Eindruck hatte, sie interessiere sich nur für ihn allein. Nach diesen köstlichen Abenden, die gewöhnlich gegen Mitternacht endeten, machten wir uns auf den Rückweg nach Paris.«[20]

Einen Wermutstropfen bringt Napoleons politische Karriere mit sich: Nachdem er sich im August 1802 zum »Konsul auf Lebenszeit« hat ernennen lassen, muß die Konsulin die Wochenenden häufiger allein in Malmaison verbringen, denn als offizielle Zweitresidenz findet der Staatschef das Anwesen nicht mehr repräsentativ genug, und auch der legere Lebensstil dort sei seiner neuen Position nicht angemessen. Darum bezieht er Saint-Cloud, ein Schloß Ludwigs XIV., dessen wunderschönen Garten Sophie von Hannover schon einhundertzwanzig Jahre zuvor bewundert hat, als sie dort ihre Nichte Liselotte von der Pfalz besuchte (siehe Seite 92).

Andererseits aber wird Malmaison dadurch ganz und gar Joséphines Haus, und sie kann schalten und walten, wie sie will. Häufig trifft man sie draußen mit ihren Architekten, Landschaftskünstlern, Pflanzenlieferanten und Gärtnern, um die neuesten Pläne für die Parkanlage und die Fortschritte bei den Bauarbeiten zu besprechen. Darüber hinaus widmet sich die Hausherrin ausgiebig der Inspektion ihrer Pflanzen. Selbstverständlich macht sie sich nicht selbst die Hände schmutzig, wenngleich sie manchmal diesen Anschein erwecken will. Eines Tages, so verrät ihre Hofdame Claire de Rémusat, »ging Madame Bonaparte, die ihre Bäume und Blumen sehr liebte, in den Park, um die Verpflanzung einer Zypresse zu überwachen, und warf ein paar Klumpen Erde hinterher, damit sie wahrheitsgemäß behaupten konnte, sie selbst habe sie gepflanzt«.[21]

Kaum ein Besucher kommt umhin, die Herrin von Malmaison auf einem Spaziergang durch den Park zu begleiten, um die ausländischen Pflanzen zu bewundern, die sie mit Leidenschaft sammelt. Unbekannte Bäume und Sträucher aus fernen Ländern stehen in schönen Gruppen auf den Wiesen. In dem breiten Beet, das die Gartenseite des Schlößchens schmückt, blüht und duftet es in ungeahnter Vielfalt. Und wenn Joséphine ihr Wissen über die Blumen und ihre Herkunft ausbreitet und sie selbst immer wieder die vielfältige Schönheit der Blüten bewundert, mischen sich botanischer Eifer und Besitzerstolz.

Die Pflanzensammlerin

»Schicken Sie mir alle Samen und Früchte von Amerika«, schreibt Joséphine 1802 an ihre Mutter, »Kartoffeln, Bananen, Orangen, Mangonen oder Mangobäumchen, einfach alles, was Sie an Früchten und Samen auftreiben können.«[22] Immer wieder wird Joséphine vom Heimweh nach ihrer karibischen Heimat geplagt. Dann wird sie melancholisch und wünscht sich, ihre Gärtner und Botaniker könnten die üppige Fülle der tropischen Vegetation, die Gerüche und Laute des Regenwalds nach Frankreich zaubern. Es sieht ganz so aus, als sei dieses Heimweh der tiefere Grund für ihre wachsende Pflanzenleidenschaft. In der Landschaft ihrer Kindheit findet sie Inspiration.

Außerdem lernt sie im »Jardin des Plantes«, dem früheren »Jardin du Roi«, der zugleich botanischer und zoologischer Garten ist, daß auch in Frankreich tropische Pflanzen gedeihen können: »Ich danke Ihnen, liebenswerter Bürger, für die ausgezeichneten Feigen und Bananen, die Sie mir geschickt haben«, schreibt sie an einen der Professoren. »Diese Früchte haben mich an meine Heimat erinnert und mir bewiesen, daß Sie imstande sind, über das Klima zu triumphieren und alles zur Reife zu bringen.«[23] Warum sollen ihre Gärtner das nicht auch fertigbringen, wenn sie nur die notwendigen Voraussetzungen schafft?

Tatsächlich gibt Frau Bonaparte 1802 ein riesiges Gewächshaus in Auftrag, doch die Maurer, Zimmerleute, Glaser, Installateure, Schlosser und Fliesenleger werden drei Jahre brauchen, bis dieses prachtvolle gläserne Symbol ihrer Pflanzenleidenschaft fertiggestellt ist. Das aber hindert die Gärtnerin von Malmaison nicht, mit großem Eifer und Entschlossenheit zu Werke zu gehen, was um so erstaunlicher ist, als kein Dokument, kein Bild, kein Brief,

Das riesige Glashaus der botanisch interessierten Kaiserin;
Aquarell von Auguste Garnerey

rein gar nichts darauf hinweist, daß Joséphine schon vor dem Er-
werb von Malmaison irgendein naturkundliches Interesse gehabt
hätte. Dennoch: »Die Neigung zur Botanik war bei ihr nicht etwa
nur eine Laune«, schreibt Mademoiselle Avrillon in ihren Memoiren, »sie machte sie zu einem Gegenstand sogar recht ernsthafter
Studien. Bald kannte sie die Namen aller Pflanzen, der Familie, in
welche sie die Forscher einreihten, ihre Herkunft und ihre Eigenschaften.«[24]

Erstaunlich schnell eignet sie sich vielfältige Pflanzenkenntnisse
an, studiert Fachliteratur, abonniert Fachzeitschriften zum Thema
Gartenbau, korrespondiert mit Botanikern und hält engen Kontakt
zu den Spezialisten vom Pariser Naturkundemuseum: »Gestatten
Sie uns, Madame, Sie zu Ihrem Interesse an der Naturkunde zu be-
glückwünschen«, schreiben die Professoren und schmeicheln der
Frau des mächtigen Bonaparte. »Sie tragen zu ihrem Fortschritt bei,
und dafür danken wir Ihnen im Namen aller Naturforscher.«[25]

Was vielleicht als Grille einer verwöhnten Frau mit einem Faible für blühende Blumen begonnen hat, entwickelt sich zu einem echten botanischen Interesse. Um sich Pflanzen aus aller Welt zu beschaffen, nutzt Joséphine die Verbindungen ihres Mannes. Begeistert schreibt sie an Handelsattachés, Diplomaten und Konsulate im Ausland und bittet alle Welt, sie mit Samen, Setzlingen und Ablegern zu versorgen. Aus Nordamerika wünscht sie sich möglichst viele verschiedene Saaten, denn »ich möchte diese Pflanzenarten in Frankreich züchten, das ja, was die Temperaturen betrifft, große Ähnlichkeit mit Nordamerika aufweist. Zu diesem Zweck, dessen Nutzen Sie gewiß einsehen, lasse ich einen Teil der zu Malmaison gehörenden Ländereien zu Gewächshäusern und Baumschulen herrichten. Dort werden exotische Bäume und Sträucher kultiviert, die auch in unserem Klima gedeihen können.«[26]

Die botanische Leidenschaft von Frankreichs First Lady spricht sich herum, und von allen Seiten kommen Pflanzengeschenke. Meist bedankt sie sich persönlich: »Es ist sehr liebenswürdig, daß Sie sich an meine Liebe zu Pflanzen erinnert haben«, schreibt sie dem Absender von dreiundzwanzig kleinen Samenpäckchen. »Sie hätten mir kein schöneres Geschenk machen können.«[27] Und zieht Napoleon wieder einmal in den Krieg, versäumt es Joséphine nie, seinen obersten Verwaltungschef, Graf Pierre Antoine Noël Daru, zu ermahnen, ihr aus den eroberten Gebieten Pflanzen zu besorgen, die in ihrer Sammlung noch fehlen.

Pflanzen als Kriegsbeute oder Geschenk – das ist das eine; das andere sind die Neuheiten, die Joséphine für horrende Summen bei den besten Baumschulen und Gärtnereien einkauft: bei Vilmont in Paris, bei Jacques-Martin Cels oder beim Rosenzüchter André Dupont; auch bei Arie Corneille in Haarlem ist sie Kundin. Hauptpflanzenlieferant aber ist die Firma Lee & Kennedy in Hammersmith bei London. Das ist um so erstaunlicher, als in den fünfzehn Jahren, in denen Joséphine in Malmaison wirkt, nur ganze dreizehn Monate kein Krieg zwischen den beiden Ländern herrscht. Außerdem unterbindet die von Napoleon verhängte Kontinentalsperre jeglichen Handel zwischen den Kriegsgegnern. Da aber die meisten der fremdländischen Pflanzen Europa über Großbritannien erreichen, dringt Joséphine auf eine Ausnahmeregelung und setzt durch, daß der Gärtnereibesitzer John Kennedy einen Sonderausweis erhält, der es ihm erlaubt, jederzeit zwischen England und Frankreich hin und her zu reisen, um die empfindlichen Pflanzenschätze eigenhändig abzuliefern.

Die Kaiserin

Napoleon ist 1804 auf dem Höhepunkt seiner Beliebtheit, und Joséphine ist in dieser Zeit der Restauration Napoleons Ambitionen besonders nützlich, denn sie ist nicht nur beim Volk und in republikanischen Kreisen äußerst populär, sie erwirbt auch das Vertrauen der Royalisten, denn pausenlos setzt sie sich dafür ein, daß Adelige, die vor der Revolution geflüchtet sind, nach Frankreich zurückkehren können und daß die alten Familien ihre Schlösser und Ländereien zurückerhalten. So treffen sich im Haus der First Lady die Vertreter des alten und des neuen Regimes, beide Parteien werden von Joséphine unterschiedslos liebenswürdig umsorgt, so daß keiner der Gäste argwöhnt, sie könne ihn für die Interessen ihres Gemahls benutzen.

Es dauert nicht lange, und Napoleon wird im Mai 1804 zum Kaiser ernannt. Im Herbst folgt in Anwesenheit des Papstes die spektakuläre Zeremonie, in der Napoleon sich selbst zum Kaiser der Franzosen krönt, um dann auch seiner Frau die Diamantkrone aufzusetzen: Kaiserin Joséphine! Tränen rinnen über ihr Gesicht. Sie ist zutiefst ergriffen. Welch ein Aufstieg der »hübschen Kreolin« Marie-Josèphe Rose Tascher de la Pagerie von der Zuckerrohrplantage auf Martinique. Mit fünfzehn Jahren nach Frankreich verheiratet, wird sie im Alter von einundvierzig Jahren Kaiserin aller Franzosen. Fast scheint der mit goldenen Bienen bestickte und hermelingefütterte rote Samtmantel mit der langen Schleppe zu schwer für die zarte Frau. Sie gerät ins Wanken, doch ist sie entschlossen, die neue Rolle anzunehmen – mit allen Konsequenzen.

Joséphines Leben ist von nun an dem von Napoleon wieder eingeführten höfischen Zeremoniell vergangener Zeiten unterworfen.

Freundlich lächelnd absolviert sie die vielen Repräsentationspflichten, sie empfängt zahllose Bittsteller und pflegt das wohltätige Image des Kaiserhauses. Doch das Leben als Kaiserin hat auch angenehmere Seiten: Joséphine kann sich jeden Wunsch erfüllen. Sie gibt das Geld mit vollen Händen aus, verschwenderisch und leichtsinnig kauft sie alles, was ihr gefällt, ohne nach dem Preis zu fragen: ausgefallene Kleider, kostbare Roben, weiche Kaschmirschals, gewagte Hutkreationen und wertvollen Schmuck. Und da ganz Frankreich weiß, daß die Kaiserin nicht widerstehen kann, wenn ihr etwas gefällt, drängen sich an jedem Vormittag die Couturiers, Putzmacherinnen und Juweliere in ihren Empfangsräumen, wo sie von exotischen Vögeln begrüßt werden, die in einer Voliere herumflattern.

Pünktlich um zehn Uhr öffnet sich dann die Tür zum Empfangszimmer, und strahlend schön kommt die Hausherrin aus ihrem Ankleideraum, in dem sie sich ausgiebig ihrer Toilette gewidmet hat. Ein leichtes Rouge hat sie aufgelegt. Das kurze kastanienbraune Haar hat ihr Coiffeur zu einer Masse glänzender Locken geformt und mit Perlen geschmückt. Das Rosenwasser aus Grasse verströmt einen verführerischen Duft. Ihr Kleid umspielt den schlanken Körper, ist tief dekolletiert, und die Taille ist unter dem Busen mit einem farbigen Band versehen. Mit ihren großen Augen unter den langen Wimpern schaut sie freundlich in die Runde, die bewundernd feststellt, wie jung ihre Kaiserin aussieht, obwohl sie schon um die vierzig Jahre alt ist.

Die Angst, Napoleon könne sie wegen einer jüngeren Frau verlassen, sitzt tief. Sie ist rasend eifersüchtig, weint und tobt, wenn der Gemahl wieder einmal eine Mätresse hat. Sie weiß, irgendwann lassen sich die Spuren des Alterns nicht mehr wegschminken. Diese Furcht macht sie für Schmeicheleien empfänglich, was der Modezar Louis-Hippolyte Leroy wiederum schamlos auszunutzen weiß, so daß ihr Garderobenbestand ins Gigantische wächst. Über die Schätze in ihren Schmuckschatullen hat sie längst die Übersicht verloren – auch über ihre Schulden, die ihren Gemahl regelmäßig zur Weißglut treiben. Er tobt und schreit, sie versucht zu mogeln, zu vertuschen, zu verheimlichen, doch irgendwann

Napoleon krönt Joséphine am 2. Dezember 1804 zur Kaiserin;
Gemälde von Jacques-Louis David

muß sie beichten. »Ihre Freude bestand darin zu erwerben, nicht zu besitzen«,[28] schreibt Napoleons Sekretär, wobei das Schlimme ist, daß sie nicht nur Kleider und Diamanten hortet. Genauso kaufsüchtig sammelt sie Gemälde, Vasen, antike Büsten, aber auch exotische Tiere und – natürlich Pflanzen.

Die Botanikerin

Es ist die Zeit der kolonialen Eroberungen und der wissenschaftlichen Expeditionen. Gespannt beobachtet Joséphine alle bedeutenden Forschungsreisen ihrer Zeit, denn sie hat den Beschluß gefaßt: »Ich werde mich mit der Kunst der Botanik beschäftigen.«[29] Kehren die Forscher mit aufregendem Pflanzenmaterial oder noch unbekannten Tieren zurück, setzt sie alle Hebel in Bewegung, damit sie die erste Wahl bei der Verteilung der Expeditionsbeute hat. Das sind ihre Eroberungen. Die Professoren des »Jardin des Plantes« reagieren verärgert, doch als Frau des ersten Mannes im Staate kann sie sich der politischen Protektion sicher sein. So ermahnt Innenminister Jean-Antoine Chaptal die verschnupften Wissenschaftler: »Sie wissen so gut wie ich, mit welchem Erfolg Mme. Bonaparte Pflanzenzucht betreibt und seltene Tiere sammelt. Es ist im Interesse der Wissenschaft und des Ruhmes Frankreichs, ihr dabei behilflich zu sein, und ich möchte Sie deshalb bitten, sie nach Kräften zu unterstützen.«[30]

Eine solche Auseinandersetzung gibt es beispielsweise über die Ausbeute der dreieinhalb Jahre dauernden Australienexpedition des Nicolas Baudin (1754–1803). Baudin selbst erliegt auf der Rückreise einer Krankheit, doch ist die Ankunft seiner beiden Schiffe »Le Naturaliste« und »Le Géographe« im März 1804 eine Sternstunde für Malmaison: Ficus, Zierfeige, Hibiskus, Mimose und Akazie – dieser Expedition verdankt der Park seinen reichen Bestand an australischer Vegetation. Aber auch unter den Tieren sind wirkliche Neuheiten: ein Känguruh, Emus, ein Rotnackenwallaby und die zwei schwarzen Schwäne *(Chenopsis atrata)*, die in ganz Europa berühmt werden und Joséphines ganzer Stolz sind.

Es sind elegante Tiere, und es ist wunderschön anzusehen, wie sie lautlos über den See von Malmaison gleiten. Das Schwanenpaar ist eine besondere Attraktion im Park, und Joséphine setzt alles daran, daß die Tiere sich auch in Gefangenschaft wohl fühlen. Tatsächlich überleben sie nicht nur in ihrer neuen Umgebung, in zehn Jahren werden sogar aus dem einen Paar sieben schwarze Schwäne. Schon bald zieren die extravaganten Tiere das offizielle Emblem der Kaiserin von Frankreich, und bis heute wird das schwarze Schwanenpaar zum romantischen Symbol für die lebenslange Liebe zwischen Joséphine und Napoleon stilisiert.

Ebenfalls 1804 kehren auch der deutsche Naturforscher Alexander von Humboldt und der französische Botaniker Aimé Bonpland (1773–1858) von ihrer fünf Jahre dauernden Südamerikaexpedition zurück. 6000 Pflanzen haben sie gesammelt, die Hälfte davon ist der Wissenschaft unbekannt. In Paris werden sie triumphal empfangen, mit Ehrungen überschüttet, und die Forscher dürfen Kaiserin Joséphine ihre Aufwartung machen.[31] Als Geschenk überreichen die beiden ihr eine Rose, die sie aus den Anden mitgebracht haben und die deshalb den Namen »Rosier de Montezuma« erhält. Joséphine hat die Expedition der beiden jungen Männer von Anfang an fasziniert verfolgt, zumal Bonpland manche prall gefüllte Samentüte von unterwegs nach Paris schickt. Joséphine ist neugierig auf die beiden verwegenen Forscher; sie will von ihren Abenteuern hören und sich für die Saat bedanken, aus der in ihren Gewächshäusern mittlerweile zarte Pflänzchen geworden sind: Mimosen, Heliotrope, Kassien und Lobelien, dazu die besonders wertvollen Dahlien aus Mexiko.

Sie sind eine absolute Rarität, denn außer in den Botanischen Gärten von Berlin und Madrid findet man sie nur in Malmaison. Deshalb sind die Knollen auch außerordentlich wertvoll; für eine Dahlie, so heißt es, hätte man einen Diamanten eintauschen können. Joséphine ist so stolz auf diesen exklusiven Besitz, daß sie sich höchstpersönlich um ihre Dahlien kümmert. Als dann eine ihrer Hofdamen einige Knollen entwendet und damit Joséphines Monopol bricht, ist sie so wütend, daß sie alle ihre Dahlien zerstört.

Für Bonpland ist die Begegnung mit Joséphine ein Meilenstein für seine weitere Karriere, denn von nun an wird er sie in botanischen Fragen beraten. Beide verbindet die Leidenschaft für tropische Gewächse, und 1809 ernennt die Kaiserin ihn zu ihrem Chefbotaniker. In dieser Funktion wird sie ihn im selben Jahr, nachdem Napoleon Wien erobert hat, dorthin schicken, damit er in den Gewächshäusern von Schloß Schönbrunn Raritäten für ihre Sammlung aussucht. Achthundert wertvolle exotische Pflanzen werden damals als Kriegsbeute aus Wien nach Malmaison transportiert. Um den österreichischen Verwalter der Gewächshäuser zu trösten, zeigt Joséphine sich wie immer großzügig und schenkt ihm einen wertvollen Ring.

Bonpland, der, bevor er von Joséphine engagiert wird, am »Jardin des Plantes« die Ergebnisse seiner Südamerikaexpedition ausgewertet hat, unterhält hervorragende Kontakte zu den einschlägigen Baumschulen, um mit ihnen Erfahrungen auszutauschen, denn die Kultivierung und Akklimatisierung der tropischen und subtropischen Gewächse ist Anfang des 19. Jahrhunderts noch im Versuchsstadium. Auch Bonpland experimentiert unermüdlich: So setzt er in Malmaison die Pflanzen aus Asien oder Amerika zwischen robuste einheimische Gehölze, packt sie im Winter ein und hofft, daß sie den nächsten Frost überleben. Die Verlustrisiken sind groß, doch Bonpland hat offensichtlich den berühmten »grünen Daumen«, denn unter seiner Obhut gedeiht Joséphines Exotensammlung prächtig. Welch ein Glücksgefühl, Knospen, Blüten oder gar Früchte an Pflanzen zu entdecken, die sie eigentlich schon aufgegeben hatte! Darüber vergißt sie allzuoft die unbezahlten Rechnungen der Pflanzenlieferanten, bis sie es irgendwann ihrem erzürnten Ehemann beichten muß.

Eine besonders spektakuläre Neuheit ist die gefüllte, rosa blühende Strauchpäonie *(Paeonia suffruticosa)* aus Sichuan, die 1803 über London nach Malmaison kommt und zunächst im Gewächshaus gehalten wird. Bonpland pflanzt sie 1811 ins Freie und packt sie im Winter unter ein mit Strohmatten gefüttertes Glashaus. So übersteht sie nicht nur Minusgrade, vielmehr schmückt der Strauch sich im Frühjahr 1812 mit dreizehn Blüten, deren Duft an Rosenparfüm erinnert.[32] Außerdem gedeiht in Malmaison die amerikanische *Magnolia macrophylla* mit ihren großen, exotisch aussehenden Blättern sowie eine der ersten über Großbritannien eingeführten chinesischen Magnolien *(Magnolia denudata)*. Ebenfalls aus China kommt eine ganz neue Rosenart nach Malmaison, die *Rosa chinensis*, die erste Rose in Europa, die gelb blüht.

Die »Rosenkaiserin«

Es ist wie ein Kaufrausch. Jede neu entdeckte und nach Europa eingeführte Rose, jede Kreuzung, jede neue Züchtung – alle existierenden Variationen der Rose muß Joséphine besitzen. Noch Ende des 18. Jahrhunderts sind das eigentlich gar nicht so viele. Ex-

»Rosa versicolor«;
Stich von Pierre-Joseph Redouté

perten schätzen, bevor die Ostindienfahrer aus China neue Rosen mitbrachten, habe es nicht mehr als dreißig bis vierzig Rosensorten gegeben.[33]

Die fernöstlichen Schönheiten sind eine Sensation: Sie mögen zwar den Frost nicht, doch blühen sie den ganzen Sommer; viele von ihnen können klettern, und ihre Blüten haben für Rosen ganz ungewöhnliche Farben, nämlich Gelb und ein bläuliches Rot. Die wichtigste unter den Neuen ist die gelbe Chinarose *(Rosa chinensis)*, die 1809, aus Kanton kommend, England erreicht: »Rosa indica odorant« wird sie zunächst genannt oder auch »Bengal à l'odeur de thé« (Bengalrose). Sie und ihre asiatischen Schwestern revolutionieren um 1800 den Rosenmarkt. Es ist ein radikaler Umbruch. Massenhaft werden die alten mit den frisch importierten Rosenklassen gekreuzt. Das Ziel: frostharte, dauerblühende Rosen in neuen Farben.

Daß Joséphine in den Jahren kurz nach der Jahrhundertwende den Garten von Malmaison anlegt und dabei zunächst vor allem auf blühende Pflanzen erpicht ist, ist den Rosenzüchtern in Frankreich und England nicht entgangen. Auch nicht, daß die »Rose« aus der Karibik die Rosen liebt und ehrgeizig das Ziel verfolgt, eine möglichst komplette Sammlung zu besitzen. Deshalb kauft sie alles, was ihr angeboten wird. Möglicherweise hat das die Züchter zu immer neuen Anstrengungen beflügelt, so daß schließlich im Park von Malmaison zweihundert (manche sagen sogar zweihundertfünfzig) verschiedene Rosensorten wachsen – tatsächlich die größte und umfassendste Rosensammlung Europas.

Die meisten Neuzüchtungen kommen aus Großbritannien. In Frankreich ist der Baumschulbesitzer André Dupont (1756–1817) Joséphines wichtigster Rosenlieferant. Etwa dreitausend Rosenstöcke hat er ihr 1808/09 geliefert. Ein Teil der Rosen wird in Malmaison in Töpfen und Kübeln gezogen, die erst zur Blüte ins Freie gebracht werden. Die weniger frostempfindlichen Rosen setzen die Gärtner in die Beete zwischen all die anderen Pflanzen, wobei sie darauf achten, daß die duftenden Exemplare nahe an den Wegen stehen, damit die Spaziergänger genüßlich daran riechen können. Bonpland aber schmeichelt seiner Herrin und macht ihr das Vergnügen, in einem Beet die Rosen so anzuordnen, daß sie »J.B.«, die Anfangsbuchstaben ihres Namens, bilden.

Für Joséphine und ihre Hofdamen ist es ein köstlicher Zeitvertreib, die Rosenblüten zu betrachten, um dann klangvolle Namen für sie zu finden. Da gibt es die »Belle de Hebé« (Schöne von Hebe), die »Beauté touchante« (Anrührende Schönheit) oder die »Parure des Vierges« (Zierde der Jungfrauen). Sicherlich nicht ganz ohne frivole Hintergedanken taufen sie eine der ganz alten Albarosen »Schenkel der erregten Nymphe«, weil sich in den Tiefen ihrer cremeweißen Blüte ein Hauch von Rosa zeigt. Die Briten möchten darin eher das schamhafte Erröten einer Jungfrau sehen und nennen die liebenswerte Rose bis heute »Maidens Blush«.

Zahlreiche romantische Geschichten ranken sich um den Namen »Souvenir de Malmaison«; ohne genau zu wissen, welche stimmt, erinnert uns die bis heute populäre Rose an die Rosenliebe der französischen Kaiserin. Zur »Rosenkaiserin« wird sie allerdings erst durch ein Buch, das mehrere Jahre nach ihrem Tod erscheint: *Les Roses*, in ihrem Auftrag gemalt vom damals berühmtesten Blumenmaler Pierre-Joseph Redouté (1759–1840).

Ein gläserner Palast

Spektakulärer noch als Joséphines Rosensammlung ist die »Grande Serre Chaude«, das sündhaft teure »Große Warmhaus« mit der darin untergebrachten Sammlung von exotischen Pflanzen (Abbildung Seite 195). Fast so groß wie das Schloß, kann es sich durchaus mit dem Glashaus des »Jardin des Plantes« messen oder dem von »Kew Gardens«. Drei Jahre wird an diesem prachtvollen Gebäude gebaut, und bis zur Fertigstellung 1805 hat es die traumhafte Summe von 148 071 Francs verschlungen. Bei einer Breite von neunzehn Metern ist es fast fünfzig Meter lang und hat eine für die damalige Zeit sensationell große Glasfläche. Bis zu fünf Meter hohe Pflanzen können die Gärtner darin kultivieren; im Winter heizen zwölf Kohleöfen im Keller den kälteempfindlichen Gewächsen ein, im Sommer werden viele der Kübelpflanzen ins Freie transportiert.

Vor dem Eingang stehen in einem Bassin vier wasserspeiende Greife, die ein Becken tragen, aus dem sich majestätisch eine fast drei Meter hohe Granitsäule erhebt, die wiederum von einer neunzig Zentimeter hohen Porphyrvase gekrönt wird. Säule und Vase sind Antiken aus römischen Fundstätten, die dem Eingangsbereich etwas Erhabenes verleihen. In der zentralen Eingangshalle grüßt dann ein Satyr, der auf einer Fontäne hockt; im Inneren des Hauses wird Rousseau mit einem Denkmal geehrt.

Fast täglich kommt Joséphine hierher, um ihre Pflanzensammlung zu betrachten. Hier trifft sie sich mit Bonpland, mit dem die

Kaiserin eine fast freundschaftliche Vertrautheit verbindet. »Mit welchem Vergnügen«, schreibt er später, »verließ sie die goldstrotzenden Salons und die Pracht der Repräsentation, um in den Gärten und Gewächshäusern auszuspannen, die sie so sehr liebte.«[34] Gemeinsam inspizieren sie die Pflanzen und besprechen, welche Arten als nächstes besorgt werden sollen. Besucher dürfen nur in Begleitung des Obergärtners oder mit einer Genehmigung der Hausherrin das Gewächshaus betreten. Eigens für das Publikum läßt Joséphine luxuriös ausgestattete Gesellschaftsräume anbauen: prächtige Teppiche, Statuen, Vasen, antikisierendes Mobiliar – so etwas gibt es sonst nirgends. Hier werden Erfrischungen gereicht, und die Kaiserin plaudert mit ihren Gästen, die aus den Salons durch eine Glasscheibe üppige Farne, exotische Blüten und nie gesehene Pflanzen bestaunen können.

Neben den australischen Pflanzen, die Nicolas Baudins Schiffe mitgebracht haben, blühen hier Schätze aus Südafrika, zum Beispiel etwa fünfzig Pelargonienarten und zahlreiche Spielarten der Heide *(Erica)*, daneben die Zimmerlinde *(Sparmannia africana)* und Zwiebelpflanzen wie die Ixia und Amaryllis. Fast zweihundert in Frankreich damals noch unbekannte Pflanzen blühen erstmals in Malmaison: Hibiskus, Mimosen und Eukalyptus, Kamelien aus Japan, Phlox, gefüllte Hyazinthen und *Frangipani alba*, der betörend duftende Jasmin aus Martinique, an dem sie besonders hängt; auch das Zuckerrohr erinnert an die Karibik, und eine Dame aus Joséphines Gefolge ist während ihrer Schwangerschaft süchtig nach den Früchten einer ganz speziellen Ananassorte. Bei Streifzügen durch ihren gläsernen Palast, inmitten der süßen Düfte, des Wassergemurmels und der sanften, feuchtwarmen Luft, schwelgt die Kaiserin in glücklichen Erinnerungen an ihre karibische Heimat.

Dann führt Bonpland seine Herrin in einen Gang, in dem sie mit Genugtuung die Pflanzen betrachtet, die man nach ihr und Napoleon benannt hat: zum Beispiel *Lapageria rosea*, das Chileglöckchen; oder das Prachtexemplar der südafrikanischen *Amaryllis josephinae* (später umbenannt in *Brunsvigia josephinae*), die eine riesige rote Blüte entwickelt. Für eine Knolle hat Joséphine nicht weniger als 3000 Francs bezahlt, und die stolze Besitzerin behauptet, sie

Prominente Gäste treffen sich im luxuriösen Inneren des Glashauses;
Aquarell von Auguste Garnerey

habe sie persönlich auf einem Markt gefunden und zum Blühen gebracht. Redouté hat die Kostbarkeit für die Nachwelt im Bild festgehalten.

»Es ist hier, wo ich mich glücklicher fühle, wenn ich den Purpur des Kaktus studiere, als wenn ich den ganzen Prunk betrachte, der mich umgibt«, schwärmt die Hausherrin gegenüber einem ihrer Gäste: ›Es ist hier, wo ich inmitten der vegetabilischen Heerscharen throne, hier ist die Hortensie, die vor kurzem den Namen von meiner Tochter entlieh, die Soldanelle der Alpen [das Alpenglöckchen], das Veilchen von Parma, die Lilie vom Nil, die Rose von Damiette: Diese Eroberungen aus Italien und Ägypten werden Napoleon zu keinen Feinden werden; hier aber sind sie meine eigenen Eroberungen‹, fügte sie hinzu, indem sie uns ihren schönen Jasmin aus Martinique zeigte; ›der von mir angebaute und kultivierte Samen erinnert mich an meine Heimat, meine Kindheit und meinen Schmuck als junges Mädchen‹. Und wirklich, als sie das sagte, erschien ihre kreolische Stimme wie Musik voll Ausdruck und Zartheit.«[35]

Zahlreiche prominente Besucher reisen an, um den einzigartigen botanischen und zoologischen Garten zu sehen, wobei es zu den Höhepunkten gehört, von der Schöpferin dieser Sehenswürdigkeit persönlich geführt zu werden. »Sie ließ uns die großen Gewächshäuser durchlaufen und benannte uns dort diese seltenen Pflanzen, welche die Kunst und Geduld des Menschen in unserem Klima wachsen ließen«, berichtet ein Zeitzeuge.[36] Joséphine referiert über die natürlichen Lebensräume der Pflanzen und ihre wesentlichen botanischen Charakteristika, und es kann durchaus sein, daß sie auch denen ausführlichst ihre Gewächse vorstellt, die eigentlich nicht sonderlich daran interessiert sind. Darin gleicht die Kaiserin offensichtlich den meisten Pflanzenfreunden.

Auch darin, daß sie gern Pflanzen tauscht, manchmal sogar großzügig verschenkt. So stattet sie den Privatgarten ihres Leibarztes mit Eukalyptus und Orangen aus; der Schriftsteller François-René de Chateaubriand (1768–1848) erhält von ihr eine Magnolie, die es nur ein weiteres Mal in Frankreich gibt, nämlich in Malmaison. Vor allem aber hat sie die Vision, daß überall in Frankreich botanische Gärten entstehen sollen, in denen ihr Werk weiterlebt: »Ich möchte, daß Malmaison bald als Vorbild für gelungene Pflanzenzucht gilt und den Départements seine Reichtümer anbieten kann«, schreibt sie dem an Pflanzenzucht interessierten Präfekten von Bouches-du-Rhône: »Im Hinblick darauf lasse ich unzählige Bäume und Sträucher aus Australien und Nordamerika anpflanzen. Ich will, daß in zehn Jahren jedes Département eine Sammlung wertvoller Pflanzen besitzt, die aus meinen Gewächshäusern stammen. Ich habe dabei speziell Südfrankreich im Auge, weil dort alle Pflanzenarten prächtig gedeihen würden, die hier bei uns nur mit sehr viel Pflege überleben.«[37]

Bonpland mißt seiner Herrin eine internationale Bedeutung als Botschafterin der Pflanzenkultur bei: »Wie viele reiche Geschenke machte sie nicht nur an Frankreichs Gärten, sondern auch denen in Italien, ja beinahe in ganz Europa! Mitten in der allgemeinen

Blockade aller unserer Häfen, trotz aller Kriegsschranken, ließ sie diese friedlichen Kolonien in Länder gelangen, die kein anderer betreten konnte. Wie viele Reisen ließ sie über die Meere unternehmen, um uns einige eroberte Pflanzen zu bringen! Sie trug mächtig dazu bei, in Frankreich den Sinn für Blumenzucht zu verbreiten! Sie bevölkerte unsere Gärten und Anlagen mit exotischen Bäumen, von denen man zwanzig Jahre vorher kaum die Namen kannte.«[38]

Der »Raffael der Blumen«

Wer seine Pflanzenschätze sicher für die Nachwelt und zum eigenen Ruhm bewahren will, setzt auf die Künstler. Sie halten mit Hammer und Meißel oder Pinsel und Farbe den Reichtum ihrer Herrschaften fest. Schon im alten Ägypten ließ Hatschepsut die Abbildungen wertvoller Pflanzen, die ihre Armee aus dem legendären Land Punt mitgebracht hatte, in Tempelmauern meißeln, denn schon vor unserer Zeitrechnung galt der Besitz exotischer Pflanzen und Tiere als untrügliches Symbol für Macht und Herrschaft.

Speziell in Frankreich besteht die Tradition, Raritäten aus den königlichen Gärten in Wasserfarben auf ganz feine und teure Pergamente zu malen. Einer macht das besonders gut: der geborene Belgier Pierre-Joseph Redouté. Schon für Königin Marie Antoinette hat er diese sogenannten Velins angefertigt. Als Joséphine auf ihn aufmerksam wird, ist Redouté der beste, erfahrenste und teuerste Pflanzenillustrator Frankreichs, der als »Raffael der Blumen« bezeichnet wird. Auch für sie soll er die botanischen Raritäten von Malmaison in einem umfangreichen Werk dokumentieren.

Zunächst fertigt Redouté eine Kollektion von Pflanzenporträts in Wasserfarben an. Mal kommt er nach Malmaison, mal schickt Joséphine ihm die Pflanzen in sein Atelier. Leider ist von den Originalen, die die Kaiserin später für stolze 13 200 Francs aufkauft, kaum eines erhalten geblieben. Doch im Unterschied zu den Auftraggebern früherer Florilegien möchte Joséphine als eine Frau der

Magnolie, Redouté-Stich aus
»Le Jardin de la Malmaison«,
1803

Aufklärung nicht nur die Originale als kostbaren Wandschmuck besitzen, vielmehr hat sie sich in den Kopf gesetzt, ein wissenschaftliches Werk zu publizieren. Deshalb beauftragt sie Redouté, Druckvorlagen von ihren Pflanzenschätzen zu erstellen, und den Botaniker Étienne-Pierre Ventenat (1757–1808), jedes der abgebildeten Gewächse wissenschaftlich zu beschreiben. Beides zusammen läßt die Kaiserin drucken.

Daraus entsteht ein botanisches Prachtwerk: *Le Jardin de la Malmaison* enthält einhundertzwanzig Pflanzenabbildungen mit den wissenschaftlichen Beschreibungen. Zweihundert Exemplare wer-

Blaublumige Hosta, Redouté-Stich aus
»Le Jardin de la Malmaison«,
1803

den gedruckt – Kostenpunkt der Veröffentlichung 42862 Francs.
Daß mit diesem prächtigen Werk der Auftraggeberin ein dauer-
haftes Denkmal gesetzt werden soll, daran läßt die Widmung des
Botanikers Ventenat keinen Zweifel: »Ihr habt um Euch die selten-
sten Pflanzen gesammelt, die auf französischem Boden wachsen.
Einige hatten noch nie zuvor die Wüsten Arabiens oder den brennenden Sand Ägyptens verlassen und wurden von Eurer Sorgfalt
gezähmt.«[39]

Damit sich das repräsentative Werk auch zum wertvollen Staats-
geschenk eignet, wird es in einem äußerst aufwendigen Tiefdruck-

verfahren hergestellt. Der sogenannte Farbpunktstich ermöglicht es, feinste Farbschattierungen herauszuarbeiten, der Pflanzenabbildung Räumlichkeit zu verleihen und mehrfarbig von einer einzigen Platte zu drucken – ein äußerst zeitraubender Prozeß, denn die Platte muß nach jedem einzelnen Abdruck mit der Hand neu eingefärbt und ausgewischt werden.

Ist die Auflage einer Platte gedruckt, macht Redouté sich noch einmal daran, die Kolorierung eigenhändig mit Pinsel und Wasserfarben zu verbessern: Auf einem Abzug überprüft er jedes Detail, korrigiert, ergänzt und retuschiert, um die »Sterne der Erde«, wie er die Pflanzen nennt, möglichst genau wiederzugeben. Namenlos gebliebene Koloristen müssen dann seine Verbesserungen auf die restliche Auflage übertragen.

Aufgrund des immensen Arbeitsaufwands erscheint *Le Jardin de la Malmaison* zwischen 1803 und 1805 in zwanzig aufeinanderfolgenden Lieferungen mit jeweils sechs Kupferstichen und den dazugehörigen Textblättern. Unmittelbar nach der Kaiserkrönung ist Redouté 1804 für ein stattliches Jahresgehalt von 18 000 Francs zu Joséphines Hofmaler aufgestiegen. Als Ventenat 1808 stirbt, übernimmt Bonpland dessen Aufgabe, und zusammen mit Redouté entsteht das Werk *Description des Plantes rares cultivées à Malmaison et à Navarre*, das ab 1812 veröffentlicht wird.

Die Kaiserin erlebt nur drei Lieferungen dieser wunderschönen Dokumentation ihrer Pflanzensammlung, doch der ihr treu ergebene Botaniker setzt die Pflanzenbeschreibungen auch nach ihrem Tod fort – bis 1817, dann bricht die Veröffentlichung plötzlich ab: Bonpland wandert nach Südamerika aus, denn er kann sich mit Joséphines Erben nicht über sein Gehalt einigen. Im gleichen Jahr aber bringt Redouté den ersten der drei Bände von *Les Roses* (1817–24) heraus, die Joséphines legendären Ruf als »Rosenkaiserin« begründen sollten.

Die Scheidung

Zuvor aber muß die Kaiserin noch einen schmerzhaften Rosenkrieg bestehen. Am 15. Dezember 1809 ist es soweit: Joséphine muß einsehen, daß sie das Schreckgespenst der Scheidung, das sie schon so lange verfolgt, nicht mehr vertreiben kann. Verzweifelt hat sie alles mögliche unternommen, um schwanger zu werden, denn Napoleon besteht unerbittlich auf einem Erben, der sein Werk fortführen kann. Umsonst. Keine Kur, kein Flehen und keine Träne helfen mehr. Im Thronsaal findet die Scheidungszeremonie statt. Alle sind dabei: die Mitglieder der kaiserlichen Familie, hohe Offiziere und die Hofdamen Ihrer Majestät. Napoleon spricht davon, wie schwer ihm die Trennung von seiner »innigstgeliebten« Frau falle, »sie hat fünfzehn Jahre meines Lebens verschönt; die Erinnerung daran werde ich immer in meinem Herzen bewahren«.[40] Dann will Joséphine die für sie aufgesetzte Rede verlesen, doch nach nur wenigen Worten versagt ihr die Stimme. Ein Staatssekretär muß das Papier verlesen.

Die Scheidung, ein Opfer zum Wohle des Vaterlandes – um diese staatstragende Angelegenheit zu Ende zu bringen, muß einen Tag später der Senat noch darüber abstimmen. Mit sechsundsiebzig gegen sieben Stimmen bei vier Enthaltungen wird die zivile Ehe des Kaiserpaares aufgelöst. Kurz danach, um zwei Uhr nachmittags, verläßt Joséphine todtraurig die Tuilerien. Es ist ein windiger Regentag, und selbst das stets heitere Malmaison scheint ihr an diesem Tag trist und leer.

In den folgenden Wochen und Monaten durchwandert Joséphine ein Tal der Tränen. Sie trauert. Sorgen um ihre finanzielle Zukunft muß sie sich keine machen, denn sie wird großzügig abgefunden. Titel und Rang einer gekrönten Kaiserin darf sie behalten. Napoleon schenkt ihr Malmaison und stellt ihr den Élyséepalast auf Lebenszeit zur Verfügung. Er vermacht ihr das Schloß von Navarre bei Évreux und erhebt Navarre zum Herzogtum. Aus der Staatskasse bezieht die geschiedene Kaiserin und Herzogin von Navarre eine Jahresrente von zwei Millionen Livres, Napoleon persönlich legt noch eine Million drauf und tilgt ihre horrenden Schulden.

Finanziell geht es ihr also ausgezeichnet. Schade nur, daß sie nicht leben darf, wo sie will. Als Napoleon Marie Louise, die älteste Tochter des österreichischen Kaisers Franz I., heiratet oder auch während der Schwangerschaft seiner jungen Frau, die ihm endlich den gewünschten Thronfolger gebiert, verbannt Napoleon seine Exfrau aus Paris. Das Schloß von Navarre ist zunächst wenig einladend, wird aber aufwendig umgebaut. Bonpland bleibt seiner geschiedenen Herrin treu und kümmert sich darum, daß auch in Navarre ein Garten entsteht, in dem er die Raritätensammlung ausbauen kann. Beispielsweise gedeihen im feuchten Klima der Normandie die Heiden aus Südafrika besonders gut.

Am liebsten wohnt die Verstoßene in ihrem geliebten Malmaison, das ihr gerade nach der Scheidung zum wichtigen Refugium wird. Nur der weiße Kakadu, der sie so eindringlich »Madame Bonaparte« nennt, geht ihr auf die Nerven. Ansonsten aber bringen die Tiere, ihr Garten und das Gewächshaus Abwechslung in ihr Leben und bereiten ihr so viel Freude, daß sie einmal begeistert ausruft: »Mein Garten ist die schönste Sache der Welt!«[41] Durch den Zukauf des benachbarten Besitzes von Bois-Préau vergrößert sie Malmaison noch einmal erheblich, mit 729 Hektar ist es jetzt etwa dreimal so groß wie zu Beginn.

Auch nach dem Zusammenbruch des Kaiserreichs 1814 zieht ihr schon damals berühmter Park illustre Gäste an, darunter auch Vertreter der Siegermächte. Vor allem Zar Alexander I. ist von ihrer Anmut und ihrem Charme angetan. In ihrer freundlichen, sanften Art versteht sie es, Rang und Position der Kaiserin, wenn auch der geschiedenen, zu bewahren. »Ich fühle mich mehr denn je als Kaiserin«, erklärt sie selbstbewußt, »denn jetzt bin ich es nicht mehr kraft irgendeiner Autorität; vielmehr habe ich festgestellt, daß ich es durch die Vorzüge meiner Seele und durch den Tribut der öffentlichen Meinung bin, der mir ohne jegliche Beeinflussung und ohne jeglichen Zwang zuteil wurde.«[42]

Diesen Anspruch demonstriert sie vor sich und der Welt mit einem ganz in Purpur und Gold gehaltenen neuen Schlafzimmer. An den Wänden schwelgt sie in meterlangen Stoffbahnen aus rotem Wollstoff; die kuppelförmige Decke ist mit Gold verziert.

Der Kaiserin Joséphine wird die Ehescheidung angekündigt;
Holzstich, um 1880

Darunter steht ihr vergoldetes Prunkbett – das unzertrennliche
Schwanenpaar am Kopf-, zwei Füllhörner am Fußende. Darüber
ein Baldachin, auf dem ein napoleonischer Adler seine Schwingen
ausbreitet. Hier schläft Joséphine, L'Impératrice des Français, lautet
die Botschaft dieses pompösen Gemachs. Hier stirbt die Kaiserin
der Franzosen am 29. Mai 1814 kurz vor ihrem einundfünfzigsten
Geburtstag. Vermutlich an Diphtherie.

Am 2. Juni wird sie in der kleinen Kirche des Ortes Rueil unter feierlichem Geleit der Siegermächte zu Grabe getragen. Napoleon erfährt in seiner Verbannung auf Elba nur durch Zufall von ihrem Tod. »Arme Joséphine, nun ist sie glücklich«, soll er gesagt haben, bevor er sich tief erschüttert für mehrere Tage in seinen Privatgemächern eingeschlossen hat.

»Wir wollen das ganze Land zu einem Park machen«

Maria Pawlowna – eine Zarentochter in Weimar

Die kleine Maria ist die heimliche Favoritin ihrer Großmutter. Katharina II. (die Große, 1729–1796) lächelt entzückt, wenn die Enkelin durch den Winterpalast von Sankt Petersburg tobt, so »verwegen und unerschrocken, als hätte sie als Knabe geboren werden sollen«. Die Zarin beschreibt, daß die Kleine »nichts fürchtet« und »wie ein Dragoner herumstolziert, beide Fäuste in die Hüfte gestemmt«. Dabei kann das »lustige, aufgeräumte Kind« auch tanzen »wie ein Engel«. Ein wahrer Sonnenschein! Fünf Jahre später hat sich der »kleine Dragoner« zu einem sensiblen Mädchen gemausert; Maria Pawlowna (1786–1859) vertieft sich jeden Tag für mehrere Stunden in ihre Bücher; einer ihrer Lehrer, der italienische Kapellmeister Giuseppe Sarti, bescheinigt der Neunjährigen »ein Genie zur Musik«.[1] Wenn die zarte Maria am Flügel Platz nimmt und Stücke von Bach und Mozart spielt, sind Eltern und Hofstaat gerührt. Später wird die kleine Pianistin auch noch das Harfenspiel erlernen.

Maria wächst mit vier älteren Geschwistern (sie bekommt noch fünf jüngere) vorwiegend in der Obhut von Katharina II. auf. Die mächtige Großmutter ist eine wichtige Bezugsperson als die Eltern – Thronfolger Paul (1754–1801) und die wie Katharina aus

Deutschland stammende Mutter Maria Fjodorowna (1759–1828). Zarin Katharina achtet besonders auf die Erziehung von Marias Bruder Alexander, denn als Erstgeborener soll der eines Tages Regent von Rußland werden. Doch die anderen Enkel werden keineswegs benachteiligt. Unter den prüfenden Augen der Großmutter erhalten alle eine exzellente Ausbildung. Früh unterrichten namhafte Experten Jungen wie Mädchen in den Fächern Religion, Geschichte, Geographie, Mathematik und Botanik. Die Kinder lernen neben ihrer russischen Muttersprache Französisch, Englisch, Deutsch und Italienisch. Zum Erziehungsprogramm gehört auch Sport. Täglich wird ausgeritten.

Liebe zur Natur vermittelt Katharina ihren Enkeln während der alljährlichen Ferienwochen in der Sommerresidenz Zarskoje Selo. Die Monarchin hat die Werke des englischen Gartenkünstlers William Chambers gelesen und gehört zu den ersten, die an den damals üblichen künstlich gestalteten Parks wie im französischen Versailles keinen Gefallen mehr finden. »Ich liebe jetzt leidenschaftlich Gärten im englischen Geschmack, ungerade Linien, flache Hügel, Teiche in Form der See«, schreibt die Zarin an den Philosophen Voltaire. »Ich hasse Fontänen, die das Wasser quälen, ihm eine Strömung geben, die der Natur trotzt.«[2]

Als 1777 ihr erster Enkel zur Welt gekommen ist, hat Katharina ihrem Sohn Paul und dessen Frau Maria Fjodorowna ein 600 Hektar großes Stück Land nahe ihrer Sommerresidenz geschenkt. Auf dem Gelände errichtet der schottische Architekt Charles Cameron (1743–1812) das Schloß Pawlowsk und einen Park im englischen Landschaftsstil: Die bewaldete Wildnis, durch die sich der Fluß Slawjanka schlängelt, verwandelt Cameron in eine sanfte Landschaft mit Wiesen, Hügeln und Baumgruppen aus Eichen und Buchen. Birkenhaine verleihen ihr den typisch russischen Charakter. Cameron – er wird durch die Gestaltung von Pawlowsk europaweit bekannt – baut Brücken über die Slawjanka, staut den Fluß zu Seen mit romantischen Inseln. Hügel schmückt er mit Monumenten aus der Antike.

Zarskoje Selo und der über Rußland hinaus berühmte Landschaftspark von Pawlowsk werden der bestimmende Erlebnisraum

Großmutter Katharina II., die Große, Zarin von Rußland (li. oben);
Mutter Maria Fjodorowna, russische Großfürstin;
Maria Pawlowna als Kind

für die junge Maria Pawlowna und ihre Geschwister. Dort spielt
die geliebte Großmutter mit ihnen Blindekuh. Die Kinder fischen,
dürfen Feuer anzünden und Brücken bauen. Die Zarin läßt die
Kinder selbst anpacken. Sie legen Gemüsegärten an, säen Erbsen in
die Beete, pflanzen Kohl und junge Bäume.

Im Schloß Pawlowsk, wo Marias Eltern den Sommer verbringen, geht es steifer zu als bei der Großmutter. Maria Pawlowna fürchtet ihren launischen, oft grimmig dreinschauenden Vater. Doch sie bewundert die wunderschöne Mama. Maria Fjodorowna zieht gern prächtige Kleider an. Aber sie liebt auch Blumen und Bäume und beteiligt sich begeistert an einer Mode der Zeit: Der hohe Adel spielt einfaches, mit der Natur verbundenes Volk.

So verkleiden sich Mutter und Tochter zuweilen als Schäferinnen, besteigen eine Kutsche und lassen sich zu einem Milchhof im Park fahren, der auf Anregung der Besitzerin entstand. Dort können Hofdamen beim Melken zusehen oder – wie echte Mägde – auch selbst Hand anlegen. In Kuh- und Pferdeställen ist Vieh zu besichtigen. In der Fasanerie schlagen weiße Pfauen prächtige Räder. Im Wildgehege grasen Rehe und Hirsche. Wenn die Damen müde werden, setzen sie sich an einen einfachen Holztisch, und ein Knecht bringt ihnen zur Stärkung Milch und Brot mit frischer Butter.

Maria Pawlowna genießt die Exkursionen in den Landschaftspark. Besonders mag sie den Freundschaftstempel am Fluß Slawjanka. Denn hinter dessen Säulen kann man sich gut verstecken. Sie ist gern dabei, wenn im Tempel Essen für kleine Gesellschaften gegeben werden. Jedesmal wundern sich die Gäste über die aufgetragenen heißen Speisen. Wo die nur herkommen mitten in der Landschaft? Die Fremden können nicht wissen, daß sich in der Ruine gleich neben dem Tempel eine komplett ausgerüstete Küche verbirgt. Am tiefsten beeindruckt das Kind ein kleiner Birkenhain im Park. Jeder Baum trägt an seinem weißen Stamm ein Schildchen mit einem Namen: Immer wenn ein Kind zur Welt kam, haben die Eltern einen Baum gepflanzt und ihm den Namen des neugeborenen Babys gegeben. Natürlich gibt es auch eine Birke »Maria Pawlowna«.

Die Spiele mit der Großmutter in der freien Natur, die Kindheitseindrücke von den Gärten und gestalteten Landschaften werden Maria Pawlowna ihr Leben lang begleiten. Ihre Schönheit hat sich tief in ihr Gedächtnis eingegraben. So ist es nicht verwunderlich, daß sie Jahre später und Tausende Kilometer von Ruß-

Tempel der Freundschaft in Pawlowsk

land entfernt ein Fleckchen Erde verschönern will. »Wir wollen
das ganze Land zu einem Park machen«[3], sagt sie, als sie in Thüringen eintrifft, um später die Landesmutter des kleinen Herzogtums
zu werden.

Ehevertrag mit einem Deutschen

Maria Pawlowna ist dreizehn Jahre alt, als um ihre Hand ange-
halten wird. Sie soll Carl Friedrich, den Sohn des Herzogs von
Sachsen-Weimar-Eisenach, heiraten. Zu diesem Zeitpunkt ist Katharina II. drei Jahre tot, und Marias Vater, Paul I., regiert Rußland. Eine Zarentochter soll einen Fürsten aus Thüringen heiraten?
Das ist keineswegs eine Anmaßung. Denn erstens hat der russische Herrscher fünf Mädchen unter die Haube zu bringen. Und
schließlich wird dem Zarenhof kein beliebiges deutsches Herzogtum zugemutet: Sachsen-Weimar-Eisenach ist zwar winzig im
Vergleich zu Rußland und hat nicht viel mehr als 100000 Einwoh-

ner, doch das Ländle gilt als das »Athen Deutschlands«, denn der Regent Carl August (1757–1828) hat dort die führenden Köpfe der Dichtkunst versammelt: Christoph Martin Wieland, Johann Wolfgang Goethe, Johann Gottfried Herder und Friedrich Schiller. Diese Geistesgrößen sind auch in Rußland bekannt, ganz sicher am Zarenhof. So hat Marias Mutter, die aus Württemberg stammende Maria Fjodorowna, Schiller im Original gelesen und verehrt den Dichter.

Der Zarenhof stimmt einem Heiratsvertrag zu. Ein vom Herzog entsandter Brautwerber kann sogar eine opulente Mitgift aushandeln. Immerhin bestimmt das Zarenpaar, daß die zu diesem Zeitpunkt nichtsahnende Maria die letzte Entscheidung über eine Eheschließung treffen soll: Der Kandidat muß ihr – und den zukünftigen Schwiegereltern – gefallen. Deshalb soll Carl Friedrich für mindestens ein Jahr nach Rußland kommen und dort mit am Hof leben. Dem Gesandten aus Deutschland wird die angehende kleine Braut vorgestellt: Maria führt den Besucher durch den Englischen Park, musiziert für ihn und plaudert völlig ungezwungen mal in französischer, mal in deutscher Sprache. Vom Liebreiz und der Anmut der kindlichen jungen Dame hingerissen, verläßt der Werber das russische Kaiserpaar. Zurück in Weimar, kann er eine erfolgreiche Mission vermelden.

Am dortigen Hof atmet man auf. Carl Augusts Hoffnungen haben sich erfüllt. Die reiche Mitgift der Zarentochter von einer Million Rubel und regelmäßige Zuwendungen aus Sankt Petersburg werden der klammen Weimarer Landeskasse wohltun. Und durch die Verbindung mit der Großmacht Rußland wird das Herzogtum seine Stellung gegenüber dem expandierenden Frankreich unter Napoleon stärken. Sachsen-Weimar-Eisenachs Interessen haben sich mit denen des russischen Kaisers getroffen, der sich durch Ehen seiner Töchter mit Potentaten aus Westeuropa ein politisches Netzwerk schaffen will.

Hochzeit in Sankt Petersburg

Bräutigam Carl Friedrich reist im Juli 1803, vier Jahre nach der Unterzeichnung des Ehevertrags, nach Sankt Petersburg. Die Abmachung gilt, obwohl Rußland dramatische Veränderungen erlebte: Zar Paul I. ist 1801 ermordet worden; das Land regiert jetzt sein Sohn Alexander I. (1777–1825), der älteste Bruder von Maria Pawlowna. Ihr Bräutigam in spe und sein Gefolge aus Weimar erleben bei der Ankunft im Schloß Peterhof ein pompöses Fest. Vor dem Schloß steigen aus prachtvollen Brunnen Wasserspiele auf. Wasserkaskaden, die sich treppenförmig in reichverzierte Becken stürzen, und die festlich illuminierten Alleen im nächtlichen Park machen die Neuankömmlinge sprachlos. In der märchenhaften Pracht flanieren kostbar gekleidete Menschen, die ihre Gesichter hinter Masken verbergen. Mehr als viertausend Gäste aus Adel und Kaufmannschaft hat der Zar geladen, um die Ankunft der Deutschen zu feiern. Carl Friedrich bangt: Wird er unter den vielen Menschen seine Braut erkennen?

Bei einer Abendtafel für vierundzwanzig Personen sieht er Maria zum ersten Mal. Winzige Löckchen, die im Schein der Kerzen leuchten, umrahmen ihr ovales Gesicht. Wie anmutig sie ist! Ein üppiger Mund, dunkle Augen, der zarte, schlanke Hals, ein schneeweißes Dekolleté. Carl Friedrich ist von ihrer Schönheit bezaubert. Erst nach Tagen dürfen die beiden miteinander sprechen. Monate vergehen, bis Carl Friedrich alle Eignungstests durchlaufen hat, die zeigen sollen, ob er ein würdiger Gemahl für eine Zarentochter ist. Er wird akzeptiert.

Maria mag den für sie Auserwählten. In ihren Augen ist Carl Friedrich hübsch, er hat ein gutes Herz und interessiert sich wie sie für das Schöne – für die Natur und für die Künste. Viele Stunden verbringen die beiden jungen Leute im Park von Pawlowsk, und der Deutsche lernt all die Lieblingsplätze seiner Braut kennen. Einer liegt so nah am Schloß, daß man ihn durch den Salon betreten kann: eine kleine Anlage im französisch-holländischen Stil. In formal angelegten Beeten wachsen duftende Blumen; von dort gelangt man über einen Laubengang zu zwei kleinen Gärtchen, die

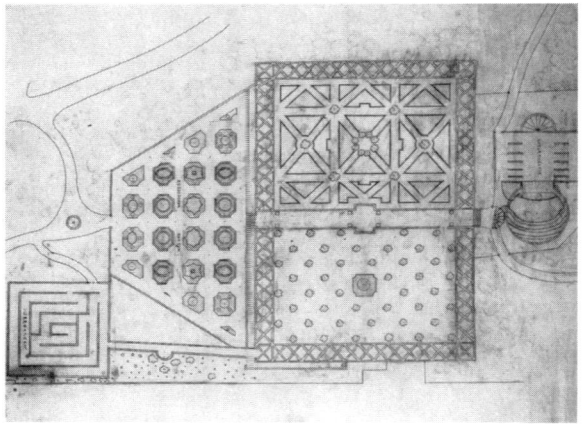

Russischer Garten im Park von Pawlowsk (oben);
die Kopie im Park von Belvedere

sich hinter Hecken verbergen. In einem wachsen, in mit Buchsbaum umrandeten Beeten, wunderschöne Rosen, das andere sieht
aus wie ein Schachbrett, auf dem in jedem Feld ein Baum gepflanzt
wurde. Hier spielt die Zarenfamilie Verstecken und Fangen. Zu
dem Komplex gehört auch ein Irrgarten. Viele Jahre später wird
Carl Friedrich eine solche Anlage als Geschenk für seine Frau in

Weimar gestalten lassen. Der »Russische Garten« am Schloß Belvedere kann bis heute besichtigt werden.

Der Deutsche ist schon fast ein Jahr in Rußland, als Kanonenschüsse die lange erwartete Neuigkeit verkünden: Erbprinz Carl Friedrich von Sachsen-Weimar-Eisenach und Großfürstin Maria Pawlowna haben sich vermählt. Am 22. Juli 1804 wird die Trauung in der Schloßkapelle zu Sankt Petersburg nach russisch-orthodoxem Ritus vollzogen. Maria wird auch im fernen Weimar ihrem Glauben nachgehen; gemeinsame Kinder sollen protestantisch erzogen werden.

Ankunft in der neuen Heimat

Bevor die Neuvermählten nach Deutschland aufbrechen, setzt sich eine Karawane in Richtung Weimar in Bewegung: achtzig Planwagen, gezogen von einhundertzehn Pferden mit dem millionenschweren Brautschatz der Zarentochter. Es vergehen Wochen, bis die Kolonne in Thüringen eintrifft. Dort staunt das Volk über die Kosaken mit ihren zotteligen kleinen Pferdchen und den eigenartigen Trachten. Zur Sensation wird die Ausstellung der Mitgift der russischen Erbherzogin im Weimarer Stadtschloß. In zehn Sälen stapeln sich Kostbarkeiten aus dem russischen Riesenreich: Porzellan aus der Kaiserlichen Petersburger Manufaktur, Kristalleuchter, Spiegelwände, Gobelins, Vasen und Gläser. In der »Küchenrüstkammer« ist alles vom Samowar bis zur Kohlenschaufel zu finden. Ausgestellt sind zudem Pelze, Stoffe aus Samt und Seide, golddurchwirkte Brokate, Spitzen, handgefertigte Möbel und seidene Tapeten, ja, selbst die feine Leibwäsche der jungen Ehefrau. Und welcher Besucher wird jemals das riesige Prunkbett vergessen, dessen mit himmelblauem Samt geschmückter Baldachin von einem goldenen Engel getragen wird?

Als das Brautpaar am 9. November in Weimar eintrifft, wird Maria Pawlowna enthusiastisch empfangen. Eine Hofdame notiert: »Ihr Einzug war prächtig durch die unglaubliche Volksmenge, die in geordneten Scharen zu Pferde und zu Fuß festlich ihr entgegenwallte. Acht der schönsten Isabellen [elegante Kutschpferde mit heller Mähne und Schweif] zogen ihren Wagen, Musik erfüllte die Luft, und alle Herzen schlugen. Beim Aussteigen wurde sie mehr getragen, als daß sie gehen konnte. Man führte sie in den Salon des Schlosses. Sie grüßte mit der nur ihr einzig eignen natürlichen Grazie, und Tausende mit Herz und Mund riefen ihr: Lebe lang, lebe hoch!«[4]

Auch die Dichter reagieren beeindruckt. Der alte Wieland schwärmt gegenüber einem Freund: »Ich danke dem Himmel, daß er mich lange genug leben ließ, um des beseligenden Anschauens eines solchen Engels in jungfräulicher Gestalt noch in meinem 72. Jahr zu genießen. Mit ihr wird ganz gewiß eine neue Epoche für Weimar angehen.«[5] Schiller schreibt ein lyrisches Spiel, das er »Ihrer Kaiserlichen Hoheit der Frau Erbprinzessin von Weimar Maria Pawlowna Großfürstin von Rußland in Ehrfurcht« widmet. *Huldigung der Künste* nennt er es. Als es im Theater uraufgeführt wird, sitzt die achtzehnjährige Prinzessin in der Fürstenloge und nimmt die Huldigung freundlich entgegen. Schiller wird ihr vorgestellt. Seinen Eindruck beschreibt er seinem Freund Christian Gottfried Körner: »Ihr Gesicht ist anziehend, ohne schön zu sein, aber ihr Wuchs ist bezaubernd. Das Deutsche spricht sie mit Schwierigkeiten, versteht es aber, wenn man mit ihr spricht, und liest es ohne Mühe. Sie scheint einen sehr festen Charakter zu haben, und da sie das Gute und Rechte will, so können wir nur hoffen, daß sie es durchsetzen wird.«[6]

Maria Pawlowna hat sich fest vorgenommen, in Weimar heimisch zu werden. Geschickt versucht sie, das Reglement am Hof ihres Schwiegervaters zu durchschauen und ihren Platz zu finden. Den Herzog Carl August mag sie gern. Herzogin Louise, ihre Schwiegermutter, findet Maria »gebildet, geistreich und liebenswert«. Sie verhält sich der Herzogin gegenüber aufmerksam und überrascht sie mit hübschen Geschenken. Doch unter den Leuten am Hof findet sie »eine ganze Menge Plattfüße, um es nicht deutlicher auszudrücken«. Und Weimars Geistesgrößen − auf die sie sich so gefreut hatte − kommen ihr manchmal recht verschroben vor.

Maria Pawlowna als Erbprinzessin von
Sachsen-Weimar-Eisenach

»Liebe Mama«, schreibt Maria nach Petersburg, »was die Gelehrten betrifft, so sind gerade sie dermaßen verlegen, die guten
Leute, daß es drollig ist. Allgemein gesprochen haben sie den Grazien kein Opfer dargebracht. Der alte Wieland trägt sein Käpp-
chen, was mich, als ich ihn zum ersten Mal sah, ihn für einen Juden
halten ließ. Goethe hält seinen Hut ganz senkrecht dicht am Körper, als ob es ein Blumentopf sei, und Schiller, dessen Physiogno-
mie schön, jedoch leidend ist, scheint sehr oft zu taumeln. Würden
Sie, liebe Mama, es glauben – diese drei Individuen bekommt man
während drei Vierteln der Zeit kaum zu Gesicht: Entweder sind
sie krank, oder sie richten sich darauf ein, eine gewisse Zeit, die sie
bestimmen, ihre Behausung zu hüten.«[7]
Aber Marias leise Enttäuschung wandelt sich sofort in tätiges

Mitgefühl, als der kranke Schiller nur ein halbes Jahr nach ihrer Ankunft in Weimar stirbt. Die russische Erbherzogin eilt zu der Frau des Dichters und verspricht der Witwe, die Kosten für die Ausbildung der beiden Schiller-Kinder zu übernehmen. Sie erhalten damit die gleiche Förderung wie zwölf Weimarer Waisen, die bereits Marias persönliche Fürsorge genießen. Mit guten Taten gestaltet Maria ihr Leben sinnvoll.

Die Zarentochter vermißt ihre russische Heimat. Inneren Frieden findet Maria bei Spaziergängen im Landschaftspark am Flüßchen Ilm. Den hat ihr Schwiegervater Carl August zusammen mit Goethe vor mehr als zwanzig Jahren geschaffen. Den Herzog und den für ihn zeitweilig als Minister tätigen Dichterfürsten verbindet eine lange Freundschaft. Als junge Männer sind die beiden peitschenknallend durch das nächtliche Weimar gezogen. Sie stellten den Frauen nach und waren berühmt für ihre Trinkgelage. Als reifere Herren verbindet sie eine andere Leidenschaft: die Botanik; ironisch bezeichnen sich die beiden als »Gartenknechte«. Mit Carl August kann Maria ausführlich über Pflanzen parlieren. Er ist ein großer Kenner und besitzt eine weitläufige Orangerie auf Schloß Belvedere. Von seinen Gärtnern läßt er dort exotische Gewächse wie Feigen- und Granatbäume, Kirschlorbeer und Orangenbäumchen heranziehen. Dabei berät das Universalgenie Goethe den Herzog. Der ist 1805 so glücklich über die Geburt seines Enkels Paul Alexander, daß er seinem Sohn und der Schwiegertochter Maria das Schloß Belvedere nebst Park, Kavaliershäusern und Pavillons zur Verfügung stellt. Nur die Orangerie samt Pflanzen und Kaltbeeten behält der Landesherr für sich.

Verlust, Flucht, Heimkehr

Maria und Carl Friedrich freuen sich über das großzügige Geschenk. Sie wollen den verwilderten Park umgestalten und beginnen sich ihr Schloß einzurichten. Aber der kleine Paul Alexander macht ihnen Sorgen. Der Junge kränkelt, und alle ärztliche Kunst scheint ihm nicht zu helfen. Schließlich stirbt er, nur sechs Monate

Schloß und Park Belvedere bei Weimar, um 1789

nach der Geburt. Der Schicksalsschlag trifft die Eltern in einer Zeit politischer Umbrüche. Napoleon ist mit seinem Heer aufgebrochen und erweitert sein Herrschaftsimperium in Richtung Osten. Sachsen-Weimar-Eisenach wie auch Rußland gehören zu den Gegnern des Franzosenkaisers. Deshalb fühlt sich die Zarentochter Maria in Weimar nicht sicher; sie flüchtet 1806 vor den anrückenden französischen Truppen ins dänische Schleswig. Dort erfährt sie, daß Napoleon seine Feinde in der Schlacht bei Jena und Auerstedt vernichtend geschlagen hat. Sachsen-Weimar-Eisenach ist von französischen Truppen besetzt. Dennoch kehrt Maria 1807 aus ihrem dänischen Exil zurück. Sie findet verwüstete Landstriche vor. Soldaten sind marodierend durch das Herzogtum gezogen. Weimar wurde geplündert, und auch Belvedere blieb nicht verschont. Das Schloß dient als Hauptquartier des französischen Kommandeurs. Seine Truppen biwakieren zeitweilig im Park.

In jener Zeit beginnt Maria Pawlowna ihre karitativen Bemühungen, die sie in den Augen der Bevölkerung fast wie eine Heilige erscheinen lassen. Um die Not zu lindern, spendiert sie aus ihrer

Privatschatulle Geld für Kinder, deren Väter auf den Schlachtfeldern gefallen sind. Sie bezahlt die medizinische Versorgung verwundeter Kriegsheimkehrer. Die Erbherzogin will Waisenhäuser und Schulen einrichten. Sie träumt davon, der vom Krieg gebeutelten Bevölkerung durch Verschönerung der Landschaft neuen Lebensmut zu geben. Obstbäume sollen kostenlos an Thüringer Gemeinden verteilt werden. Kirsch-, Birn- und Apfelbäume müßten Chausseen säumen und Weinreben an Häusern wachsen. Auf öffentlichen Plätzen könnten die Bürger Eichen, Buchen und Obstbäume pflanzen.

Doch ihre botanischen Pläne für die Allgemeinheit und viele karitative Projekte kann die Erbherzogin erst rund zehn Jahre später verwirklichen. Denn noch erschüttern Kriege Europa. In den unruhigen Jahren pendelt Maria zwischen Weimar und Rußland, das von Napoleons Truppen fast überrannt wird. Endlich – 1812 in Moskau – wendet sich das Blatt. Die Russen schlagen die Invasoren, und ein Jahr später besiegt eine Anti-Napoleon-Allianz den französischen Kaiser entscheidend in der Völkerschlacht von Leipzig und anschließend bei Waterloo. Sachsen-Weimar-Eisenach kämpft auf der Seite der Sieger. Als die beim Wiener Kongreß 1815 Europas neue Grenzen festlegen, ist Herzog Carl August mit seiner russischen Schwiegertochter angereist. Dank ihrer Fürsprache bei ihrem Bruder, Zar Alexander I., werden dem Herzogtum Sachsen-Weimar-Eisenach Gebiete in Mitteldeutschland zugeschlagen. Carl August gebietet fortan über 180 000 Untertanen statt über 100 000 und wird in den Stand eines Großherzogs erhoben.

Ein Landschaftspark entsteht

Maria Pawlownas Ansehen ist noch gewachsen, als sie vom Wiener Kongreß nach Weimar zurückkehrt. Die junge Braut von 1804 ist jetzt eine politisch einflußreiche, elegante Frau von über dreißig Jahren, schön, klug und charmant. Der Großherzog verehrt sie, der Ehemann liebt sie, und Goethe ist nach anfänglicher Zurückhaltung ein guter Freund geworden. Nach den Aufregungen der letzten

Belvedere nach der Umgestaltung durch Maria Pawlowna

Jahre empfindet Maria Weimar als ihre Heimat. Sie startet 1816
zusammen mit ihrem Mann die Umgestaltung des ursprünglich
im barocken Stil erbauten Parks von Belvedere in einen englischen
Landschaftsgarten. Ihre Hofgärtner sind zu der Zeit die Brüder
Johann Conrad Sckell (1768–1834) und Johann Christian Sckell
(1773–1857), Mitglieder der berühmten Gärtnerdynastie Sckell, die
eng mit der Einführung des Landschaftsparks in Deutschland verbunden ist. Die Arbeiten vor dem Schloß sind bald abgeschlossen.
Der einstmalige Exerzierplatz hat einen großzügigen Springbrunnen erhalten. Rasenflächen mit Bäumen und Sträuchern rahmen
das Schloß ein. Die Anfahrt zum Hauptportal wird in weitem
Bogen um den Rasen herumgeführt.

Gärtner fällen im Park von Belvedere Bäume und roden Wur-
zeln; Hilfsarbeiter entfernen Unterholz und schaffen Lichtungen.
Auf freien Flächen werden Wiesen angesät und Laubgehölze ge-
pflanzt: verschiedenfarbige Ahorne, Eichen, Buchen, Kastanien,
Platanen und nordamerikanische Bäume. Von den schnurgeraden
Wegen des Parks bleibt nur die Lindenallee am Anfang des Wal-

des übrig. Die sternförmig vom Schloß ausgehenden Promenaden werden durch leicht geschwungene Wege ersetzt, die durch den gesamten Park führen und immer wieder schöne Ausblicke freigeben: auf Hügel mit Baumgruppen, auf einen besonders schönen alleinstehenden Baum oder auf Wiesen, durch die sich ein Bach schlängelt. So entsteht aus dem vernachlässigten, verwilderten Grundstück rund um das Schloß ein Landschaftspark nach englischem Vorbild.

Zu dem Gelände soll jedermann Zugang haben, und auf Spaziergänger warten Überraschungseffekte: eine große Fontäne mit Grottenberg, Wasserbecken und ein Wasserfall mitten im Wald. Viele Ideen bei der Gestaltung von Belvedere entspringen Marias Kindheitserinnerungen. Der Park von Belvedere jedoch ist erheblich kleiner als der von Pawlowsk. Dennoch plant Maria, ein Rosengärtchen mit Springbrunnen, eine Grotte, eine Ruine und einen Aussichtsturm zu bauen. Und Weimars Dichter werden mit Büsten geehrt. Goethe, Schiller, Herder und Wieland stehen auf dem Gelehrtenplatz; Büsten von Großherzog Carl August und Großherzogin Luise zieren eine Rosenlaube. Goethe inspiziert das Projekt und freut sich über den sicheren Geschmack der Landschaftsgestalterin Maria. Er schenkt ihr ein Gedicht, das er in jungen Jahren verfaßt hat, als die englische Gartenmode in Weimar Einzug hielt.

Triumph der Empfindsamkeit

Denn, Notabene! In einem Park
Muß alles Ideal seyn,
Und salva venia, jeden Quark
Wickeln wir in eine schöne Schal' ein.
So verstecken wir zum Exempel,
Einen Schweinestall hinter einem Tempel;
Und wieder ein Stall, versteht mich schon,
Wird geradewegs ein Pantheon.
Die Sach' ist, wenn ein Fremder drin spatziert,

Daß alles wohl sich präsentirt;
Wenn's dem denn hyperbolisch dünkt,
Posaunt er's hyperbolisch weiter aus.
Freylich der Herr vom Haus
Weiß meistens wo es stinkt …
Was ich sagen wollte! Zum vollkommnen Park
Wird uns wenig mehr abgehn.
Wir haben Tiefen und Höhn,
Eine Musterkarte von allem Gesträuche,
Krumme Gänge, Wasserfälle, Teiche,
Pagoden, Höhlen, Wieschen, Felsen und Klüfte,
Eine Menge Reseda und andere Gedüfte.
Weimuthsfichten, Babylonische Weide, Ruinen,
Einsiedler in Löchern, Schäfer im Grünen,
Moscheen und Thürme mit Cabinetten,
Von Moos sehr unbequeme Betten,
Obelisken, Labyrinte, Triumphbögen, Arkaden,
Fischerhütten, Pavillons zum Baden,
Chinesisch-Gotische Grotten, Kiosken, Tings,
Maurische Tempel und Monumente,
Gräber, ob wir gleich niemand begraben,
Man muß es alles zum Ganzen haben. [8]

Marias Freundschaft mit Goethe

Maria Pawlowna freut sich über Goethes Verse. Der Dichter und Maria haben viele gemeinsame Neigungen. Ob es um Literatur, Kunstgeschichte, Architektur oder die Farbenlehre geht, er ist ihr Lehrmeister. Sie liebt die Stunden, wenn sie in seinem Gartenhaus im Park ungestört miteinander reden können. Die beiden verbindet vor allem die Liebe zur Natur. Sie ist entzückt darüber, wie Goethe auch kleine Freuden im Garten wahrnimmt: Wenn seine geliebten Malven blühen, veranstaltet er ihnen zu Ehren ein Gartenfest. Dabei ist der erdverbundene Praktiker auch ein hochgebildeter Botaniker, und Maria hat in ihm einen wahren Fachmann als

Gesprächspartner. Denn der alte Herr korrespondiert mit Experten in aller Welt, um an außergewöhnliche Pflanzen zu kommen. So schickt ihm der Direktor des Botanischen Gartens auf Java die Saat der *Aloe littoralis*. Zum Dank erhält der ferne Botaniker einen Orden des Großherzogtums Sachsen-Weimar-Eisenach.

Dessen Landesherr interessiert sich genau wie Goethe für botanische Novitäten. Carl August kümmert sich selbst intensiv um die Gewächshäuser von Belvedere und hält Kontakt mit Alexander von Humboldt (1769–1859). Der berühmte Forscher schreibt ihm aus Paris, daß er »300 Samensorten seltenster Art, zum Preise von 168 Talern, beschafft und abgesendet habe; aber eine Strelizia von nirgends beschaffen könne«[9]. Maria überrascht ihren Schwiegervater mit einer Geschenksendung aus Rußland: »300 Samen von Powlofsk«, aufgelistet durch den Gartendirektor des Zaren. Die Sendung enthält unter anderem Baumsaaten von acht verschiedenen Akazienarten, drei Kassien, drei Hibiskus und fünf verschiedene Arten von Protea sowie Blumensaaten.[10]

Der umtriebige Carl August erweist sich über seine Pflanzenliebe hinaus als Geschäftsmann: Er will einen Teil seiner Exoten verkaufen, um Geld und Platz für seine Sammelleidenschaft zu gewinnen. Deshalb läßt er einen Botaniker die Pflanzen für einen Verkaufskatalog auflisten: So entsteht die nach Schloß Belvedere benannte Publikation *Hortus Belvedereanus*. Sie geht – je nach Bedarf auf Deutsch, Englisch oder Französisch – nebst Preisliste an botanische Gärten, Handelsgeschäfte, Liebhaber und Kenner. Als Folge werden die Gewächshäuser von Belvedere ein Reiseziel für Botaniker, Naturforscher und Hofgärtner. Alle wollen die Pflanzen des Großherzogs begutachten. Goethe findet den Trubel zu anstrengend, er setzt sich ins mehrere Kutschenstunden entfernte Jena ab. In der Universitätsstadt beschäftigt ihn die Idee der »Urpflanze«. Carl August aber denkt oft an den Freund und schreibt Goethe, wenn in Belvedere eine botanische Seltenheit besonders schön in Blüte steht.

Bäume müssen her!

Am 24. Juni 1818 läuten in Weimar alle Glocken: Im Stadtschloß ist ein Kind zur Welt gekommen – Carl Alexander. Dieses Mal hält Maria Pawlowna einen kräftigen, gesunden Knaben in ihren Armen. Anders als ihr erstes Kind wird er überleben. Als das Baby in der protestantischen Kirche getauft wird, haben sich Weimarer Bürger als Russen verkleidet. In Kosaken- und Baschkirentracht führen sie auf dem Schloßhof russische Tänze auf.

Einige Monate später treffen echte Russen in Weimar ein: Mit großem Gefolge besucht Marias Mutter Maria Fjodorowna das Herzogtum. Gerührt ist sie, als Maria ihr den sogenannten »Russischen Garten« zeigt. Als Überraschung hat Carl Friedrich den Lieblingsgarten seiner Frau aus Pawlowsk originalgetreu in Belvedere nachbauen lassen. Hier wie dort laufen sie durch das gleiche intime Gärtchen im französisch-holländischen Stil, zu welchem nur die Familie Zutritt hat. Wie hübsch! Ein Heimwehgarten, ein Zuhausegarten. Im Blumengarten die gleichen Pflanzen wie in Rußland, es blühen die gleichen Rosen, und da ist der Laubengang, sind die Hecken. Nur wurde anstelle der Säulenhalle mit den drei Grazien eine Voliere plaziert: »Man muß sich eben nach der Decke strecken«, erklärt Maria der Mutter und erläutert ihr die Umgestaltung des Schloßparks in einen Landschaftspark.

Wie ihre Mutter sieht sich Erbherzogin Maria als aufgeklärte Feudalfürstin mit sozialer Verantwortung für ihre Untertanen. Sie gründet Frauenvereine, deren Mitglieder sich um Kranke und Behinderte kümmern; aktiv fördert sie die praktische Ausbildung junger Mädchen und ist bestens über die sozialen Probleme im Land informiert. Unermüdlich reist sie per Kutsche durch das Herzogtum – und sieht dabei die kahlen Landstraßen und die wenig anmutigen Dorfplätze. Als Botanikerin sind ihr Autoren mit Visionen bekannt: So betont der Russe Andrei Bolotow (1738–1833) die Bedeutung von Obstbäumen in der Landschaft.[11] Und der Deutsche Christian Cay Lorenz Hirschfeld (1742–1792) schreibt in seiner *Theorie der Gartenkunst*: »Man hat, um die Wegebepflanzung nutzbar zu machen, schon lange in vielen Gegenden Fruchtbäume dazu gewählt, als Aepfel-, Birnen-, Pflaumen-, Kirschen-, Wallnuß- und Kastanienbäume.«[12]

Also müssen Bäume her! Maria bittet Gemeindevertreter aus dem Umkreis von Weimar, auf Plätzen und an Landstraßen Obstbäume zu pflanzen; Setzlinge läßt sie ihnen kostenlos anliefern. Schüler fordert sie auf, beim Einsetzen von Bäumchen zu helfen. Nach einem Jahr treffen im Schloß erste Berichte aus den Gemeinden ein: Auf akkuraten Listen hat man festgehalten, wo und wann welche Bäume gepflanzt wurden. Auch die Bodenbeschaffenheit der Gebiete ist beschrieben. Ein Anfang ist gemacht mit 120 gepflanzten Nußbäumen, 345 Apfel-, 255 Birn- und 300 Pflaumenbäumen. Dazu kommen 840 Süßkirschen, 1560 Sauerkirschen, 720 Pappeln, 240 Ebereschen, 34 Schock Birken, 4 Schock Erlen und 480 Fichten.[13] Die Aktion rund um die Hauptstadt Weimar stößt auf ein großes Echo. Bürgermeister aus allen Landesteilen bitten um junge Obstbäume. Bürger pflanzen landesweit 78000 Kernobstbäume. Freilich müssen sie auf die ersten Früchte ihrer Arbeit noch lange warten. Es dauert acht bis zehn Jahre, bis ein Obstbaum trägt.

Die Pflanzungen ziehen sich über Jahre hin, und allmählich entstehen in allen Landesteilen schöne Plätze und Alleen. Längst bezahlt Maria die Bäumchen nicht mehr aus der eigenen Schatulle. Sie hat Baumschulen gründen lassen, denen sie als Startkapital ein gewisses Quantum an Pflanzen zur Verfügung stellt. Inzwischen finanzieren sich die Baumschulen durch den Verkauf von Laub- und Nutzhölzern. Maria versucht sogar, das Fürstentum zu einem Weinland zu machen. Sie läßt Weinstöcke kostenlos an Bürger und Bauern verteilen, wenn die damit ihre Hausgärten oder sogar ganze Hänge bepflanzen.

Mit seinem eher rauhen Klima ist Thüringen keine bedeutende Weinregion geworden. Aber das Baumpflanzprogramm von Maria Pawlowna hat die Kulturlandschaft nachhaltig geprägt. Jahrzehnte später, zu ihrem fünfundsechzigsten Geburtstag, wird Maria auf einer großen Feier in lebenden Bildern geehrt: als Beschützerin der Künste, als Trösterin der Unglücklichen, als Helferin der Bedrängten. Das Schlußbild beschreibt die Hofdame Adelheid von

Maria Pawlownas Ehemann Großherzog Carl
Friedrich von Sachsen-Weimar-Eisenach

Schorn: »Einen Baum voll reicher Früchte, umstanden vom Greise
wie vom Kinde, von Bräutigam und Braut, welche alle sich dankbar an diesen Früchten erfreueten! Dies Bild hat uns am tiefsten
ergriffen.«[14]

Die Großherzogin als Mäzenin der Kultur

Zu diesem Zeitpunkt ist die zugereiste Prinzessin aus Rußland
längst von der Erbgroßherzogin zur Großherzogin aufgestiegen,
denn ihr Mann Carl Friedrich regiert Sachsen-Weimar-Eisenach
seit dem Tod seines Vaters im Sommer 1828. Der neue Regent hat
nicht dessen starke Persönlichkeit. Eher scheu und lieber allein,

zieht er sich oft in das bescheidene Schlößchen Tiefurt in der Nähe von Weimar zurück. Repräsentative Aufgaben überläßt er gern der Großherzogin. Maria Pawlowna ist populärer, gescheiter und wendiger als er. So übernimmt sie die Verwaltung der herzoglichen Schlösser und Parks. Und natürlich ist sie dabei, als Weimarer Bürger ihre Großherzogin bitten, das Protektorat über den Verein für Blumistik und Gartenbau zu übernehmen, der sich um die Kultur von Blumen, um Obst, Gemüse- und Weinanbau kümmert. Solche Initiativen bestätigen Maria in ihrem Engagement für die Landesverschönerung.

Aus Interesse an den Wissenschaften versammelt die Großherzogin 1836 in Jena die Elite der Ärzte und Naturforscher. Maria reist selbst zu dem Kongreß in die Universitätsstadt und verfolgt gebannt die Vorträge der Experten. Überwiegend geht es um medizinische, geologische und mineralogische Fragen. Aber auch Botanik steht auf dem Programm.

Aus den Vortragssälen von Jena holt Maria die Gelehrten zu einem glanzvollen Abendessen in die Gewächshäuser von Belvedere bei Weimar. Gärtnerburschen drücken sich die Nasen platt: Der Herr da mit dem schlohweißen Haar ist Alexander von Humboldt! Tausende Pflanzen hat er in Südamerika gesammelt und den höchsten Berg bestiegen. In Belvedere beeindruckt Humboldt eine wunderschön gewachsene Araukarie. Spontan hält er an Ort und Stelle einen Vortrag über die Pflanze.

Nach dem Kongreß in Jena bittet Maria die Professoren, auch im Weimarer Schloß wissenschaftliche Vorträge zu halten. Sie sollen im voraus Ausarbeitungen mit Literaturangaben einreichen, damit man sich bei Hofe auf die verschiedenen Themen vorbereiten kann. So werden dann in einer Vorlesungsreihe Fragen der Philosophie und Theologie, der Literatur, Architektur und Archäologie behandelt. Aber auch Referate »Über den inneren Bau der Pflanzen« oder »Über die Milchsäfte der Pflanzen« werden dem Hofstaat zugemutet. Die Großherzogin hat strenge Anwesenheitspflicht verordnet, nur Ehemann Carl Friedrich darf sich ab und zu entschuldigen.

Zur Zeit Maria Pawlownas wird Belvedere weit bekannt. Gärtnergesellen aus ganz Europa wollen auf ihrer Wanderschaft im

Pflanzengarten mit den Gewächshäusern, in der Orangerie und im Park von Belvedere ihr Wissen erweitern. Und manchmal wird dort auch kräftig gefeiert. Der Kunstgärtner Carl Kommer aus Bremen hat ein Ereignis nie vergessen und notiert in sein Reisetagebuch *Wanderschaft zum Garten Eden*: »Das Gärtnerfest in Belvedere wird alljährlich im Frühling veranstaltet, wenn alle Orangenbäume aus den Gewächshäusern herausgeschafft sind. Die Großherzogin gibt freie Musik und so viel Bier, wie wir wollen. Wir gingen zweimal ums Schloß, und nun wurde sämtlichen Herrschaften, welche gerade hier war, ein Vivat gebracht. Bis zum Morgen nach vier dauerte dieses Fest. An diesem Tage wurde von uns 42, nicht gelogen, 320 Flaschen Bier getrunken.«[15]

Maria glaubt fest daran, daß Weimar seine kulturelle Bedeutung nicht nur durch seine Dichter bekommen sollte, sondern auch durch Musiker. Dafür setzt sie sich schon als Erbherzogin ein: 1819 ermöglicht sie die Anstellung des berühmten Pianisten und Komponisten Johann Nepomuk Hummel (1778–1837) als Hofkapellmeister, weil sie sein Jahresgehalt vom 1800 Talern aus ihrer Privatschatulle zahlt. Als Großherzogin bemüht sie sich jahrelang um das Engagement von Franz Liszt (1811–1886). Er spielt 1841 zum ersten Mal in Weimar. Aber es vergehen noch sieben Jahre, bis er als Hofkapellmeister verpflichtet werden kann. Nun aber führt Liszts modernes Musiktheater Weimar in das sogenannte »Silberne Zeitalter«: Hector Berlioz und Robert Schumann gastieren in der Residenzstadt. Liszt gelingt mit der Aufführung der Oper *Tannhäuser* ein großer künstlerischer Erfolg für Richard Wagner, dessen *Lohengrin* er dann hier zur Uraufführung bringt. Und als der junge Komponist 1848 wegen seiner Teilnahme an der Revolution steckbrieflich gesucht wird, ist in Weimar seine Oper *Der fliegende Holländer* zu hören. Anonym hält sich der Verfolgte zeitweilig im Fürstentum auf. Es ist nicht erwiesen, ob die Großherzogin das stillschweigend duldete oder ob sie nichts davon wußte. Allgemein ist Maria Pawlownas Engagement für die Musik viel bekannter als ihre botanischen Aktivitäten. Sie profitiert freilich auch persönlich von der Anwesenheit der besten Musiker in Weimar: Maria hat nie aufgehört, Klavier zu spielen, und nimmt bei Hummel wie auch später bei Liszt Klavierstunden und Unterricht in Kompositionslehre.

Maria als Parkhüterin

Während der Park von Belvedere wie geplant wächst, sorgt sich Maria um den Landschaftspark an der Ilm, denn die Bäume wachsen inzwischen viel zu hoch und nehmen den darunter wachsenden Sträuchern das Licht. »Im großherzoglichen Park ersticken die absterbenden Stämme die heranwachsenden jungen Pflanzen; und der Borkenkäfer treibt ungestört seine Verheerungen weiter«[16], mahnt der Parkverwalter Fischer. Zudem wachsen die Sichtachsen zu Goethes Gartenhaus und zu einer Ruine zu; sie müßten freigeschlagen werden. Für diese Aufgabe sucht die Großherzogin einen Künstler, der mit der Axt die alten Landschaftsbilder wiederherstellen kann. Sie entscheidet sich für Fischer – und ist über das Resultat entsetzt. Seine Gärtner handhaben die Axt mit roher Gewalt. Statt behutsamer Auslichtung praktizieren sie robusten Kahlschlag. Derart brutale Eingriffe will Maria in Zukunft unmöglich machen. Nicht ein Baum soll mehr ohne ihre persönliche Genehmigung gefällt werden. Fischer bekommt auf Jahre keine Erlaubnis, auch nur einen Ast anzurühren.

Wie man es richtig machen kann, lernt Maria, als sie ihren Sohn Carl Alexander besucht, der auf einem bewaldeten Hügel bei Weimar das Jagdschloß Ettersburg bewohnt. Hier sieht sie, wie sich der dicht bewachsene Berg gegenüber dem Schloß geöffnet hat. Schaute man bisher auf einen Wald, so erstreckt sich vor dem Auge jetzt eine von Baumgruppen umrahmte Waldwiese. Hier wurde mit der Axt ein Kunstwerk geschaffen. Ausgeführt hat die Arbeit kein Geringerer als der legendäre Fürst Hermann von Pückler-Muskau (1785–1871), der geniale Schöpfer deutscher Landschaftsparks, den seine Gartenleidenschaft schließlich in den Ruin getrieben hat. Sogar mit der Axt konnte der »grüne Fürst« Landschaften gestalten. Der große Aushau auf dem Ettersberg ist als »Pückler-Schlag« inzwischen Gartengeschichte. Pückler arbei-

Goethes Gartenhaus im Park an der Ilm in Weimar

tete auf Ettersburg mit seinem Schüler Eduard Petzold (1815–1891).
Den talentierten, weitgereisten Gartenkünstler holt Maria nach
Weimar; sie macht Petzold zum Hofgärtner und übergibt ihm die
Verwaltung sämtlicher Parks – außer Belvedere. Mit Petzold plant
sie Promenadenwege rund um Weimar und von Park zu Park. Die
Ideen des Dreißigjährigen zur Parkverjüngung gefallen Maria.
Doch als Petzold mit Künstlerblick, Schwung und Axt die Arbei-
ten beginnt, kämpft die Großherzogin wie eh und je um jeden
alten Baum.

Maria Pawlowna stirbt am 23. Juni 1859. Ihre endgültige Ruhe-
stätte findet sie erst zwei Jahre später in einer russisch-orthodoxen
Kirche, die Carl Alexander auf ihren Wunsch an der Rückseite der
Fürstengruft bauen ließ. Das Fundament des Gebäudes steht auf
russischer Erde, die eigens aus Maria Pawlownas Heimat herbeige-
schafft worden war.

Literatur, Anmerkungen und Bildnachweise zu den einzelnen Kapiteln

Elizabeth von Arnim

Literatur

Arnim, Elisabeth von, *Elizabeth und ihr Garten* (aus dem Englischen von Adelheid Dormagen), Frankfurt am Main 1989

Dies., *Einsamer Sommer* (aus dem Englischen von Leonore Schwartz), Frankfurt am Main 1994

Dies., *Verzauberter April* (aus dem Englischen von Adelheid Dormagen), Frankfurt am Main 1993

Dies., *Alle meine Hunde* (aus dem Englischen von Karin Schab), Frankfurt am Main 1993

Dies., *Die Farm im Jasmin* (aus dem Englischen von Elisabeth Hartmann), Frankfurt am Main / Berlin 1995

Dies., *Der Garten der Kindheit* (aus dem Englischen von Leonore Schwartz), Frankfurt am Main 1995

Jekyll, Gertrude, *Children and Gardens*, London 1994 (Reprint)

Jüngling, Kirsten / Roßbeck, Brigitte, *Elizabeth von Arnim. Eine Biografie*, Frankfurt am Main 1996

Dies., »Elizabeth [von Arnim] und ihr [pommerscher] Garten«, in: *Ariadne* 39/2001 (»Jungfern im Grünen«), S. 52ff.

Kellaway, Deborah (Hrsg.), *The Illustrated Book of Women Gardeners*, Boston 1997

Komm, Katrin, *Das Kaiserreich in Zeitromanen von Hedwig Dohm und Elizabeth von Arnim*, Bern 1994

Kuhbier, Anke, »Der Garten-Rebell«, in: *Architektur & Wohnen* 3/1998, S. 176ff.

Penn, Helen, *Englische Gärtnerinnen*, Köln 1996

Schneebeli-Graf, Ruth (Hrsg. u. Übers.), *Botanisieren mit Jean-Jacques Rousseau. Die Lehrbriefe für Madeleine. Das Herbar für Julie*, Thun 2003

Usborne, Karen, *Elizabeth von Arnim. Eine Biografie* (aus dem Englischen von Klaus Modick), Frankfurt am Main 1994

Volland, Gerlinde, »Auf der Suche nach den Gärten unserer Mütter«, in: *Die Gartenkunst* 14/2002, S. 165ff.

Anmerkungen

1 Arnim 1993, S. 24f.
2 Ebd.
3 Nach Jüngling/Roßbeck, S. 44. Tagebuch und Briefe von Elizabeth von Arnim sind nicht veröffentlicht. Sie sind in Familienbesitz, bzw. das Tagebuch gehört der Countess Russell Collection der Huntington Library in Marino bei Los Angeles. Zitate aus diesen Primärquellen habe ich fast ausnahmslos der hervorragenden Biographie von Kirsten Jüngling und Brigitte Roßbeck entnommen. Die entsprechende Seitenzahl gebe ich gleich hinter dem Zitat in Klammern an.
4 Arnim 1989, S. 11.
5 Dies., S. 32.
6 Dies., S. 12.
7 Ebd.
8 Nach Usborne, S. 108.
9 Arnim 1989, S. 7.
10 Dies., S. 46.
11 Arnim 1994, S. 64f.
12 Nach Jüngling, S. 92
13 Dies., S. 33.
14 Arnim 1989, S 64.
15 Dies., S. 65.
16 Arnim 1994, S. 115.
17 Ebd.
18 Ebd.
19 Ebd.
20 Dies., S. 65.

21 Dies., S. 67.

22 Ebd.

23 Dies., S. 64.

24 Arnim 1989, S. 22.

25 Schneebeli-Graf, S. 17.

26 Arnim 1994, S. 28; Walt Whitman (1819–1892).

27 Nach Usborne, S. 107.

28 Arnim 1994, S. 118f.

29 Dies., S. 21.

30 Dies., S. 15f.

31 Dies., S. 22.

32 Dies., S. 121f.

33 Nach Jüngling/Roßbeck, S. 119.

34 Nach Usborne, S. 155f.

35 Nach Jüngling/Roßbeck, S. 287.

36 Dies., S. 209.

37 Dies., S. 269.

38 Dies., S. 340.

39 Arnim 1993, S. 154.

40 Dies., S. 161.

41 Dies., S. 154.

42 Nach Jüngling/Roßbeck, S. 359.

Bildnachweis

Christopher Wood Gallery, London: S. 31

Harris Museum and Art Gallery, Preston, www.bridgemanart.com: S. 37

Huntington Library, Kalifornien: S. 45

Jekyll, Gertrude, Children and Gardens (Reprint), London 1994: S. 29

Jüngling, Kirsten, Elizabeth und ihr Garten, in: Jungfern im Grünen (Ariadne 39/2001): S. 42 (das Photo stammt aus Privatbesitz)

Jüngling, Kirsten / Roßbeck, Brigitte, Elizabeth von Arnim, Frankfurt am Main 1996: S. 17, 21, 35, 49 (die Photos stammen aus Privatbesitz, die Rechteinhaber konnten nicht ermittelt werden)

Pamela Schwerdt und Sibylle Kreutzberger

Literatur

Alioth, Martin, »›Jäten bitte!‹ National Trust, weltgrößter Gartenbesitzer«, in: *du* 758, Zeitschrift für Kultur, Nr. 6/7, Juli/August 2005

Brown, Jane, *Vita's Other World – A Gardening Biography of V. Sackville-West*, Harmondsworth 1985

Dies., *Sissinghurst. Portrait of a Garden*, London 1990

Kellaway, Deborah (Hrsg.), *Women Gardeners*, London 1990

Kreutzberger, Sibylle, »Making Our First Garden«, in: *Hortus* 61, Frühjahr 2002

Dies., »Making Our First Garden: Summer«, in: *Hortus* 62, Sommer 2002

Lane Fox, Robin (Hrsg.), *The Illustrated Garden Book. A New Anthology of Articles by V. Sackville-West*, London 1986

Lord, Tony, *Sissinghurst. Der schönste Garten Englands*, London 1990

Penn, Helen, *Englische Gärtnerinnen*, Köln 1990

Schwerdt, Pamela, »Sissinghurst: Maintaining a Garden in perpetuity«, in: *Hortus* 1, Frühjahr 1987

Dies., »Making Our First Garden: Autumn«, in: *Hortus* 63, Herbst 2002

Dies., »Making Our First Garden: Winter«, in: *Hortus* 64, Winter 2002

Scott-James, Anne, *Sissinghurst. The Making of a Garden*, London 1975

Van Groeningen, Isabella, »Pam Schwerdt and Sibylle Kreutzberger«, in: *Gardens Illustrated*, Oktober 2000

Anmerkungen

1 Lord, S. 15.
2 Nach Penn, S. 85.
3 Lord, S. 15.
4 Brown 1985, S. 283.
5 Lane Fox, S. 12.
6 Ebd.
7 Lord, S. 16.
8 Ders., S. 11.
9 Ders., S. 16.
10 Ders., S. 50.

Bildnachweis

Kej Hielscher: S. 53
Tony Lord: S. 73
Ursula Maddy: S. 57
Günter Mader, Geschichte der Gartenkunst, Stuttgart 2006: S. 62
Nigel Nicolson: S. 54, 65
Edwin Smith: S. 66

Sophie von Hannover

Literatur

Alvensleben, Udo von / Reuther, Hans, *Herrenhausen. Die Sommerresidenz der Welfen*, Hannover 1966

Beuchert, Marianne, *Gärten am Reiseweg. Von Irland bis Portugal*, Frankfurt am Main 1998 (2. Aufl.)

Eduard Bodemann (Hrsg.), *Briefwechsel der Herzogin Sophie von Hannover mit ihrem Bruder, dem Kurfürsten Karl Ludwig von der Pfalz, und des Letzteren mit seiner Schwägerin, der Pfalzgräfin Anna*, Leipzig 1885

Feuerstein-Praßer, Karin, *Sophie von Hannover (1630–1714). »Wenn es die Frau Kurfürstin nicht gäbe ...«*, Regensburg 2004

Dies., *Die preußischen Königinnen*, München 2004 (3. Aufl.)

Freunde der Herrenhäuser Gärten e. V. (Hrsg.), *Willkommen in den Herrenhäuser Gärten Hannover*, Hannover 2005 (2. Aufl.)

Knoop, Mathilde, *Kurfürstin Sophie von Hannover*, Hildesheim 1964

König, Marieanne von (Hrsg.), *Herrenhausen. Die königlichen Gärten in Hannover* (Photos von Wolfgang Volz), Göttingen 2006

Meyer, Karl H., *Königliche Gärten. Dreihundert Jahre Herrenhausen*, Hannover 1966

Möller, Carl, »Sophie von der Pfalz. ›Madame d'Osnabruc‹ und Garantin der Erhöhung des Welfenhauses«, in: Verspohl (Hrsg.), a.a.O., Bramsche 1991

Palm, Heike, »Der Fürst auf der Gartenbühne und die Arbeit hinter den Kulissen«, in: Lesemann, Silke / Stieglitz, Annette von (Hrsg.), *Stand und Repräsentation. Kultur- und Sozialgeschichte des hannoverschen Adels vom 17. bis zum 19. Jahrhundert*, Bielefeld 2004

Rohr, Alheidis von, »Sophie Kurfürstin von Hannover«, in Schröder,

Hiltrud (Hrsg.), *Sophie & Co. Bedeutende Frauen Hannovers*, Hannover 1990

Saint Phalle, Niki de, *La Grotte*, Ostfildern-Ruit 2003

Schrader, Eckard, *Der Große Garten zu Herrenhausen*, Hannover 1989

Schultz, Uwe, *Versailles. Die Sonne Frankreichs*, München 2002

Verspohl, Franz-Joachim, »Vom ›Hertzoginnen-Garten‹ zur Grünfläche«, in: Ders. (Hrsg.), *Das Osnabrücker Schloß. Stadtresidenz, Villa, Verwaltungssitz*, Bramsche 1991

Widmer, Petra, »Die Gartenkunst im Leben der Kurfürstin Sophie von Hannover (1630–1714)«, in: *Die Gartenkunst*, 12. Jg., Heft 2, 2000

Anmerkungen

1 Nach Rohr, S. 31.
2 Nach Knoop, S. 54.
3 Dies., S. 56.
4 Nach Feuerstein-Praßer, S. 30f.
5 Dies., S. 81.
6 Dies., S. 82.
7 Nach Rohr, S. 41.
8 Nach Widmer, S. 173.
9 Nach Knoop, S. 68.
10 Nach Widmer, S. 171.
11 Dies., S. 172.
12 Ebd.
13 Ebd.
14 Dies., S. 173.
15 Nach Beuchert, S. 96.
16 Nach Verspohl, S. 143.
17 Nach Widmer, S. 173f.
18 Nach Knoop, S. 76.
19 Nach Feuerstein-Praßer, S. 90.
20 Nach Knoop, S. 124.
21 Nach Rohr, S. 41.
22 Nach Feuerstein-Praßer, S. 148.
23 Nach Widmer, S. 173.
24 Nach Feuerstein-Praßer, S. 152.
25 Nach Widmer, S. 173.
26 Ebd.
27 Ebd.

28 Ebd.
29 Nach Widmer, S. 174.
30 Nach Feuerstein-Praßer, S. 157.
31 Nach Verspohl, S. 143.
32 Nach Knoop, S. 135.
33 Nach Rohr., S. 15.
34 Nach Widmer, S. 176.
35 Dies., S. 171.
36 Nach Feuerstein-Praßer, S. 166.
37 Dies., S. 169.
38 Nach Rohr, S. 32.
39 Nach Widmer, S. 174.
40 Ebd.
41 Nach Meyer, S. 203.
42 Nach Feuerstein-Praßer, S. 239.
43 Nach Freunde der Herrenhäuser Gärten e. V., S. 26.
44 Nach Widmer, S. 168.
45 Nach Knoop, S. 224.
46 Nach Widmer, S. 175.
47 Dies., S. 167.

Bildnachweis

Niki de Saint Phalle

Literatur

Becker, Monika, »Starke Weiblichkeit entfesseln«. Niki de Saint Phalle, Berlin 2005
Bredekamp, Horst, Vicino Orsini und der Heilige Wald von Bomarzo. Ein Fürst als Künstler und Anarchist, 2 Bd., Worms 1985

Giedion-Welcker, C., *Park Güell de A. Gaudí*, Barcelona o. J.

Hamann, Cordula, *Kunst im Garten*, Stuttgart 2001

Hasselhorst, Christa, *Meister der Gartenkunst*, Berlin 2004

Hultén, Pontus (Hrsg.), *Niki de Saint Phalle* (Ausstellungskatalog Bonn, 19. Juni – 1. November 1992). Ostfildern 1992

Krempel, Ulrich (Hrsg.), *La Fête Die Schenkung Niki de Saint Phalle. Werke aus den Jahren 1952–2001*, Ostfildern-Ruit 2001

Mader, Günter / Neubert-Mader, Laila, *Italienische Gärten*, Stuttgart 1987

Niemeyer-Langer, Susanne, *Der kreative Dialog der Künstlerin Niki de Saint Phalle*, Gießen 2003

Rilke, Rainer Maria, *Duineser Elegien. Sonette an Orpheus*, Frankfurt am Main 1996

Ruggieri, Gianfranco, *Villa Lante in Bagnaia*, Florenz 2001

Saint Phalle, Niki de, *La Grotte*, Ostfildern-Ruit 2003

Dies., *Der Tarot-Garten. Skulpturen, Entwürfe, Zeichnungen*, Hannover 2005

Dies. / Pietromarchi, Giulio (Photos), *Der Tarot-Garten*, Wabern 2000

Schamoni, Peter, *Wer ist das Monster – Du oder ich? Niki de Saint Phalle*. Ein Peter Schamoni-Film, Praesens Film AG, Deutschland/Schweiz 1995

Schröder, Stefanie, *Ein starkes, verwundetes Herz – Niki de Saint Phalle. Eine Künstlerbiografie*, 4., aktualisierte Aufl., Freiburg im Breisgau 2005

Schulz-Hoffmann, Carla (Hrsg.), *Niki de Saint Phalle. Bilder – Figuren – Phantastische Gärten* (Ausstellungskatalog), München 1987

Sgaravatti, Mariella / Ciampi, Mario, *Künstlergärten in der Toskana*, München 2005

Soc. Giardino di Bomarzo (Hrsg.), *Führer durch den Park der Ungeheuer*, Viterbo o. J.

Tischer, Stefan, »Der Tarot-Garten der Niki de Saint Phalle«, in: *Die Gartenkunst*, 5. Jg., Heft 2, 1993, S. 213ff.

Zerbst, Rainer, *Gaudí 1852–1926. Antoni Gaudí i Cornet – ein Leben in der Architektur*, Köln o. J.

Anmerkungen

1 Nach Hultén, S. 148.

2 Nach Tischer, S. 216.

3 Ders., S. 149.

4 Ders., S. 155.

5 Nach Krempel, S. 40.

6 Nach Hultén, S. 172.

7 Nach Schröder, S. 161.

8 Ders., S. 174.

9 Nach Schulz-Hoffmann, S. 41.

10 Nach Schröder, S. 169.

11 Nach Hultén, S. 171.

12 Nach Schulz-Hoffmann, S. 148.

13 Nach Saint Phalle 2000, S. 4.

14 Dies., S. 70.

15 Bredekamp, S. 105.

16 Saint Phalle 2000, S. 9.

17 Nach Hultén, S. 174.

18 Ders., S. 175.

19 Saint Phalle 2000, S. 71.

20 Nach Hultén, S. 176.

21 Ders., S. 177.

22 Ders., S. 174.

23 Schamoni-Film 2005.

24 Saint Phalle 2000, S. 9.

25 Schamoni-Film 2005.

26 Saint Phalle 2000, S. 20.

27 Schamoni-Film 2005.

28 Das Gespräch mit Ronald Clark über die Neugestaltung der Grotte durch Niki de Saint Phalle habe ich im Sommer 2005 in Hannover-Herrenhausen geführt.

29 Schamoni-Film 2005.

Alle Zitate in diesem Text stammen – wenn nicht anders vermerkt – von Niki de Saint Phalle.

Bildnachweis

Anna von Sachsen

Literatur

Bürger, Thomas (Hrsg.), *Das Kräuterbuch des Johannes Kentmann von 1563*, München 2004

Dresdner Geschichtsverein e. V., *Dresden – die Geschichte der Stadt. Von den Anfängen bis zur Gegenwart*, Dresden 2002

Haus der Brandenburgisch-Preußischen Geschichte, HBPG (Hrsg.), *Schön und nützlich. Aus Brandenburgs Kloster-, Schloß- und Küchengärten*, Berlin 2004

Hennebo, Dieter / Hoffmann, Alfred, *Geschichte der Deutschen Gartenkunst*, Band II: *Der Architektonische Garten. Renaissance und Barock*, Hamburg 1965

Inhetveen, Heide, »Agrarpionierinnen«, in: Hermann Heidrich (Hrsg.), *Frauenwelten. Arbeit, Leben, Politik und Perspektiven auf dem Land*, Bad Windsheim 1999

Dies. / Schmitt Mathilde (Hrsg.), *Pionierinnen des Landbaus*, Uetersen 2000

Dies., »›… ein Beet mit den schönsten Rapunzeln bepflanzt‹. Frauen in der Pflanzenzucht«, in: »Jungfern im Grünen«, *Ariadne*, Heft 39, Mai 2001, S. 14ff.

Dies., »Hat Agrarwissenschaft ein Geschlecht?«, in: *Zeitschrift für Agrargeschichte + Agrarsoziologie*, Bd. 2, 2004, S. 98–103

Keller, Katrin, »Kurfürstin Anna von Sachsen. Von den Möglichkeiten und Grenzen einer Landesmutter«, in: Hirschbiegel, Jan / Paravicini, Werner, *Das Frauenzimmer*, Stuttgart 2000

Dies., »Weiberherrschaft bei Hofe«, in: *Sächsische Zeitung*, 23. Juli 2005

Jöchner, Cornelia, *Die ›schöne Ordnung‹ und der Hof. Geometrische Gartenkunst in Dresden und anderen deutschen Residenzen*, Weimar 2001

Koch, Hugo, *Sächsische Gartenkunst*, Berlin 1910

Körber-Grohne, Udelgard, *Nutzpflanzen in Deutschland*, Stuttgart 1997

Lorenz-Schmidt, Sabine, *Vom Wert und Wandel weiblicher Arbeit. Geschlechtsspezifische Arbeitsteilung in der Landwirtschaft in Bildern des Spätmittelalters und der frühen Neuzeit*, Stuttgart 1998

Schlude, Ursula / Inhetveen, Heide, »Kursachsen – agrargeschichtlich – weiblich. Ein Göttinger Forschungsprojekt über Kurfürstin Anna von Sachsen«, in: *Neues Archiv für sächsische Geschichte*, Bd. 74/75 (2003/04), S. 423–429

Dies., »Von den Geschäften der Fürstin«, in: *Forschung. Das Magazin der deutschen Forschungsgemeinschaft*, Ed. 2, 2005

Schnieber, Hans-Rudolph, *Die Entwicklung des Zierpflanzenbaus von 1800–1939 am Beispiel Dresden*, Diss. Breslau 1958

Sturmhoefel, Konrad, *Kurfürstin Anna von Sachsen, ein politisches und sittengeschichtliches Lebensbild*, Leipzig 1905

Verein für Heimatgeschichte und Denkmalpflege Annaburg (Hrsg.), *Jagdschloß Annaburg. Eine geschichtliche Wanderung*, Annaburg 1994

Weber, Karl von, *Anna Churfürstin von Sachsen*, Leipzig 1865

Anmerkungen

1 Sturmhoefel, S. 38f.
2 Ders., S. 242.
3 Inhetveen 1999, S. 16.
4 Koch, S. 10.
5 Ders., S. 13.
6 Ders., S. 14.
7 Nach Weber, S. 135.
8 Koch, S. 11.
9 Ebd.
10 Ders., S. 12.
11 Ebd.
12 Nach Weber, S. 128.
13 Vgl. Wimmer, Clemens Alexander, »Jakob Cölers Hausvaterbuch«, in: HBPG, S. 54ff.
14 Nach Gothein, S. 80.
15 Nach Hennebo, S. 50.
16 Koch, S. 16
17 Nach Weber, S. 129
18 Hennebo, S. 40.
19 Nach Weber, S. 132.
20 Ders., S. 133.
21 Koch, S. 15; Weber, S. 130; andere Wissenschaftler (beispielsweise Schnieder, S. 11) bezweifeln, daß es zu Annas Zeiten solche Überwinterungshäuser schon gegeben hat.
22 Schlude, 2005, S. 22. Ursula Schlude arbeitet an dem Forschungsprojekt »Anna von Sachsen (1532–1585) als Agrarpionierin. Ihr Beitrag zur Entwicklung der Land- und Gartenwirtschaft sowie der landwirtschaftlichen Literatur in Deutschland«. Gefördert von der Deutschen Forschungsgemeinschaft, entsteht die Studie unter der Leitung von

Heide Inhetveen am Institut für Rurale Entwicklung der Universität Göttingen.

23 Weber, S. 133
24 Vgl. Inhetveen 1999, 2000.
25 Koch, S. 14
26 Ebd.
27 Schnieder, S. 10.
28 Wimmer, in: HBPG, S. 51.
29 Bürger, S. 7, 9.
30 Ders., S. 11.
31 Weber, S. 135.
32 Wimmer, in: HBPG, S. 65.
33 Weber, S. 135.
34 Verein für Heimatgeschichte und Denkmalpflege Annaburg, S. 58.
35 Ders., S. 136.
36 Ebd.
37 Ders., S. 137.
38 Sturmhoefel, S. 276.
39 Schlude 2005, S. 23.
40 Nach Sturmhoefel, S. 278.
41 Ders., S. 279.
42 Schlude 2005, S. 24.
43 Nach Sturmhoefel, S. 276.
44 Ders., S. 270.
45 Vgl. Körber-Grohne, S. 296f.
46 Vgl. Inhetveen 2001, S. 14ff.; Körber-Grohne, S. 446f.
47 Weber, S. 134.
48 Ders., S. 133.
49 Ders., S. 134.
50 1598 richtet Kurfürstin Katharina von Brandenburg im Berliner Schloß eine Hofapotheke ein; vgl. Heilmeyer, Marina, »Wohlzuthun vergesset nicht – Die Stiftung einer Brandenburgischen Kurfürstin«, in: HBPG, S. 70ff.
51 Weber, S. 451.
52 Nach Verein für Heimatgeschichte und Denkmalpflege Annaburg, S. 75.
53 Nach Sturmhoefel, S. 202.
54 Heilmeyer, in: HBPG, S. 85.
55 Weber, S. 451.
56 Verein für Heimatgeschichte und Denkmalpflege Annaburg, S. 79.

57 Weber, S. 456.
58 Ders., S. 467.
59 Dresdner Geschichtsverein, S. 49.
60 Sturmhoefel, S. 298.
61 Siehe Anm. 21.

Bildnachweis

Bayerische Staatsbibliothek, München: S. 157
Jöchner, Cornelia, Die ›schöne Ordnung‹ und der Hof, Weimar 2001:
    S. 168
Sächsische Landesbibliothek – Staats- und Universitätsbibliothek Dresden / Abt. Deutsche Fotothek: S. 151 (Photos: Rudolph Kramer, Walter Möbius), 152, 160, 161, 167, 173 (fünf Photos: Regine Richter)
Stiftung Preußische Schlösser und Gärten Berlin-Brandenburg: S. 171
Verein für Heimatgeschichte und Denkmalpflege Annaburg (Hrsg.), Jagdschloß Annaburg, 1994: S. 165

Joséphine Bonaparte

Literatur

Aronson, Theo, *Napoleon & Joséphine. Die Biografie einer Liebe*, Frankfurt am Main 1992
Bouvier, R. / Maynial, E., *Der Botaniker von Malmaison. Aimé Bonpland, ein Freund Alexander von Humboldts*, Neuwied 1948
Chevallier, Bernard, *Views of Malmaison. The Chateaux and the Park*, Paris 2003
Chevallier, Bernard / Pincemaille, Christophe, *Kaiserin Joséphine. Napoleons Große Liebe*, München 1991
Gläser, Stephan, *Frauen um Napoleon*, Regensburg 2001
Heilmeyer, Marina, »Malmaison heute«, in: Lack, Walter, a.a.O.
Herre, Franz, *Joséphine. Kaiserin an Napoleons Seite*, Regensburg 2003
Hinz, Petra-Andrea, »Redouté und die Kultur der Rose«, in: ICONS, *Redoutés Rosen*, Köln 2001
Lack, Walter H., *Le Jardin de la Malmaison*, München 2004
Masson, Frédéric, *Die verstoßene Joséphine, Gemahlin Napoleon I (1809–1817)*, Leipzig 1902

Napoleon an Joséphine. Briefe der Liebe, Freiburg im Breisgau o.J.
Nissen, Gerda, *Alte Rosen. 43 bekannte und unbekannte Sorten aus Dithmarscher Gärten*, Heide 1984
Redouté, Pierre-Joseph, *Die Rosen*. 170 Farbtafeln nach der Ausgabe von 1817–1824; Bearb. u. Nachwort Edmund Launert, München 1991
Reinhardt, E. A., *Joséphine. Eine Lebensgeschichte*, Berlin 1932
Stuart, Andrea, *Die Rose von Martinique. Die vielen Leben der Joséphine Bonaparte*, München 2004
Ventenat, Pierre, *Le Jardin de la Malmaison*, Paris 1803

Anmerkungen

1 Aronson, S. 169.
2 Nach Stuart, S. 24.
3 Nach Lack, S. 14.
4 Ders., S. 15.
5 Nach Chevallier/Pincemaille, S. 148.
6 Nach Stuart, S. 354.
7 Dies., S. 40.
8 Nach Lack, S. 24.
9 Nach Stuart, S. 385.
10 Dies., S. 386.
11 Nach Lack, S. 26.
12 Nach Aronson, S. 291.
13 Ders., S. 170.
14 Nach Lack, S. 34.
15 Ders., S. 26f.
16 Nach Aronson, S. 170.
17 Nach Stuart, S. 404.
18 Ebd.
19 Nach Aronson, S. 171.
20 Nach Stuart, S. 408.
21 Nach Aronson, S. 209.
22 Nach Chevallier/Pincemaille, S 206.
23 Dies., S. 205f.
24 Nach Bouvier/Maynial, S. 172.
25 Nach Chevallier/Pincemaille, S. 205.
26 Dies., S. 206.
27 Dies., S. 208.
28 Nach Stuart, S. 543.

29 Nach Chevallier/Pincemaille, S. 195.
30 Dies., S. 205.
31 Vgl. Hielscher, Kej / Hücking, Renate, *Pflanzenjäger*, München 2005
   (2. Aufl.), S. 68f.
32 Nach Heilmeyer, S. 310.
33 Vgl. Nissen, S. 8.
34 Nach Bouvier/Maynial, S. 197.
35 Nach Lack, S. 29.
36 Ebd.
37 Nach Chevallier/Pincemaille, S. 207.
38 Nach Bouvier/Maynial, S. 204.
39 Ventenat, S. 29f.
40 Nach Chevallier/Pincemaille, S. 247.
41 Nach Stuart, S. 540.
42 Nach Chevallier/Pincemaille, S. 252.

Bildnachweis

Bildarchiv Preußischer Kulturbesitz: S. 177, 199, 215
Musée national des Châteaux de Malmaison et Bois-Préau: S. 183, 186,
   189, 191, 195, 207
Staats- und Universitätsbibliothek Hamburg: S. 203, 210, 211

Maria Pawlowna

Literatur

Anger, Sigrid, *Schloß Tiefurt,* Weimar 1955
Balzer, Georg, *Goethe als Gartenfreund*, München 1978
Goethe, Johann Wolfgang von, *Die Wahlverwandtschaften*, Husum o. J.
Gothein, Marie Luise, *Geschichte der Gartenkunst II*, Jena 1926
Günzel, Klaus, *Das Weimarer Fürstenhaus Eine Dynastie schreibt Kultur-
   geschichte*, München 2004
Haus der Kunst, *Krieg und Frieden Eine deutsche Zarin in Schloß Pawlowsk*
   (Katalog zur Ausstellung vom 9. August 2001 bis 10. Februar 2002),
   Hamburg/München 2001
Hennebo, Dieter / Hoffmann, Alfred, *Geschichte der Deutschen Garten-
   kunst*, Band III: *Der Landschaftsgarten*, Hamburg 1963

Hirschfeld, Christian Cay Lorenz, *Theorie der Gartenkunst*, Reprint Stuttgart 1990

Hollanders, Sophie (Hrsg.), *Wanderschaft zum Garten Eden. Briefe und Reisetagebücher des Kunstgärtners Carl Kommer 1833–1840*, Bremen 1985

Huschke, Wolfgang, *Die Geschichte des Parks von Weimar*, Weimar 1991

Huschke, Wolfgang / Vulpius, Wolfgang, *Park um Weimar. Ein Buch von Dichtung und Gartenkunst*, Weimar 1955

Jellicoe, Geoffrey & Susan / Goode, Patrick / Lancaster, Michael, *The Oxford Companion to Gardens*, New York 1986

Jena, Detlef, *Maria Pawlowna. Großherzogin an Weimars Musenhof*, Graz/Wien/Köln 1999

Merseburger, Peter, *Mythos Weimar. Zwischen Geist und Macht*, München 2004

Rohde, Michael, *Von Muskau bis Konstantinopel – Eduard Petzold, ein europäischer Gartenkünstler 1815–1891*, Amsterdam/Dresden 1998

Schorn, Adelheid von, *Das nachklassische Weimar*, Weimar 1911

Sckell, Otto, *200 Jahre Belvedere Ein Rückblick auf seine Entwicklung unter besonderer Berücksichtigung seiner Gartenkunst*, Weimar o. J.

Staël, Anne Germaine de, *Über Deutschland*, Frankfurt am Main 1985

Stiftung Weimarer Klassik und Kunstsammlungen (Hrsg.), *»Ihre Kaiserl. Hoheit« Maria Pawlowna am Weimarer Hof*, Katalog und CD-ROM zur Ausstellung im Weimarer Schloßmuseum 2004

Thierfelder, Stephan & Walter / Luthardt, Ernst-Otto, *Gärten und Parks in Thüringen*, Würzburg 1992

Uerscheln, Gabriele / Kalusok, Michael (Hrsg.), *Kleines Wörterbuch der europäischen Gartenkunst*, Stuttgart 2003

Anmerkungen

1 Stiftung Weimarer Klassik 2004: CD-ROM.

2 Nach Haus der Kunst 2001/02, S 453.

3 Günzel, S. 123.

4 Schorn, S. 6.

5 Dies., S. 7.

6 Ebd.

7 Nach Jena, S. 127.

8 Anger, S. 44.

9 Sckell, S. 40.

10 Ders., S. 90.

11 Jellicoe/Goode/Lancaster, S. 62.

12 Hirschfeld, S. 217.
13 Die im Thüringischen Hauptstaatsarchiv Weimar (ThHStAW), HAA XXV, verwahrten Rechnungen und Belege schließen Nachweise über die Handgelder, deren Privatschatulle, die Hauptkasse und die Hofkasse ein. Hier Nr. 623, Blatt 32 und 33.
14 Schorn, S. 298.
15 Hollanders, S. 57.
16 Huschke 1991, S. 126.

Bildnachweis

Informationen
zu den Gärten

Belvedere, Weimar

Schloß Belvedere, 99425 Weimar

Öffnungszeiten
Der Park kann ganzjährig besichtigt werden. Die Orangerie ist in den Wintermonaten geöffnet: Januar bis 24. April, Mittwoch–Sonntag 11–16 Uhr. Das Schloß ist von April bis Oktober geöffnet: Dienstag–Sonntag 10–18 Uhr, Montag geschlossen; von November bis März kann das Schloß nicht besichtigt werden.

Eintrittspreise
Orangerie Belvedere: Erwachsene 2 Euro, ermäßigt 1,50 Euro; Schüler 0,50 Euro
Schloß Belvedere: Erwachsene 4 Euro, ermäßigt 3 Euro; Schüler 1 Euro

Informationen
Klassik Stiftung Weimar
Frauentorstraße 4, 99425 Weimar, Montag–Freitag 9–16 Uhr
Telephon: 0 36 43 / 545-401/-402/-403
Fax: 0 36 43 / 41 98 16
E-Mail: info@klassik-stiftung.de
Internet: www.klassik-stiftung.de/oeffnungszeiten/sehenswuerdigkeiten

Park der Monster, Bomarzo, Italien

Bomarzo bei Viterbo

Öffnungszeiten
Ganzjährig, von 8 Uhr bis Sonnenuntergang

Eintrittspreise
Erwachsene und Kinder ab 8 Jahren 8 Euro; Kinder zwischen 4 und 8 Jahren 7 Euro, bis 4 Jahre frei; Gruppen ab 30 Personen 7 Euro; Schulklassen 5,50 Euro

Informationen
Telephon: 00 39-76 19 / 240 29
E-Mail: webmaster@bomarzo.net

Herrenhäuser Gärten, Hannover

Herrenhäuser Straße 4, 30419 Hannover
Von der Haltestelle »Kröpcke« (zu Fuß fünf Minuten vom Hauptbahnhof) mit der U-Bahn 4 oder 5 bis Herrenhäuser Gärten

Öffnungszeiten
Großer Garten und Berggarten ganzjährig ab 9 Uhr geöffnet; die Schließzeiten variieren im Jahresverlauf.
Die Grotte ist im Sommer täglich ab 9 Uhr, im Winterhalbjahr nur sonn- und feiertags geöffnet.
Führungen können auch gesondert vereinbart werden.

Informationen
E-Mail: herrenhaeuser-gaerten@hannover-stadt.de
Internet: www.herrenhaeuser-gaerten.de

Malmaison, Frankreich

229, Avenue Napoléon Bonaparte, 92500 Rueil-Malmaison
Von Paris mit der Linie RER A der Métro bis Rueil; vom Bahnhof Rueil
mit der Buslinie 258 bis zur Haltestelle »Château«

Öffnungszeiten

Ganzjährig geöffnet, täglich außer Dienstag
1. Oktober – 31. März: Park 10–13 Uhr; Museum 10–12 Uhr, 13.30–17.15
Uhr (die Kasse schließt um 16.30 Uhr, an Wochenenden um 17 Uhr)
1. April – 30. September: Park 10–18.30 Uhr; Museum 10–17.45 Uhr (die
Kasse schließt um 17 Uhr; an Wochenenden um 17.30 Uhr)

Eintrittspreise

Erwachsene 5 Euro, ermäßigt 3,50 Euro; Gruppen 5–6 Euro

Informationen

Telephon: 00 33/(0)1-41 29 05 57
Internet: www.chateau-malmaison-fr

Parc Güell, Spanien

Barcelona
Metrostation »Lesseps« (Grüne Linie L 3)
Ganzjährig geöffnet, 10–19 Uhr; Eintritt frei

Sissinghurst, England

Sissinghurst, Nr. Cranbrook, Kent TN17, 2 AB, UK

Öffnungszeiten

17. März – 28. Oktober: Montag, Dienstag, Freitag, Sonnabend, Sonntag
11–18.30 Uhr; Mittwoch und Donnerstag geschlossen

Eintrittspreise

Erwachsene: £ 7,80, Kinder: £ 3,50, Familien: £ 20

Es gibt einen Souvenirladen, einen Coffeeshop, ein Restaurant und Pflanzenverkauf

Telephon: 0 15 80 / 71 07 00; 0 15 80 / 71 07 01 (Infoline)

Fax: 0 15 80 / 71 07 02

E-Mail: sissinghurst@nationaltrust.org.uk;

Internet: www.nationaltrust.org.uk/sissinghurstcastle

Der Garten von Pamela Schwerdt und Sibylle Kreutzberger ist der Öffentlichkeit nicht zugänglich.

Tarotgarten / Giardino dei Tarocchi, Italien

Garavicchio, 58011 Capalbio

Öffnungszeiten

1. Mai – 15. Oktober 14.30–19.30 Uhr

Gruppen ab 25 Personen können gesonderte Termine vereinbaren, müssen sich aber zehn Tage vorher anmelden.

Eintrittspreise

Erwachsene 10,50 Euro; Kinder von 7 bis 16 Jahren, Senioren über 65 Jahre, Studenten und Gruppenreisende 6 Euro; Kinder bis 7 Jahre und Behinderte Eintritt frei

Informationen

Telephon: 00 39-5 64 89 / 51 22

Fax: 00 39-5 64 89 / 57 00

E-Mail: tarotg@tin.it

Internet: www.nikidesaintphalle.com

Danksagung

Wir danken Pamela Schwerdt und Sibylle Kreutzberger, daß sie
uns so freundlich in ihrem Zuhause empfangen haben; Ronald
Clark, Direktor der Herrenhäuser Gärten, hat uns mit seiner Be-
geisterung für diese historische Anlage und die von Niki de Saint
Phalle gestaltete Grotte angesteckt; und der Gartenhistorikerin
Heike Palm verdanken wir die neuesten Forschungsergebnisse zu
Herrenhausen. Jürgen Jäger, ehemaliger Gartendirektor der Stiftung Weimarer Klassik, erläuterte uns fachkundig die historischen
Hintergründe der Garten- und Landschaftsgestaltung in Thürin-
gen. Der Agrarhistorikerin Ursula Schlude, die seit Jahren über
Anna von Sachsen forscht, verdanken wir wertvolle Tips – auch
für die Bildbeschaffung. Wo eine Abbildung vom »grünen Spica-
nardi« zu finden ist, hat uns der Torgauer Historiker Hansjochen
Hancke verraten. Anke Kuhbier und Helga Wollkopf versorgten
uns freigebig mit Büchern und Informationen aus ihren privaten
Gartenarchiven.

Personenregister

Aeppli, Eva 125
Aga Khan III. 48
Agnelli, Marella (geb. Caracciolo) 122f., 125
Alexander I., Zar und Kaiser von Rußland 214, 218, 223, 230
Anna von Dänemark, Kurfürstin von Sachsen 12, 147–176
Arnim-Schlagenthin, Beatrix Gräfin von 46
Arnim(-Schlagenthin), Elizabeth von (geb. Mary Annette Beauchamp; auch verh. Countess Russell) 10, 15–50
Arnim-Schlagenthin, Eva (gen. Evi) Gräfin von 41
Arnim-Schlagenthin, Henning August Graf von 10, 15, 18f., 24, 27, 40–43, 45, 50
Arnim-Schlagenthin, Henning Bernd Graf von 35
August I., Kurfürst von Sachsen

12, 148, 151f., 156, 163f., 166, 174
Austin, Alfred 23f.
Avrillon, Marie-Jeanne 190, 195

Bach, Johann Sebastian 124, 217
Barras, Paul 184
Baudin, Nicolas 200, 206
Bauer, Anthon Heinrich 94
Beauchamp, Henry Herron 16f.
Beauharnais, Alexandre de 179f.
Beauharnais, Eugène de 180, 184, 191
Beauharnais, Hortense de 180, 184, 191f., 207
Berlioz, Hector 239
Berthault, Louis-Martin 188
Bloomfield, Jan 116
Bock, Abraham von 158
Bock, Hieronymus 162
Bolotow, Andrei Timofejewitsch 235

PIPER

Kej Hielscher / Renate Hücking
Pflanzenjäger

In fernen Welten auf der Suche nach dem Paradies.
268 Seiten. Serie Piper

Hortensien, Mohn und Frauenschuh, Lilien und Pelargonien,
Orchideen und Kakteen – die reiche Beute von Pflanzenjä-
gern verwandelte europäische Gärten in blühende Paradiese,
brachte Exoten in Gewächshäuser und Wintergärten. Wer
waren die Männer und Frauen, die unter Lebensgefahr und
großen Strapazen unerforschte Regionen jenseits der
Ozeane durchkämmten, um neue Pflanzen zu entdecken?
Die beiden Autorinnen zeichnen in diesem Buch lebendige
und farbige Porträts acht großer deutscher Pflanzenjäger,
die aufbrachen, um »grünes Gold« zu erbeuten. Sie erzählen
zum Beispiel von Paul Hermann, der in Südafrika die Pelar-
gonie fand. Oder von Alexander von Humboldt, der mehr
als 6000 Pflanzen von seiner Lateinamerika-Reise nach
Hause schickte. Und davon, daß Adelbert von Chamisso,
der Dichter des »Peter Schlemihl«, vor allem Naturforscher
war und zum Beispiel in Kalifornien den gelben Mohn
entdeckte. Amalie Dietrich erforschte zwischen 1863 und
1873 als erste die Flora im australischen Queensland.

01/1055/03/L

PIPER

Renate Hücking, Kej Hielscher
Oasen der Sehnsucht

Von Gärten im Verborgenen. Mit Beiträgen von Hans
Hielscher. 272 Seiten mit 84 Abbildungen. Serie Piper

Im Klostergarten fühlen sich Mönche »Gott am nächsten«,
für Nelson Mandela, den politischen Gefangenen, bedeu-
tete der Garten »einen Hauch von Freiheit«. Ihre Gärten
hinter Mauern wurden für die Menschen, die sie angelegt
haben, zu »Oasen der Sehnsucht«. Von solchen außergewöhnlichen Orten, von den Menschen und ihren Schicksalen
wird hier erzählt: von Walahfrid Strabo, Kaiser Kangxi und
Sultan Süleiman, von Nelson Mandela, Albert Speer in
Spandau, dem Apfelpfarrer Korbinian Aigner und dem exzen-
trischen Millionär William Beckford.

01/1621/01/R